주님과 같은 분이 누가 있으리요?

[미가서 주해]

주님과 같은 분이 누가 있으리요?

2012년 8월 25일 초 판 1쇄 인쇄
2012년 8월 30일 초 판 1쇄 발행

저 자 • 김 창 대
발행인 • 조 경 혜
발행처 • 도서출판 그리심
156-763 서울시 동작구 사당5동 196인정 B동(B01)

등록번호 • 제 7-258호(1998. 4. 23)
출 판 사 • 전화 523-7589 팩스 523-7590
홈페이지 • http://grisim.biz
전자우편 • grisimcho@hanmail.net

값: 표지 뒷면에

ISBN 978-89-5799-305-7 93230

김창대 교수는 서울대학교 영어영문학과를 졸업하고(B.S.), 총신대 신학대학원에서 공부했다(M.Div). 이어서 누가 선교회(CMF)에서 간사로 활동한 후에 미국 시카고에 소재한 Trinity International University에서 구약학으로 학위(Th.M.과 Ph.D.)를 취득했다. 박사학위 논문은 "창조 모티프의 틀 속에서 바라본 예레미야의 새언약"(Jeremiah's New Covenant within the Framework of the Creation Motif)이다.

현재 안양대학교 신학과 교수로 봉직하면서 학부와 신대원에서 구약학을 가르치고 있다. 저서로는 『거침없이 빠져드는 성경테마 여행』 『25일완성 히브리어 정복』 『한권으로 꿰뚫는 소예언서』가 있다. 이외에 역서로는 『존 오웬의 내 안의 죄죽이기』, 『예수님이라면 어떻게 하실까』, 『최고의 하나님을 위한 나의 최선』 등 다수가 있다.

목 차

[부 록]

소선지서의 통일성 관점에서 호 14:4와 말 4:2의 치료(רפא)에 대한 고찰

저자 서문

소선지서를 자세히 다루는 책은 매우 드물다. 이런 상황에서 필자는 소선지서 중에서 미가서를 주해형식으로 분석하였다. 왜 하필이면 미가서인가? 그 이유는 미가서가 소선지서의 중심이라고 생각하기 때문이다. 소선지서는 처음과 끝인 호세아서와 말라기가 서로 주제면에서 인클루지오를 이루고 있다. 주제가 서로 비슷하다는 것이다. 그런 가운데에 미가서가 중간에 위치해 있다. 미가서는 시대 순으로 볼 때에 호세아서나 아모스와 함께 놓여 있어야 마땅하다. 실제로 헬라어로 쓴 구약성경인 70인경(LXX)에서는 소선지서가 호세아, 아모스, 미가 순서로 시작하여 미가서를 아모스서 다음에 위치시킨다. 이에 비해 한글성경에서 알 수 있듯이 히브리어 맛소라 사본은 미가서를 소선지서 가운데에 놓았다. 이것은 다른 증거들과 함께 미가서가 소선지서의 중심으로 의도되었다는 반증일 수 있다.

어쨌든, 미가서는 소선지서의 전체 주제들을 골고루 담고 있다. 그리고 미 6:6-8에서는 구체적으로 여호와가 사람들에게 구하는 뜻이 무엇인지를 분명하게 말해준다. 이것은 소선지서의 어떤 책에서도 나오지 않는다. 그 외에 미가서는 소선지서의 중심 주제 중에 하나인 메시야 사상, 그리고 죄 용서라는 종말론적 사상 등을 잘 표현해 주고 있다.

이러한 미가서의 신학적 메시지를 잘 음미하기 위해서는 무엇보다도 히브리어 원문으로 본문을 자세하게 관찰할 필요가 있다. 미가서는 다른 책보다 히브리어가 까다롭다. 하지만 미가 선지자는 히브리어 단어를 통해 많은 문자적 기교를 펼친다. 그런 문자적 기교들을 통해서 미가 선지자는 하나님의 말씀을 극적으로 독자들에게 전달하면서, 백성을 향한 하나님의 안타까움을 전해 준다. 따라서 본서는 가급적 히브리어 표현들을 음역하면서 저자의 의도가 무엇인지를 파헤치려고 노력했다.

아무쪼록 미가서의 말씀이 오늘날 한국 교회에 귀중한 자산이 되어 21세기 한국 교회가 개혁되고 새롭게 웅비할 수 있는 기회가 되었으면 하는 바람이다.

2012. 7.

김 창 대

서 론

미가서의 배경과 구조

1. 시대적 배경

미가라는 이름의 뜻은 "여호와와 같은 분이 누가 있으리요?" 이다. 미가서 마지막은 그래서 "주와 같은 신이 어디 있으리이까?"(미 7:18)로 끝난다. 미가의 고향인 모레셋은 예루살렘 남서쪽으로 대략 37킬로 떨어진 곳이다. 미가가 예언한 곳은 유다의 수도 예루살렘이다. 하지만 그는 당시에 유다 백성들뿐만 아니라 북쪽 이스라엘에게도 하나님의 말씀을 전한 선지자였다. 미가가 처한 상황은 백성들을 포함하여 부자와 종교적 지도자, 그리고 정치적 지도자까지 타락의 길로 치닫고 있는 형국이었다(미 2:6-11; 3:6-7; 6:9-16).

미가 선지자가 활동한 때는 유다에 요담(주전 750-732년)과 아하스(주전 735-715년), 그리고 히스기야(주전 729-687년)가 재위한 시기였다(미 1:1). 미 1:6에 사마리아 멸망(722년)의 예언은 적어도 미가의 사역이 사마리아 멸망 이전부터 시작되었음을 알려준다. 미 1:8-16의 내용은 주전 701년에 히스기야 때에 산헤립의 예루살렘 공격을 다룬다. 미가의 활동은 렘 26:17-19에 다시 언급된다.

위에서 지적한 대로 미가 선지자가 활동했던 시기는 남 유다 왕 요담까지 거슬러 올라간다. 요담은 부왕인 웃시야가 문둥병에 걸렸기 때문에 주전 750년부터 웃시야와 함께 섭정통치를 시작했다(왕하 15:5). 이스라엘의 역사를 회고하면 주전 800-750년까지는 북 이스라엘과 남 유다가 똑 같이 태평성대를 누렸다. 주전 9세기에 왕성하게 북 이스라엘을 괴롭혔던 아람이 이 시기에 들어와서 세력을 잃었고, 앗수르도 그 힘이 약화되었다. 이때 북 이스라엘에서는 여로보암 2세(주전 793-753년)의 선정과 남 유다에서 웃시야(주전 792-740년)의 치세가 있었다. 이로 인해 주전 800-750년에는 상업이 크게 발달되었다. 상업의 발달은 통행세라는 세금과 함께 상업자본이 지도층에 유입되는 결과를 초래했다. 그래서 왕의 후원 아래 부유한 지도층이 출현되기 시작했다. 부유한 지도층들은 권력과 재력을 겸비한 소수 엘리트들이었다. 부자 엘리트들은 돈으로 땅을 매입하고 대지주로 행세하기 시작했다.[1] 또한 부유층 엘리트들은 과도한 세금을 징수해 지방 농민들을 압박했다. 그렇기 때문에 미가 선지자는 밭을 탐내는 부자들을 강도높게 비판하지 않을 수 없었다(미 2:1).

구체적으로 이런 상황에서 미가 선지자는 하나님의 공의를 기초로 죄에 대한 심판과 함께 회개하는 남은 자를 향해 죄 용서의 은혜를 선포하였다.[2] 특별히 많은 중산층 사람들이 부자들의 탐욕에 의해 가난한 삶으로 전락하는 상황을 지켜보았던 미가는 가난한 자들을 위한 선지자로 일컬어진다(미 2:1-5, 6-11 참조).[3]

---

1) John Bimson, "Old Testament History and Sociology," in *Interpreting the Old Testament: A Guide for Exegesis*, ed. Craig C. Broyles (Grand Rapids, Mich.: Baker, 2001), 149.

2) Bruce K. Waltke, *A Commentary on Micah* (Grand Rapids, Mich.: Eerdmans, 2007), 2.

2. 구조

미가서 안에는 다양한 장르의 글들을 발견할 수 있다. 예를 들어 신현(1:2-4), 탄식의 노래(1:8-12), 장례식의 탄식(2:1-5), 비난(3:1-5), 소송(6:1-8), 구원선포(2:12-13), 기도와 찬양(7:14-19) 등이다.[4] 한편 미가서는 여러 사람이 화자(speaker)로 등장한다(2:12-13 참조). 그래서 혹자는 미가서의 통일성에 의구심을 제기한다.[5] 하지만 화자의 변화는 저자의 스타일이라고 이해할 수도 있다.[6]

일반적으로 학자들은 미가서의 일관된 구조를 찾기가 어렵다고 주장한다.[7] 그리고 미가서의 구조를 찾는 학자들 사이에서도 크게 두 가지 입장이 있다. 즉 3중 구조로 보는 시각과 2중 구조로 보는 시각이다. 3중 구조로 보는 시각에도 여러 갈래가 있다. 첫째는 1-2장, 3-5장, 6-7장으로 보는 경우다. 이 경우 각각의 단락은 "들으라"라는 말로 시작한다(1:2; 3:1; 6:1). 그리고 각 단락의 말미는 희망의 메시지로 끝난다는 공통점이 있다(2:12-13; 4-5장; 7:8-20). 여기서 문제는 1-2장의 끝에 있는 희망의 메시지가 너

---

3) Waltke, *A Commentary on Micah*, 3.

4) Waltke, *A Commentary on Micah*, 13.

5) 여러 사람이 화자로 등장하는 현상에 대해서 조이스 우드는 이것은 미가서가 일종의 드라마로 의도되었기 때문이라고 주장하지만 필자는 여기에 동의하지 않는다. Joyce Rilett Wood, "Speach and Action in Micah's Prophecy," *Catholic Biblical Quarterly* 62 (2000): 654-662 참조.

6) Adele Berlin, *The Dynamic of Biblical Parallelism* (Bloomington: Indiana University Press, 1985), 40-41.

7) 미가서의 구조에 대한 다양한 학자들의 견해들을 보기 위해서는 다음의 글을 참조하라. Kenneth H. Cuffey, "Remnant, Redactor, and Biblical Theologian: A Comparative Study of Coherence in Micah and the Twelve," in *Reading and Hearing the Book of the Twelve, ed. James d. Nogalski and Marvin A Sweeney* (Atlanta, Georgia: SBL, 2000), 188-189.

무 짧다는 것이다. 다른 한편으로 1-3장, 4-5장, 그리고 6-7장으로 보는 경우도 있다. 그래서 앤더슨과 프리드만은 1-3장은 심판의 책, 4-5장은 비전의 책, 그리고 6-7장은 논쟁과 화해의 책이라고 불렀다.[8)]

혹자는 1-3장과 4-7장이 언어와 스타일, 그리고 역사적 배경이 서로 다르다고 주장하기도 한다.[9)] 이 주장에 따르면 1-3장은 미가 선지자의 글이지만 4장 이후로는 포로기 이후에 선지자들의 글들을 반영한다고 말한다.[10)] 실제로 4장 이후에는 미가 시대에 걸맞지 않게 바벨론에 의해 포로로 끌려갈 것을 상정하고 있다(4:10 참조). 하지만 본문 뒤에 역사적 재구성은 학자들의 추측에 의존하는 것이기 때문에 이런 주장은 신중을 기할 필요가 있다. 또한 예언의 특성상 후대의 일을 예견할 수 있다는 점을 우리는 간과해서는 안 된다.

이중 구조로 보는 시각의 대표적인 사람은 메이즈(James Mays)이다. 그는 미가서를 1-5장과 6-7장이라는 이중 구조로 보았다. 그에 의하면 전반부는 열방이라는 우주적 청중을 대상으로 했다면, 후반부는 이스라엘을 대상으로 주어진 말씀이라고 주장했다.[11)] 필자는 전체적으로 미가서는 다음과 같은 구조로 이루어졌다고 생각한다.[12)]

---

8) Francis I. Andersen and David Noel Freedman, *Micah*, AB 24E (New Haven: Yale University Press, 2000), 7.

9) Claude F. Mariottini, "Yahweh, The Breaker of Israel," *Perspectives in Religious Studies* 28 (2001): 386.

10) Mariottini, "Yahweh, The Breaker of Israel (Micah 2:12-13)," 386.

11) James L. Mays, *Micah*, OTL (London: SCM Press, 1976), 3.

12) 한편 M. H. Jacobs는 미가서에서 구원의 선포의 관점에서 볼 때 다음 세 단락으로 크게 나눌 수 있다고 주장했다. A(1:1-2:11)-B(구원의 메시지, 2:2-13), A'(3장)-B'(구원의 메시지, 4-5장), A"(6:1-7:6)-B"(구원의 메시지, 7:7-20). Mignon R. Jacobs, *The Conceptual Coherence of the Book of Micah*, JSOTSup. 322 (Sheffield: Sheffield Academic Press, 2001), 63-76.

A. 여호와의 신현과 언약고소(1:1-9)

B. 백성의 죄악과 언약 파기(1:10-16)

C. 현재의 지도자들에 대한 탄식(2:1-3:12)

D. 미래의 구원: 남은 자(4-5장)

A'. 여호와의 변론과 언약고소(6:1-8)

B'. 백성의 죄악과 언약 파기(6:9-16)

C'. 현재의 지도자들에 대한 탄식(7:1-7)

D'. 미래의 구원: 남은 자(7:8-20).

이와 같은 구조에서 볼 때, 미가서는 1-5장, 그리고 6-7장이라는 이중구조를 가지고 있다.[13] 특별히 1-5장은 초두에 등장하는 열방(עַם / "암," גּוֹי / "고이")과 듣다(שָׁמַע / "샤마")라는 단어가 말미에 다시 등장하여 인클루지오를 이룬다(미 1:2; 5:15).[14] 6:1은 1:2와 같이 "여호와의 말씀을 들을 것"을 촉구하며 시작한다. 미가서의 이중구조에서, 전반부(1-5장)는 하나님의 심판과 구원을 연속적으로 묘사하여 어떻게 시온이 열방의 중심으로 회복되는지에 그 초점을 두었다면, 후반부(6-7장)는 시온이 하나님의 말씀을 듣고 죄 용서함을 받아 어떻게 열국의 중심이 되는지에 관심을 갖는다.[15] 또한 미가서는 죄의 문제를 심각하게 다루고 있다. 그래서 죄라는

13) 물론 이런 이중 구조에 대해서도 반론이 있다. 전반부인 1-5장 안에서 인위적으로 1-3장은 심판, 4-5장은 미래의 소망을 다룬다고 하지만 1-3장 안에도 소망의 메시지가 있고, 4-5장 안에서도 심판의 내용이 있기 때문이다. 하지만 그런 내용들은 전체적으로 큰 분량을 차지하지 않기 때문에 이중구조로 봐도 무리가 없다고 생각한다. 또한 월키는 4-5장 안에 심판의 내용이 있다는 주장은 잘못이라고 주장한다. Waltke, *Commentary on Micah*, 15.

14) Burkard M. Zapff, "The Perspective on the Nations in the Book of Micah as a 'Systematization' of the Nations' role in Joel, Jonah and Nahum?" in *Thematic Threads in the Book of the Twelve*, 302.

말이 미가서 초두와 말미에(1:5, 13; 7:19) 등장한다. 어떤 의미에서 7:19에서 죄 용서는 미가서의 종말론의 핵심이자 소선지서 전체의 핵심이라고 말할 수 있다.

미가서 3장은 미가 선지자 당시의 상황을 더욱 적나라하게 묘사하고 있다. 이 장에서 미가 선지자는 "오직 나는 여호와의 영으로 말미암아 능력과 정의와 용기로 충만해져서 야곱의 허물과 이스라엘의 죄를 그들에게 보이리라"(미 3:8)라고 말하면서 자신의 입장을 토로한다. 마찬가지로 3장과 짝을 이루는 7장에서 미가 선지자는 다시 자신의 입장을 다음과 같이 표명한다. "오직 나는 여호와를 우러러 보며 나를 구원하시는 하나님을 바라보나니 나의 하나님이 나를 들으시리로다"(미 7:7). 2-3장은 탄식조로 시작하는데, 마찬가지로 7:1-7도 탄식의 노래이다. 7:8-20은 서두와 말미에서 죄 용서에 대한 언급이 나옴으로써 인클루지오(inlcusio)를 이룬다. 그래서 죄용서를 통한 미래의 남은 자의 구원을 제시한다.[16)]

미가서는 앞뒤에 나오는 요나서와 나훔서와도 관련성이 있다. 요나서와 나훔서가 앗수르에 관한 말씀인 것처럼 미가서도 앗수르에 대해 언급한다(미 5:6, "그들이 칼로 앗수르 땅을 황무케하며 니므롯 땅의 어귀를 황무케 하리라"). 또한 요나서와 미가서와 나훔서는 모두 하나님의 자비하심의 성격을 부각시키고 있다(욘 4:2; 미 7:18; 나 1:3).

---

15) Burkard M. Zapff, "The Perspective on the Nations in the Book of Micah," 303.

16) Waltke, *Micah*, 15.

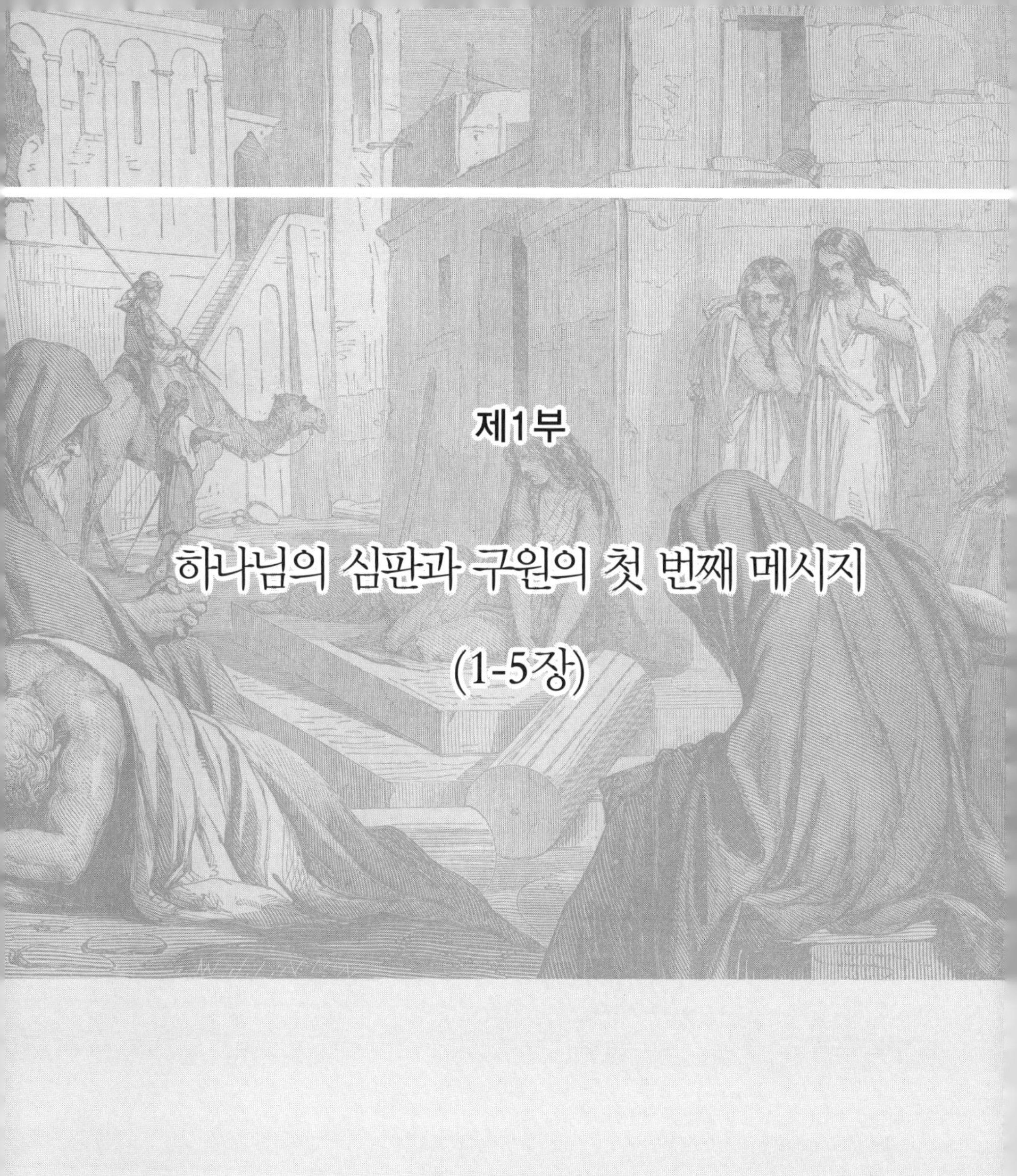

제1부

하나님의 심판과 구원의 첫 번째 메시지

(1-5장)

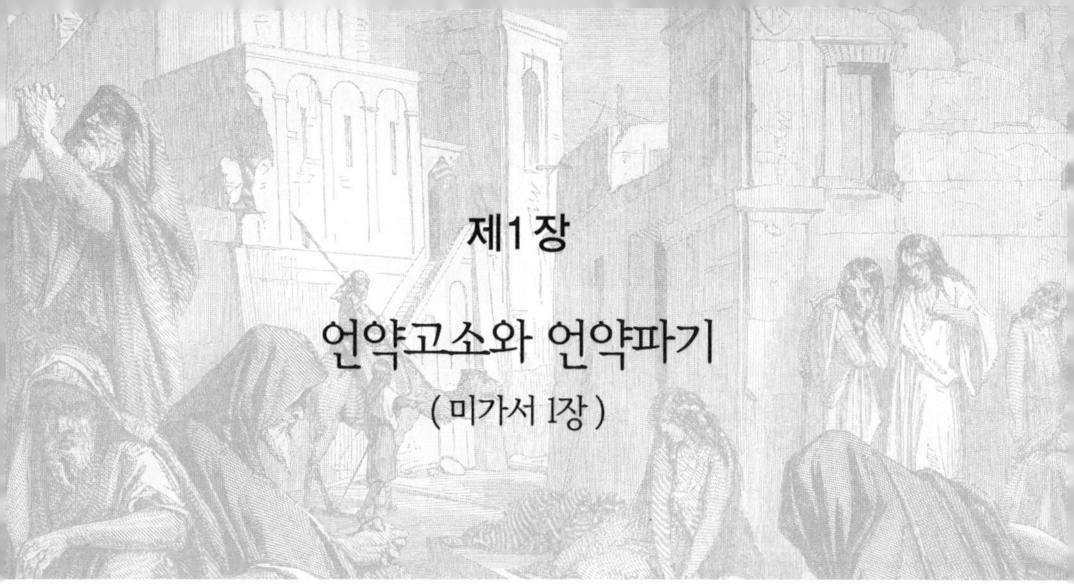

제1장

언약고소와 언약파기

(미가서 1장)

이 단락은 사마리아와 유다 안에 있는 배교와 사회적 죄악에 대한 하나님의 심판을 다룬다. 그래서 먼저 언약고소를 통해 하나님의 심판의 정당성을 이야기한다(1:1-7). 그 다음으로 미가 선지자는 1:8-9에서 자신의 현실로 돌아와서 심판예언에 대해 애통한다. 미가서의 특징 중에 하나는 소단락의 끝에서 미가 선지자 자신이 현실로 돌아와서 자신의 상황이나 결심, 고백, 또는 애통 등을 말한다는 점이다(3:8; 4:5; 7:7 참조). 이어서 마지막 부분인 1:10-16은 언약고소로 인해서 앗수르가 유다를 침략하는 장면을 예언하고 언약파기를 다룬다(1:11, 16). 요컨대 1장은 언약고소로 인해서 언약파기로 끝난다는 특성을 보인다. 이런 특성은 1장과 평행을 이루는 6장에서 다시 반복된다.

1. 구조

1장은 먼저 열방을 부른다(2절). 그 다음에 이스라엘과 유다의 청중들을 향한 하나님의 말씀을 전한다(5-9절). 이어서 유다의 성읍들에 대한 목록이 등장한다(10-15절). 그 후에 마지막 16절에서 "시온의 딸"을 암시하

는 여인이 등장하고 이 여인을 향한 하나님의 심판과 언약파기가 다루어 진다.[1)]

1장은 전체적으로 다음과 같은 구조를 이룬다.

표제: 미가에 임한 하나님의 말씀(1절)

A. 시온에서 여호와의 신현(2-4절)
　B. 야곱의 허물(5절)
　　C. 하나님의 심판이 임할 것: 기생의 값(6-7절)
　　　D. 선지자의 애통(8-9절)
　　　D'. 유다 성읍들의 애통(10-12절)
　B'. 시온의 죄(13절)
　　C'. 하나님의 심판이 임할 것: 작별하는 예물(14-15절)
A'. 시온의 딸이 포로로 잡혀가게 될 것임(16절)

이와 같이 동심원 구조와 패널구조를 혼합한 1장은 다시 1:2-9와 1:10-16으로 나누어진다. 1:2-9는 언약고소와 그로 인한 심판을 다룬다. 1:2-9의 단락의 끝에서 선지자의 애통부분(8-9절)이 등장한다. 선지자의 애통이 단락의 끝을 이루는 이유는 앞에서 지적한 대로 미가서의 구조를 보면 종종 소단락의 끝에서 미가 선지자 자신이 현실로 돌아와 자신의 상황을 이야기하기 특징이 있기 때문이다.

2. 석의

1) 1:2-9

1) Ehud Ben Zvi, "Micah 1.2-16: Observations and Possible Implications," *JSOT* 77 (1998): 113.

이 소단락(2-7절)은 미가서에서 첫 번째 경고의 신탁이다.[2] 이어서 8-9절은 선지자의 애통 부분이다.

(1) 1:2-7

1:2는 히브리어 구문론 구조를 보면, 명령법 다음에 등위접속사 와우, 그리고 간접명령으로 되어 있다. 이런 구조에서 간접명령법은 "~하기 위하여 ~하라"는 식으로 해석해야 한다.[3] 따라서 이 원리에 입각해서 1:2를 다시 새롭게 번역한다면 "백성들아 너희는 다 들을지어다. 주 여호와가 증거하시기 위하여"이다. 이런 구문론적 특성은 여호와께서 백성들에게 증거하시기 위해 나타나셨음을 매우 강조하고 있다.

2절에서는 땅을 부르고 있다. 선지자들의 언약고소의 전형적 양식에서 하늘과 땅을 증인으로 부르고 있는 것이다. 이렇게 언약고소에서 하늘과 땅이 등장하는 이유는 모세언약에서 증인이 하늘과 땅이기 때문이다(신 30:19). 선지서에 나타난 언약고소 양식은 다음과 같다.

a. 청자들을 부르고 증인인 하늘과 땅에 호소를 함
b. 증인에게 묻고 고소 내용을 진술
c. 백성들의 죄를 하나님의 구원 행위와 대조시킴
d. 그러한 죄를 제사 의식으로 속죄할 수 없음을 지적함
e. 하나님께 돌아와 순종할 것을 경고함.
f. 하나님의 심판

---

2) Francis I. Andersen and David Noel Freedman, *Micah*, AB 24E (New Haven: Yale University Press, 2000), 8.

3) Waltke and O'Connor, *An Introduction to Biblical Hebrew Syntax*, 577.

이런 언약고소는 사 1:2-20에서 잘 나타난다. 미 1:2-7에서 언약고소 양식은 미 6:1-8에서도 반복된다. 특별히 미 6:2에서는 "산들과 땅의 견고한 지대들"을 언약고소의 증인으로 부른다. 한편 미 1:2-7에서 언약고소는 증인을 부르고 바로 하나님의 심판을 지적함으로써 언약고소의 여러 구성요소들을 생략하고 있다.

2절에 "주 여호와께서 너희에게 대하여 증거하신다"라는 말에서 "너희에게 대하여"라는 히브리어 표현은 "바켐"(בָּכֶם)이다. 그 뜻은 '너희에 대항하여' (against you), 또는 '너희 중에서' (among you)의 의미를 가진다. 또는 그 둘 다를 다 포함할 수 있다.[4] 여기서 너희는 문맥상 땅 안에 거하는 모든 민족인 열방을 가리킨다. 따라서 본문의 의미를 다음과 같이 세 가지로 해석할 수 있는 여지가 있다.[5] 첫째, 열방이 이스라엘을 향한 여호와의 심판에 관심을 갖지만 단순히 증인으로 참여한다는 의미로 볼 수 있다. 둘째, 열방이 이스라엘과 함께 심판을 받을 것이라는 해석이다. 이렇게 되면 "너희에 대항하여"로 이해해야 한다. 셋째는 첫째와 둘째를 결합한 형태로 열방이 증인이 되면서 또한 심판을 받는다는 의미로 해석할 수 있다(사 34장 참조). 1장과 대칭을 이루는 6장에서 제시되는 하나님의 언약고소의 관점에서 볼 때, 열방이 하나님의 우주적 심판에 증인으로서 참여한다는 것이 일차적인 의미라고 말할 수 있다. 그리고 하나님의 심판은 우주적이라는 점에서 결국 열방도 심판의 대상이 된다는 주장이 더 신빙성이 있다. 이와 같은 주장은 미 1:3-4에서 우주적인 심판의 묘사에서 더욱 지지를 얻는다.

---

4) Zvi, "Micah 1.2-16," 105.

5) Ehud Ben Zvi, "Micah 1.2-16," 107.

6) Kenneth L. Barker and Waylon Bailey, *Micah*, NAC 20 (Nashville, Tenn.: B

이런 신학적 의미를 더욱 발전시킨다면 이스라엘과 유다에 대한 심판은 궁극적으로 열방에 대한 심판으로 귀결된다는 것을 알 수 있다.[6] 그렇다면 왜 이스라엘과 유다의 심판이 열방의 심판으로 이어지는가? 이런 구도는 이사야의 구조에서도 발견된다. 이사야서는 1-12장에서 유다에 대한 심판을 말하고서 13-23장에 열방에 대한 심판을 이야기하고 있기 때문이다. 여기서 이스라엘과 유다는 역사 안에서 세상의 중심인 소우주(microcosm)라는 사상을 읽을 수 있다. 그러기에 이스라엘과 유다의 심판은 역사 안에서 다른 열국들도 심판을 받게 되는 결과를 낳는다. 하나님은 아브라함과 언약을 맺고 아브라함의 씨(이스라엘)를 통해 열국이 복을 받기를 계획하셨다. 그런데 열국의 복의 근원이 될 아브라함의 씨가 심판을 받는다면 더 이상 열국도 소망이 없는 셈이다.

2절에서 여호와가 성전에서 증언하신다고 할 때 성전(הֵיכַל קָדְשׁוֹ/ "헤칼 꼬드쇼")이라는 말의 의미도 애매하다. 이것은 예루살렘 성전을 가리키는가? 아니면 천상에 있는 하나님의 성전을 지칭하는가?[7] 결론적으로 4:1의 관점에서 볼 때 일차적으로 천상의 성전이고, 이어서 종말에 높게 세워질 시온을 가리킨다고 말할 수 있다.[8] 확실히 이 성전은 멸망하게 될 예루살렘 성전과는 차별화된다(1:12; 3:12 참조). 이 종말의 시온은 과거의 시온과 구별된 새로운 질서를 동반한다. 이 성전은 이전의 성전과 달리 높이 세워진다고 말하고 있기 때문이다. 이런 점에서 종말에 시온에서 하나님의 심판은 기존 창조질서를 파괴하고 새로운 창조질서를 동반하게 될 것을 암시한다.

& H, 1998), 49.

7) Ben Zvi, "Micah, 1. 2-16," 109.

8) Ralph L. Smith, *Micah-Malachi*, WBC 32 (Waco, Tex.: Word, 1984), 17.

1:3에서 "여호와께서 그 처소에서 나오시고 강림하사 땅의 높은 곳을 밟으실 것이라" 라는 말은 하나님이 백성들을 심판하는 용사이심을 보여준다. 3절에 "땅의 높은 곳" 이라고 할 때 여기서 땅은 우주적인 하나님의 신현을 묘사하는 문맥에서 나오기 때문에 단순히 이스라엘의 땅(land)이 아니라 세상 전체(earth)를 가리킨다. "땅의 높은 곳" 이라는 표현에서 높은 곳에 해당하는 히브리어 단어는 "바모트"(בָּמוֹת)이다. 이 단어는 5절에 유다의 산당을 가리키는 히브리어 "바모트" 와 동일어다. 이렇게 해서 문자적 기교(word play)를 이룬다.[9] 이런 문자적 기교를 통해 우주적인 하나님의 심판은 우선적으로 이스라엘과 유다의 산당의 높은 곳을 밟아 그들의 우상의 죄악을 심판한다는 의미가 있음을 부각시킨다.

1:5는 구체적으로 죄의 원인으로서 사마리아와 예루살렘을 지목한다. 예루살렘을 유다의 산당으로 표현한 것은 특이하다. 산당은 바알 숭배가 이루어진 곳으로 종교적 절충주의의 대표적 장소이다. 이렇게 해서 우주적인 심판자로서의 하나님의 신현은 이스라엘과 유다의 우상숭배를 향한 심판임을 더욱 분명하게 제시한다. 미가는 나중에 열방도 같은 죄목으로 심판을 받고 부끄러워할 것이라고 말한다(미 5:4-8; 7:16 참조).

5절에서 심판이 지엽적인 사마리아와 예루살렘에 국한 된 것은 2절의 우주적 심판의 관점에서 비추어 볼 때 다소 의외이다. 그래서 앤더슨은 2절은 나중에 첨가된 것으로 이해한다.[10] 하지만 앞에서 말했듯이 예루살렘(유다)은 온 우주의 소우주(microcosm)로서 기능을 하기 때문에 온 세상을 향한 하나님의 심판이 예루살렘으로부터 시작해서 열방으로 확대된다

9) Ben Zvi, "Micah 1.2-16," 108.
10) Andersen and Freedman, *Micah*, 157.

고 해석할 수 있다. 예루살렘이 온 세상의 중심이라는 사상은 에스겔서에서 잘 나타난다(겔 5:5; 38:12).

6절에 "그 지대를 드러낸다"라는 말에서 "지대"라는 말의 히브리어 어근은 "야사드"(יסד)이다. 이것은 하나님의 창조사역과 밀접한 관련이 있는 단어이다. 이 단어를 사용하여 본문은 이스라엘이 원래 하나님의 창조사역으로 창조된 존재임을 제시한다. 그래서 하나님의 심판은 그런 창조사역으로 세워진 이스라엘을 다시 파괴하는 형식으로 이루어질 것임을 암시한다. 하나님의 심판이 기존의 창조질서를 전복한다는 의미가 있음을 보여주는 대목이다. 이것은 거꾸로 종말에 하나님의 구원은 새로운 창조질서를 동반할 것이라는 힌트로 작용한다(미 4:1 참조). 이사야는 이 새로운 창조질서를 새 하늘과 새 땅으로 이해했다(사 65:17). 신약에 의하면 새로운 창조질서는 그리스도의 새언약을 통해 도래되었다고 선포한다(고후 5:17). 최종적으로 이 새로운 창조질서는 예수 그리스도의 재림 시에 완성될 것이다(계 21:1).

7절은 더욱 명시적으로 사마리아와 예루살렘의 죄가 우상숭배임을 지적한다. 7절은 목적어가 동사 앞으로 도치되어 시작된다. 여기서 목적어는 "그녀의 우상들"(즉 사마리아의 우상들)로서 6절에 사마리아에 대한 언급을 계속 이어서 말하기 위해 도치된 것이다.[11] 그래서 독자에게 7절도 6절에 이어서 계속 읽을 것을 유도하는 문법적 기능을 한다. 따라서 우상 숭배로 인해 하나님의 심판이 임하게 될 것을 계속적으로 강조하는 효과가 있다.

---

11) Barry L. Bandstra, "Word Order and Emphasis in Biblical Hebrew Narrative: Syntactic Observation on Genesis 22 from a Discourse Perspective," in *Linguistic and Biblcial Hebrew*, ed. Walter R. Bodine (Winona Lake, Ind.: Eisenbrauns, 1998), 109-123.

7절에서 우리의 주목을 끄는 표현은 "그녀의 값" 으로 번역된 히브리어 단어 "에트난"(אֶתְנָן, 예물)이다. 이 단어는 7절 후반절에 음행의 값으로 다시 번역된다. 문맥상 이것은 우상과 밀접한 관련이 있다. 이 단어의 의미는 우상숭배를 위해 성창들에게 주어지는 값, 또는 예물이다. 따라서 이스라엘이 성창에게 예물을 주며 음란히 우상숭배를 했음을 보여준다. 그 결과 7절 후반은 그 대가로 "음행의 값으로 그들이 돌아갈 것이다"(וְעַד־אֶתְנַן זוֹנָה יָשׁוּבוּ / "베아드 에트난 조나 야슈부")라고 말한다. 즉 그들이 음행의 값이 되어 음녀로 묘사된 앗수르에 예물로 바쳐지듯이 앗수르에 포로로 잡혀가게 될 것이라는 설명이다.[12] 나훔 3:4에서 앗수르는 열국을 음행을 통해 유혹하는 기생으로 비유된다. 북 이스라엘이 성창에게 주는 예물에 집착할 때 하나님은 북 이스라엘을 열국의 기생인 앗수르에게 예물로 넘겨줄 것이라는 말씀이다. 이렇게 해서 예물이라는 단어의 언어적 유희를 통해 이스라엘의 심판의 아이러니를 보여주고 있다.

앗수르에 포로로 잡혀가게 될 것이라는 암시는 미 1:16에서 다시 언급된다. 1:7은 동사가 뒤로 도치되었다. 이것은 앞에 나온 음행의 값과 대조를 이루기 위한 장치이다.[13] 이렇게 해서 하나님의 심판은 이스라엘의 행위를 그대로 되갚아 주는 인과응보임을 보여준다.

(2) 선지자의 애통(8-9절)

8절에 미가 선지자는 자신의 현실로 돌아와서 하나님의 심판으로 북 이스라엘이 포로로 잡혀가게 될 것을 상징적 행동으로 표현하기 위해 벌거벗은 몸으로 애곡한다. 8절에서 "들개(תַּנִּים/"타님")같이 애곡

12) Waltke, *Micah*, 55.

13) Bandstra, "Word Order and Emphasis in Biblical Hebrew Narrative," 117.

(מִסְפֵּד / "미쓰페드")하고 타조(בַּת יַעֲנָה / "바트 야하나")같이 애통 (אֵבֶל / "에벨")한다" 라고 미가는 말한다. 여기서 애곡과 애통은 서로 빈번하게 짝으로 나오는 표현이고 들개(자칼)와 타조도 서로 짝으로 나오는 전형적인 문구인데, 미가는 이것을 따로 따로 분리시켜 표현하였다(사 34:13; 43:20; 욥 30:29; 창 50:10; 렘 6:26; 암 5:16 참조).[14] 들개는 히브리어로 "탄"(תַּן)으로서 매우 의도적으로 사용된 낱말이다. 이 단어의 발음은 7절에 예물이라는 뜻의 "에트난"(אֶתְנַן)과 청각적으로 유사성을 갖는다. 7절은 종교적 예물의 부정으로 인하여 이스라엘이 그 대가를 받게 될 것을 지적했다. 그래서 이런 소리의 유사성은 우상숭배를 위해 예물을 바쳤던 그들이 이제 직접 예물이 되어 포로로 잡혀가게 될 것이고 그 결과 들개와 같이 애곡할 것이라는 점을 청각적으로 강조한다. 유다의 경우도 북쪽 이스라엘의 경우와 마찬가지로 심판이 임하게 될 것이다(9절).

(3) 본문의 의도

이 소단락에서 미가 선지자의 의도는 용사로서 여호와의 심판은 우주적인 심판이지만 우선적으로 이스라엘과 유다의 죄를 징벌하기 위한 목적이 있음을 밝히는 데에 있다. 이것은 이스라엘과 유다가 전체 우주의 소우주(microcosm)라는 의미이기도 하다. 하나님의 심판은 그들의 잘못에 따라 그대로 보응하는 심판이 될 것이다.

6절에서 암시하듯이 하나님의 심판은 창조자의 심판이기에 피할 수 없는 사건이다. 이러한 이스라엘의 심판은 전 세계의 심판으로 확대될 것이다. 창조질서의 중심으로 세워진 이스라엘이기에 이스라엘의 심판이 세상

14) Ben Zvi, "Micah 1.2-16," 115.

의 심판으로 연결되는 것이다. 선지서들은 항상 이스라엘의 심판 다음으로 열국의 심판을 거론한다. 그 이유는 이스라엘의 심판으로 인해 더 이상 세상질서에 소망이 없기 때문이다. 노아의 홍수 사건 때에 하나님은 세상을 물로 심판하셨다. 하지만 이제 하나님은 불로 세상을 심판하실 것이고 그 신호탄으로 이스라엘과 유다의 심판을 언급하고 있는 것이다.

심판의 원인은 표면적으로 북 이스라엘과 남 유다의 우상숭배이다. 하지만 미가서 전체 문맥에서 볼 때 그것은 공의와 인애와 의를 수행하지 않은 결과였다(미 6:6-8). 나중에 자세히 설명하겠지만 공의와 인애와 의는 하나님과 동행하는 가운데에서 순종하는 일체의 모습을 가리킨다. 표리일체의 믿음이라고 말할 수 있다. 이 믿음이 자연스럽게 행동으로 드러날 때 그것이 바로 공의이다.

공의는 진실된 사랑에서 우러나오는 행동이기에 이것은 진실된 사랑을 뜻하는 헤쎄드(인애)와 동전의 양면을 이룬다. 이와 같은 공의와 인애 속에서 계속적으로 올바른 관계를 하나님과 인간과 맺는 상태가 바로 의인 것이다. 공의와 인애와 의는 언약의 기본 정신이고, 우상숭배는 그 언약 정신을 심각하게 훼손하는 행위이다. 따라서 1:2-9는 언약고소의 이유가 우상숭배로 인해서 공의와 인애와 의가 실종되었기 때문임을 암시하고 있는 것이다.

2) 10-16절

10-15절에서 유다의 12개 성읍들의 목록이 나온다. 이 성읍의 목록은 역사적으로 산헤립이 주전 701년에 쉐펠라(지중해 해안과 유다의 중앙 산지 사이에 있는 평야)를 침입할 때 멸망한 성읍들이라고 추정할 수 있다.[15] 어

쨌든 여기서 심판의 내용은 성읍 이름과 문자적 기교를 이루고 있다.[16)] 이런 심판을 통해서 1:11과 1:16은 유다가 결국 수치를 당하게 될 것이라는 이미지를 제시한다. 수치는 신명기에서 언약파기의 결과이다(신 28:37). 따라서 10-16절의 의미론적 초점은 앞에 1:2-9에서 하나님의 언약고소로 인한 하나님의 심판의 결과로 언약이 파기된다는 데에 있다. 10-16절은 다시 두 부분으로 나누어진다. 즉 10-12절과 13-16절이다.

(1) 10-12절

10-12절은 유다의 성읍들이 애통하는 부분이다. 또한 8-9절의 끝이 "키"(כִּי, 왜냐하면)로 시작하는 것처럼 10-12절의 끝도 "키"(כִּי)로 마무리짓는다(12절). 이렇게 해서 10-12절은 8-9절과 평행을 이룬다.

10절에 가드에서(בְּגַת / "베가트") 가드를 향해 울지 말라고 할 때 울다라는 동사는 "바카"(בָּכָה)이다. 그래서 "가드에서"라는 표현인 "베가트"와 "울다"라는 뜻의 "바카"가 음성적으로 유사점을 갖는다.[17)] "가드에 알리지 말라"라는 말은 삼하 1:20에서 다윗이 사울과 요나단의 죽음을 슬퍼하며 한 말이기도 하다. 따라서 10절의 가드에 대한 언급은 울다라는 말과 문자적 기교를 이루기 위함도 있지만 사울의 집이 무너지듯이 이후에 다윗의 집이 무너질 것을 예상하는 표현이라고 말할 수 있다.[18)] 다윗에 대한 암시는 1:15에서 아둘람에 대한 언급으로 다시 나타난다. 이렇게 해

15) Paul E. Dion, "Sennacherib's Expedition to Palestine," *Église et Théologie* 20 (1989): 10.

16) 자세한 내용은 다음을 참조하라. Andersen and Freedman, *Micah*, AB 24E, 213.

17) 하지만 Ralph L. Smith는 유다 성읍 가드에서 언어적 유희가 있다는 주장에 반대한다. Smith, *Micah-Malachi*, 21.

18) Barker and Bailey, *Micah*, NAC 20, 57.

서 미 1:10-15는 초두와 말미에 다윗에 대한 암시로 시작해서 끝난다는 특징이 있다.[19)]

11절에서 사피르는 그 뜻이 "아름다움의 성읍"인데 이 성읍 거민이 수치와 벌거벗음으로 끌려가게 될 것을 말함으로써 절묘한 대조를 이룬다. 여기서 거민이라는 "요쉐베트"(יוֹשֶׁבֶת)는 수치라는 히브리어 단어 "보쉐트"(בֹּשֶׁת)와 음성학적 유사성을 갖는다.

12절에서 유다의 애통은 선(טוֹב, "또브")을 바라나 악(רַע, "라")이 오기 때문이다. 개역개정 한글성경에서는 선을 복으로 번역했지만 선은 악이라는 주제와 대조를 이룬다는 점에서 선으로 번역하는 것이 더 옳다. 선과 악의 주제는 2-3장에서도 계속 이어진다(3:2 참조). 12절의 요점은 이스라엘이 하나님의 기준에서 선을 구하지 않았기 때문에 선 대신에 악의 보응을 받는다는 내용이다. 이것은 그들이 선과 악을 구별하지 못하고 지혜롭지 못했음을 보여주는 반증이기도 하다. 미가는 6:6-8에서 하나님이 진정으로 원하는 선이 무엇인지를 보여준다. 그것은 공의와 인애, 그리고 하나님과 동행(의)으로 요약된다. 결국 12절은 언약고소로 인한 하나님의 심판의 원인이 진정한 선인 공의와 인애와 의에서 멀어졌다는 데에 있었음을 간접적으로 제시한다.

(본문의 의도) 앞의 단락과 본문의 일관성(semantic coherence)의 관점에서 볼 때, 10-12절에서 의미상의 초점(semantic focus)은 하나님의 심판은 돌이킬 수 없다는 것이다. 한 권의 책으로서 소선지서의 전체적 구조에서 볼 때 초두에서 호세아서와 요엘서는 백성들에게 애통할 것을 촉구했

---

19) Barker and Bailey, *Micah*, 61.

다. 그렇게 애통한다면 다시 소망이 있다는 논리이다(욜 2:12-13). 하지만 미가 선지자의 애통은 더 이상 소망이 없기 때문에 취한 행동이었다. 더 나아가 그는 유다의 성읍들이 더 이상 애통할 필요도 없음을 말하고 있다(10-12절). 성읍과 심판이 언어적 유희를 이루면서 유다의 성읍들이 그들의 본래 의미와 비슷한 상황 또는 정반대의 상황을 맞이하게 될 것을 제시한다. 이처럼 수사적 장치를 통해서 미가 선지자는 회피할 수 없는 심판의 특성을 부각시킨다. 이 단락의 마지막절인 12절은 유다가 선을 바라나 악이 임하게 될 것이라고 지적함으로써 이들의 무지함을 반어법적으로 드러낸다. 선과 악의 주제는 지혜서의 주제로서 미가서의 중요한 신학적 이슈이다(미 3:1; 6:9).

결론적으로 10-12절은 북 이스라엘과 남 유다의 우상숭배로 인해서 그들의 삶이 공의와 인애와 의에서 멀어졌기 때문에 무엇인 선이고 무엇이 악인지를 구별하지 못하고 재앙을 받게 될 것을 독자들에게 보여주고 있다.

(2) 13-16절

13절은 명령법으로 시작함으로써 앞의 본문과 달리 새로운 단락의 시작을 알린다. 일반적으로 감탄조의 명령법은 종종 새로운 단락의 시작을 알리는 신호(signal)이기 때문이다(미 1:2; 3:1; 6:1 참조).

13절에 "라기스는 시온의 딸을 향한 죄"라고 말한다. 이렇게 하여 시온의 딸이라는 말이 처음으로 언급된다. 라기스라는 도시명은 준마라는 히브리어 단어 "레케쉬"(רֶכֶשׁ)와 언어적 유희를 이루고 있다. 이런 언어적 유희를 통해 라기스를 준마에 대입시켜 라기스가 군사적 힘을 크게 의지하고 있음을 부각시킨다. 시온의 딸이라는 여성 이미지는 다시 14절과 16절에 암시되어 등장한다. 14절과 16절에서 "너"는 여성형 인칭대명사이기 때문이다. 시온의 딸의 정체는 무엇인가? 아마도 문맥상 일차적으로 지도자들을 가리키는 것처럼 보인다.

라기스는 군사적으로 중요한 곳이었다. 당시 기술적으로 가장 진보된 군사도시였기 때문이다. 유다는 이런 도시를 하나님보다 더 의지했다. 군사력을 더 의지하는 유다의 행위를 하나님은 매우 큰 죄로 여기셨다(미 5:10-15 참조). 하나님을 의지하며 동행하지 않을 때에 모든 죄들이 거기서 파생된다.[20] 13절에서 허물과 죄라는 말은 5절에도 등장하기 때문에 13절은 5절과 평행을 이룬다. 5절에서 강조점이 우상숭배에 있었다면, 13절은 하나님보다 군사적 힘을 의지하는 행태에 초점을 맞춘다. 언약정신인 공의와 인애와 의에서 멀어질 때 인간은 우상을 섬기고 군사적 힘을 의지한다는 진리를 일깨워준다.

14절에서 가드모레셋에 작별하는 예물을 주라고 말한다. 여기서 명령을 받는 당사자는 여성이기에 13절에서 언급한 시온의 딸을 가리킨다. 앞에서 언급한 대로 시온의 딸은 일차적으로 지도자들을 지칭한다.[21] 여기서 작별하는 예물은 신부의 지참금을 뜻한다(왕상 9:16 참조). 문맥적으로 읽을 때 이것은 가드모레셋을 침략하는 침입자에게 공물을 바치는 것으로 이해할 수 있다. 모레셋은 히브리어로 결혼하는 신부를 뜻하는 "메오라사"(מְאֹרָשָׂה)와 음이 비슷하다.[22] 그래서 가드모레셋이 포로로 끌려가는 모습을 신부가 지참금을 가지고 사라지는 것에 비유하고 있다. 또한 14절의 작별하는 예물은 1:7에서 기생의 값(예물)을 연상시킨다. 이렇게 해서 앗수르에 의해 포로로 끌려가는 모습은 우상숭배로 인한 대가임을 또 다시

---

20) Bruce K. Waltke, "Micah," in *The Minor Prophets*, vol. 2, 630.
21) Waltke, *Micah*, 81.
22) Ralph L. Smith, *Micah*, 22.

암시한다.

이어서 악십의 집들이 이스라엘의 왕을 속인다고 말한다. 이 말은 일종의 언어유희이다. 악십(אַכְזִיב / "아크지브")이라는 성읍 이름은 속임이라는 뜻의 "아크자브"(אַכְזָב)와 유사하기 때문이다. 이 언어유희는 침입자에 의해서 악십의 공장들을 잃게 되어 유다 왕들이 속임을 당하는 것처럼 재정적 손실을 보게 될 것을 강조하는 문학적 장치이다.[23)]

15절에 마레사 거민에게 하나님이 "얻을 자"(정복자)를 임하게 할 것이라고 말한다. 여기서 정복자라는 히브리어 단어 "모레쉬"(מוֹרֵשׁ)는 "마레샤"(מָרֵשָׁה)와 비슷한 음을 가진다. 이로써 또 다른 언어적 유희를 보이고 있다. 정복하여 기업을 얻은 땅에 또 다른 정복자가 나타나서 그들의 땅을 빼앗아갈 것이라는 예언이다. 마레사는 유다의 중요한 군사 방어 지역으로서 모레셋으로부터 3마일 남쪽에 위치한 도시였다.[24)]

"이스라엘의 영광이 아둘람까지 이를 것이라"라는 말은 과거 다윗이 사울을 피하여 아둘람 동굴로 피신한 것을 연상시킨다(삼상 22:1). 여기서 이스라엘의 영광은 이스라엘의 부나 힘. 또는 군대, 심지어 여호와 자신을 의미할 수도 있다.[25)] 하지만 다윗이 피신하여 도망갔듯이 유다의 지도자들이 재앙으로 인해 피난생활을 하게 될 것을 예시하는 묘사라고 보는 것이 더 신빙성이 있다. 그래서 다윗왕조의 멸망을 암시하고 있다.[26)] 이렇게 해서 앞에서 주장했듯이 10-15절은 왕조의 멸망을 초두와 말미에 제시하고 있다.

---

23) Waltke, *Micah*, 83.
24) Waltke, *Micah*, 84.
25) Zvi, "Micah 1.2-16," 110.
26) Barke and Bailey, *Micah*, NAC 20, 61.

16절에서 자녀들의 머리털을 대머리처럼 깎으라는 명령은 성경에서 도시나 땅이 파괴될 때 취해지는 조치들이다(사 3:24; 15:22; 22:12). 신 14:1과 레 21:5에서 머리를 밀지 말라는 금령은 이와는 다른 문맥으로서 주로 제사장의 성결을 위해, 또는 이교도의 행위를 금하는 차원에서 주어진 말씀이다.[27] 어쨌든 대머리처럼 깎으라는 말은 포로로 끌려가는 수치스런 모습을 상징화한다. 겔 5:1에서 하나님은 에스겔 선지자에게 포로로 끌려가는 것을 상징하기 위해 머리털과 수염을 깍으라고 말씀하셨다. 그래서 나중에 유다가 포로로 끌려갈 때 실제로 그들이 머리가 대머리가 될 것이라고 말한다(겔 7:18). 이와 같은 수치는 언약이 파기되었다는 증거이다.

16절에 "네 기뻐하는 자식"에 대한 언급은 나중에 2:9의 문맥에서 읽을 때 시사하는 바가 크다. 2:1-11은 왜 유다가 포로로 잡혀가게 되는지를 잘 설명해 준다. 그것은 지도자들의 불의 때문이다. 지도자들의 죄목 중에 하나로 2:9는 가난한 자들의 자녀에게서 영광을 빼앗았다고 지적한다. 이런 점에서 1:16에서 지도자들의 자녀들이 포로로 잡혀가게 되는 것은 지도자들이 가난한 자들의 자녀를 착취한 결과에 대한 보응의 심판으로 이해할 수 있다. 따라서 포로라는 심판은 심는 대로 거두는 자업자득의 결과임을 보여준다.

16절 마지막에서 미가 선지자는 "그들이 사로잡혀갔다"라는 동사를 완료형으로 쓴다. 이 완료형은 선지자적 완료형(prophetic perfect)으로서 미래에 일어날 하나님의 독립적인 행동을 가리킨다. 이로써 미래의 심판이 하나님의 독단적인 행동의 결과이기에 확실하게 일어날 것이라고 선언하

27) Waltke, Micah, 85. 한편 알렌(Allen)은 이것은 극도의 슬픔을 표현하는 행위였다고 주장한다. Allen, *Micah*, 283.

며 단락을 마치고 있다. 사로잡혀간다라는 의미는 가나안 땅에서 떠나 포로로 잡혀가게 될 것이라는 뜻이다. 2:10에서 가나안 땅은 안식이라는 관점에서 표현된다. 그래서 에덴 동산으로 대변되는 하나님 나라를 상징한다(겔 36:35). 따라서 죄의 결과는 하나님 나라에서 쫓겨난다는 의미를 함의하고 있음을 보여준다.

(본문의 의도) 1:13-16에서 미가 선지자는 다시 유다의 군사적 죄를 지적하고 이스라엘의 영광이 떠나게 될 것이고 이스라엘과 유다가 결국 포로로 사로잡혀가게 될 것을 강력하게 증거한다. 16절에 기쁨과 슬픔을 극명하게 대조시킴으로써 심판의 강도를 더욱 증폭시키고 있다. 더 나아가 시온의 딸이 잡혀가게 될 것을 13절부터 일관되게 암시함으로써 1장 초두에 천상의 시온에서 포효하는 하나님의 심판의 초점이 궁극적으로 시온에 있었음을 독자들에게 일깨운다. 이 단락은 하나님의 심판을 현란한 언어적 유희로 표현하고 있다. 이런 언어적 유희는 하나님의 심판이 오랜 숙고의 과정 속에서 이루어진 것으로 일시적인 하나님의 결단에서 나온 것이 아님을 독자들에게 깨닫게 하는 기능을 한다.

13-16절은 시온에 내려지는 심판의 원인이 우상숭배와 함께 하나님보다 다른 군사적인 힘을 의지했기 때문임을 보여준다. 그 결과 다윗의 영광이 사라지고 자녀들이 포로로 끌려가게 될 것을 선언한다. 다윗의 영광은 하나님의 언약을 통해 이루어진 영광이었다. 이런 점에서 공의와 인애와 의를 떠나 우상을 숭배하고 군사적으로 다른 것들을 의지할 때 하나님의 언약이 파기되어 그 영광이 사라지는 것은 사필귀정이다. 따라서 그들이 가나안 땅으로 대변되는 하나님 나라에서 쫓겨나게 될 것을 교훈한다. 다음 2-3장에서는 왜 그러한 심판이 이루어지는지 구체적으로 설명한다. 그

러면서 2:12-13은 막간을 이용해서 하나님의 심판은 심판으로 끝나는 것이 아님을 보여준다. 미래에 여전히 소망과 회복이 있다는 설명이다. 그렇지만 그런 소망과 회복은 환난이라는 고통을 통해서 이루어질 것을 예언한다.

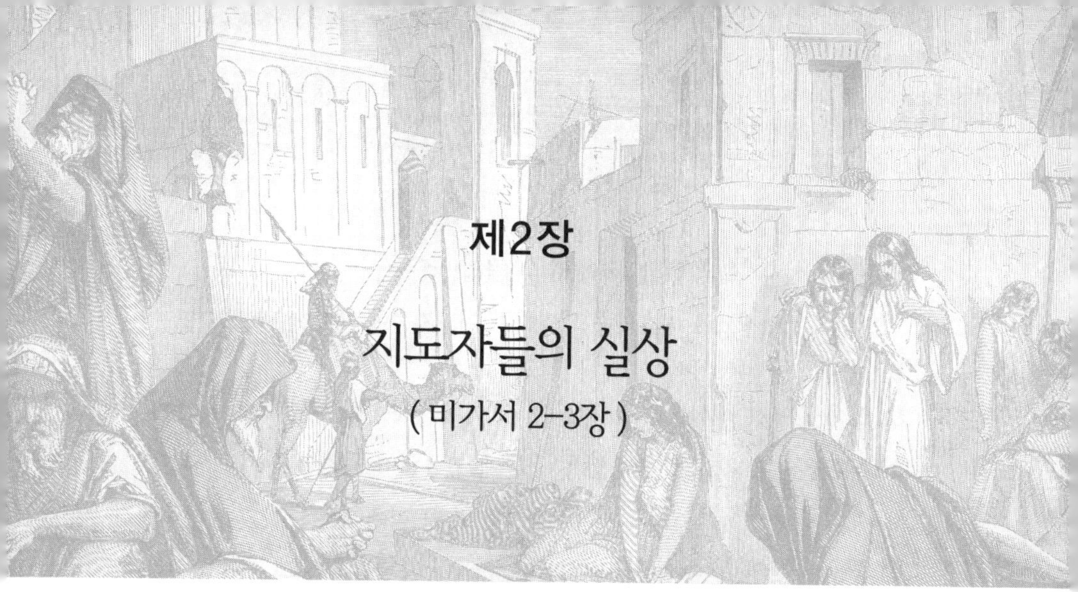

제2장

지도자들의 실상

(미가서 2–3장)

이 단락은 앞에서 언급했듯이 부유층 지도자들과 그들과 결탁한 종교 지도자들의 타락을 적나라하게 드러낸다. 이들의 타락의 핵심은 하나님의 선인 공의를 저버렸다는 것으로 요약된다(미 3:2). 이 단락은 현란한 문자적 기교를 통해서 타락한 지도자들의 죄악상을 비꼬면서 1장에서 제시된 하나님의 심판의 정당성을 더욱 부각시킨다. 1장의 내용이 북 이스라엘과 남 유다를 동시에 겨냥했다면, 2-3장은 주로 남 유다의 지도층 인사들의 실상에 그 초점을 맞추고 있다는 인상을 준다.

1. 구조

이 단락은 주로 현재의 지도자들의 실상을 묘사한다. 이 단락의 세부 구조는 다음과 같다.

A. 부유층의 죄악과 하나님의 응답(2:1-5)

B. 선지자들의 죄악과 하나님의 응답(2:6-11)

C. 여호와를 의지하는 미래의 남은 자들의 모습(2:12-13)

A'. 정치적 지도자들의 죄악과 하나님의 응답(3:1-4)

B'. 선지자들의 죄악과 하나님의 응답(3:5-8)

C'. 거짓으로 여호와를 의지하는 지도자들에 대한 심판(3:9-12)

이 구조에서 핵심은 미래의 남은 자들과 거짓 지도자들과의 대조이다. 2:12-13은 여호와가 미래의 남은 자들에게 유일한 목자이자 지도자로 나타나게 될 것이라고 말한다. 이렇게 함으로써 미래에는 거짓 지도자들이 사라지고 참된 지도자로서 여호와가 직접 남은 백성들을 다스릴 것을 제시한다.

미가서 2장은 다시 크게 세 구조로 나눌 수 있다. 그래서 미 2:1-5는 "저주 신탁"(woe oracle)이고 2:6-11은 논쟁, 그리고 2:12-13은 구원신탁이다.[1] 2장은 비슷한 단어들이 의도적으로 반복되어 여호와의 명령에 대한 불순종이 얼마나 가증한 일인지를 수사학적으로 잘 보여주고 있다.[2]

2:1-5는 부자들에 대한 하나님의 심판 신탁으로서 일종의 패널구조를 이루고 있다. 구체적으로 히브리어로 경영, 또는 계획을 뜻하는 "하샤브"(חָשַׁב)가 1절과 3절에 반복적으로 나타난다. 마찬가지로 히브리어로 악을 뜻하는 "라"(רַע), 또는 재앙을 뜻하는 "라아"(רָעָה)가 1절과 3절에 동시에 나타난다. 그리고 밭을 뜻하는 히브리어 단어 "사데"(שָׂדֶה)가 2절과 4절에 각각 등장한다. 이렇게 해서 2:1-5의 전반부가 부자들이 악을 꾀하여(경영하여) 밭을 탐하기 때문에 후반부는 하나님도 그들에게 악(재앙)을 계획하여(경영하여) 그들의 밭을 빼앗을 것이라는 내용이다. 밭을 탐했을 때 밭을 빼앗긴다는 아이러니이다. 이처럼 미가서는 부자들이 앗수르

1) Carol J. Dempsey, "Micah 2-3: Literary Artistry, Ethical Message, and Some Consideration about the Image of Yahweh and Micah," *JSOT* 85 (1999): 118-119.

2) Dempsey, "Micah 2-3," 119.

에 의해 밭을 빼앗기게 될 것을 내다본다.[3)]

2:6-11은 논쟁적 신탁으로서 거짓 선지자들을 향한 하나님의 심판의 말씀이다. 하지만 앞의 2:1-5와도 어휘적으로 그리고 주제적으로 밀접한 연관을 가지고 있다.[4)] 2:6-7은 하나님의 신정론(theodicy)에 대한 논쟁이다. 그리고 2:8-9는 2:2와 비슷하게 백성들의 불의한 행태를 묘사한다. 이어서 2:10은 불의한 백성이 안식의 땅을 잃고 떠날 것을 예언함으로써 2:4-5에서 불의한 백성들이 밭을 잃게 될 것이라는 내용과 평행을 이룬다. 그 다음 결론으로 2:11은 거짓 선지자들의 예언을 다시 지적하여 2:6에서 예언에 대한 언급과 인클루지오를 이룬다. 뒤에서 자세히 설명하겠지만 2:11은 문자적 기교를 통하여 불의한 백성들을 조롱하는데, 이는 2:3-5에서 문자적 기교를 사용하여 불의한 백성들의 행태를 풍자했던 모습을 연상시킨다. 한편 2:11에서 "이 백성"이라는 말은 2:3에서 "이 족속"이라는 말과 평행을 이룬다. 이로써 2:11이 속한 단락은 2:3-5와 짝을 이루고 있다.

다음으로 나오는 2:12-13은 미래의 소망으로서 종말에 남은 자의 모습을 다룬다. 확실히 이 남은 자는 앞서 묘사했던 불의한 백성들과는 차별화된다.

3장에서도 지도자들을 향해서 심판의 메시지가 주어진다. 3:2는 선(טוֹב, "또브")과 악(רַע, "라")라는 주제를 2:1과 같이 언급하며 시작한다. 구체적으로 3:1-4는 정치적 지도자, 3:5-7은 거짓 선지자들, 그리고 8절은 일종의 막간이고, 3:9-12에서 다시 이스라엘의 전체 지도자층을 비난한다.[5)] 미가는 3:11에서 유다의 지도자들의 타락을 다음과 같이 지적한다.

---

3) Barker and Bailey, *Micah*, 63.
4) Dempsey, "Micah 2-3," 121.
5) Dempsey, "Micah 2-3," 124.

"그들의 우두머리들은 뇌물을 위하여 재판하며 그 제사장은 삯을 위하여 교훈하며 그 선지자는 돈을 위하여 점을 치면서도 오히려 여호와를 의뢰하기를 여호와께서 우리 중에 계시지 아니하냐." 이렇게 하여 2-3장은 부자들과 지도자들의 타락의 실상을 적나라하게 보여주고 탄식하는 내용임을 알 수 있다.

2. 석의

1) 2장의 구조

2장은 구체적으로 현재의 실상을 묘사하면서 부유층 지도자들의 사회적 불의(2:1-5)와 거짓 선지자들의 행태(6-11절)를 질타하고 있다. 특별히 2:6-11은 초두와 말미에 예언이라는 낱말이 등장하여 인클루지오를 이루고 있다. 6-11절은 사회적 불의가 만연하고 있음에도(9절) 불구하고 거짓 선지자들이 심판보다 포도주로 대변되는 하나님의 축복을 예언하고 있음을 지적한다(11절). 하지만 마지막인 2:12-13은 미래에 남은 자에게 소망이 있을 것을 막간을 이용하여 언급한다.

2장은 다음과 같은 구조를 가진다고 말할 수 있다.

A. 악(רַע / "라")을 꾀하는 자를 향한 화(2:1)

B. 백성들의 악한 행동: 밭, 집, 사람을 억압함(2:2)

C. 아이러니를 통한 하나님의 재앙(רָעָה/ "라아"): 땅을 패역자에게 줄 것임(2:3-5)

D. 하나님의 신정론: 무엇이 선(טוֹב / "또브")인가?(2:6-7)

B'. 악한 자들의 행동: 의복, 집, 사람을 탄압(2:8-9)

C'. 아이러니를 통한 하나님의 심판: 안식의 땅을 떠나라(2:10-11)

A'. 미래에 남은 자를 향한 축복(2:12-13)

이상의 구조에서 알 수 있듯이 2장의 구조의 핵심은 가운데에 있는 2:6-7이다. 그래서 부유층 지도자들이 하나님이 원하시는 선에서 얼마나 떠나 있는지를 잘 보여준다. 이들은 하나님이 원하시는 선에 귀기울이지 않았다. 오히려 하나님이 선하지 않다고 의심하면 자신들의 선하지 못한 행동을 합리화했던 것이다. 이 대목은 1장에서 하나님의 언약고소와 그로 인한 언약파기가 불의한 백성들이 하나님의 선인 공의와 인애와 의에 의문을 제기하고 거기서 떠났기 때문이었음을 간접적으로 드러내준다(미 6:8).

2) 2장 석의

(1) 2:1-5

2:1-2가 밭과 관련된 이스라엘 부자들의 탐욕을 묘사하고 있다면, 3-5절에서는 하나님께서 그들로 하여금 밭을 잃게 할 것이라는 말씀이다. 이것을 구조로 표현하면 다음과 같다.

A. 부자들이 악("라")을 계획함("하샤브")(2:1)

B. 부자들의 악한 행동: 밭을 탐함(2:2)

A'. 하나님께서 재앙("라아")을 계획하심("하샤브")(2:3)

B'. 하나님의 행동: 밭(שָׂדֶה / "사데")을 뺏음, 망하게 함(שַׁד/ "샤드") (2:4-5)

앞에서 언급했듯이 2:1에서 부유층 지도자들이 "라"(רַע, 악이라는 뜻)를 "하샤브"(חשׁב, 꾀하다라는 뜻)하기 때문에 하나님은 3절에 그들을 향해 "라아"(רָעָה, 재앙)를 "하샤브"(חשׁב, 꾀하다/계획하다)할 것이라고 말씀한다. 절묘한 언어적 유희로서 죄악의 대가를 그대로 보응하시는 하나님의 모습을 수사적으로 강조하고 있다.

2:2에서 문법구조를 월키는 조건의 부사절과 주절이라는 구도로 이해했다.[6] 하지만 그는 2:2에서 시작되는 접속사 와우(ו)에 대한 설명을 하지 않는다. 물론 히브리어에서 조건의 부사절이 와우로 시작될 수 있다. 그렇지만 2:2를 앞의 절과 관계에서 설명할 때 단순히 조건의 부사절을 이끄는 와우로 보기보다는 와우 계속법의 와우로서 앞의 내용을 부연 설명하는 용법(epexegetical situation)으로 보는 것이 더 옳다고 여겨진다. 이렇게 된다면 악을 꾀하고 아침에 악을 실행하는 자들의 구체적인 행위를 2절에서 부연설명하는 셈이 된다. 2절에서 부연설명 된 부유층 지도자들의 악한 행태는 점층적으로 그 정도가 심해지고 있다. 그래서 밭과 집을 빼앗고, 더 나아가 사람들을 억압하는 모습으로 발전하고 있다. 이상의 문법적 지식을 고려해서 1-2절을 번역하면 다음과 같다. "부정을 계획하고 침상에서 악을 꾀하는 자들 화가 있을 것이다. 이들은 아침이 밝을 때 악을 행한다. 그들의 손에 그런 힘이 있기 때문이다. 구체적으로 설명하면 그들은 밭들을 탐하고 빼앗는다."

미가서에서 부자들이 밭을 탐하는 모습은 이사야서에도 등장한다.[7] 사 5:8은 다음과 같이 진술한다. "가옥에 가옥을 이으며 전토에 전토를 더하여 빈틈이 없도록 하고 이 땅 가운데에서 홀로 거주하려 하는 자들은 화

6) Waltke, *Micah*, 95.
7) Barker and Bailey, *Micah*, 63.

있을진저." 미가나 이사야나 당시는 주전 800-750년에 태평성대로 인해 상업이 발달하면서 상업자본이 부자 엘리트들에게 쏠리는 현상이 일어났다.[8] 이들은 가난한 자들의 땅을 사들이고 그들을 더욱 비참한 자리로 이끌었다. 부자들은 가난한 자들을 보호한다는 명목으로 성읍의 성벽을 쌓고, 그들에게 부당한 세금을 징수했다. 이런 시대적 배경 속에서 미 2:1-2는 부자들의 탐욕을 강하게 책망했다(암 5:11).

2:3은 "그 결과 하나님이 이렇게 말씀하신다"라는 사자공식(messenger formula)으로 시작하여 새로운 소단락의 시작을 알린다. 3절은 목과 교만이라는 단어를 사용하여 미래에 이스라엘이 더 이상 교만으로 목을 늘이지 못하고(사 3:16), 대신 목에 멍에가 씌워져 움직이지 못하게 될 것이라는 포로 이미지를 보여준다. 여기서 포로는 일차적으로 앗수르에 의한 포로를 뜻한다. 앗수르에 의한 포로생활의 예언은 3:12에서 더욱 구체적으로 진술된다. 이 구절은 부자들이 밭을 탐하였기 때문에 시온이 밭 같이 갊을 당하게 될 것이라고 예언한다. 하지만 역사적으로 유다는 앗수르에 의해 포로로 잡혀가지 않았다. 그 이유는 히스기야 시대 때에 유다가 회개를 했기 때문이다(렘 26:17-19). 따라서 미 4:10에서 미가는 유다가 나중에 바벨론에 의해 포로로 잡혀가게 될 것을 내다본다.

어쨌든 북 이스라엘이나 유다나 목에 멍에를 씌우며 포로로 잡혀가게 된다는 것은 시사하는 바가 크다. 하나님의 백성이 하나님이 주시는 쉬운 멍에(공의와 의의 삶을 사는 것)를 팽개칠 때 그 결과는 철로된 무거운 멍에가 대신한다는 진리이다(마 11:29-30).[9]

---

8) John Bimson, "Old Testament History and Sociology," 149.
9) Wolff, *Micah: A Commentary*, 79.

2:3에서 하나님은 이 족속에게 재앙을 계획하신다고 말한다. 재앙과 계획하다라는 말은 2:1에서 부자들이 악을 계획하기 때문에 그에 대한 반응으로 하나님이 그대로 갚겠다는 의지의 표현이다. 여기서 이 족속에게라는 히브리어 표현은 "알 하미쉬파하"(עַל־הַמִּשְׁפָּחָה)이다. "미쉬파하"라는 말은 '지파' 라는 의미도 있다. "알 하미쉬파하"라는 말은 2:1에서 부자들이 "침상에서" 악을 꾀한다는 것을 염두에 두고 하나님이 의도적으로 사용한 표현이다. '침상에서' 라는 히브리어 표현은 "알 미쉬케보트"(עַל־מִשְׁכְּבוֹת)으로서 "미쉬케보트"는 "미쉬파하"와 음성적으로 유사하다. 그러므로 2:3에서 "알 하미쉬파하"라는 표현은 일종의 문자적 기교로 볼 수 있다. 이런 기교를 통해서 하나님은 부자들이 "알 미쉬케보트"(침상에서)에서 악을 행하기 때문에 자신도 "알 하미쉬파하"("이 족속")에서 재앙을 내리겠다는 아이러니를 보여주고 있다. 또한 족속이라는 말의 언급은 2:2에서 부자들이 가족과 관련된 집과 산업을 강탈했기 때문에 나온 것이기도 하다.[10]

2:4는 "그 때에 너희를 조롱하는 시를 지으며 슬픈 노래를 부르게 될 것이다"라고 시작한다. 4절 초두에서 조롱하는 시에 해당되는 히브리어 단어는 "마샬"(מָשָׁל)이다. 이 단어의 기본적인 뜻은 잠언, 격언이라는 의미를 가진다. 그래서 이 구절은 지혜 모티프를 가지고 있다. 이 단어의 뜻은 종종 부정적인 요소로서 조롱의 의미를 담고 있다.[11] 이 단어의 사용은 종말에(4절 초두는 "그 날에"로 시작된다) 사람들이 이스라엘의 지혜롭지 못함을 비꼬게 될 것을 보여주는 효과가 있다. 이렇게 하여 이 지혜 모티

---

10) Barker and Bailey, *Micah*, 64.

11) Barker and Bailey, *Micah*, 64.

프는 4절 후반절에 아이러니 모티프와 함께 하나님의 심판을 받는 이스라엘과 유다가 얼마나 우둔한지를 극적으로 보여준다.

4절에 잠언을 짓는다고 할 때 사용되는 동사 "나샤"(נשׂא)는 2절에 집들을 취할 때 사용된 동사 "나샤"(נשׂא)와 동일하다. 그래서 부유층 지도자들이 타인의 집들을 취하려고 집착할 때 나중에 그들이 잠언을 통해 비웃음의 대상의 될 것이라는 또 다른 아이러니를 보여준다.

밭을 뜻하는 "사데"(שָׂדֶה)와 망하다라는 뜻의 "샤다드"(שָׁדַד)가 사용되어 문자적 기교를 이루고 있다. 또한 "헬레끄"(חֵלֶק, 산업)와 "할라끄"(חלק, 분배하다)라는 말이 동시에 사용되어 언어적 유희를 이룬다. 이렇게 4절은 문자적 기교를 사용하여 독자들로 하여금 놀라움을 주고, 하나님이 얼마나 죄악을 혐오하는지를 극적으로 보여주고 있다.[12] 이스라엘의 부자들이 밭이라는 "사데"(שָׂדֶה)에 집착했을 때 그들의 결국은 망하다라는 뜻의 "샤드"하게 된다는 언어적 유희는 정말 미가서에서 최고의 아이러니이다. 결국 패역한 이스라엘은 하나님의 심판에 있어서 아이러니의 주인공이 될 것이다. 그들의 산업인 "헬레끄"가 나중에 다른 사람들에게 "할라끄"(분배하다)하게 될 것이라고 말함으로써 또 다른 언어적 유희를 보인다.

5절에서 "분깃에 줄을 댈 자가 너희 중에 하나도 없다"라는 말은 히브리어 원문대로 읽으면 "제비를 통해서 줄을 던지는 자(즉 땅을 분배하는 자)가 없을 것이다"라는 의미이다. 그래서 부자들이 밭을 탐했을 때 나중에 밭을 잃게 될 뿐만 아니라 약속의 땅에서 쫓겨나게 될 것을 지적한다. 한마디로 소탐대실의 전형적 표본이다.

---

12) Dempsey, "Micah 2-3," 119.

(본문의 의도) 이 단락은 심판에 앞서 구체적인 실상을 보여준다. 먼저 그것은 집착이다. 그래서 하나님 외에 다른 것에 집착했을 때 그 결과가 무엇인지를 우선적으로 보여준다. 원래 땅은 하나님이 주신 선물이다. 땅의 분배는 전적으로 제비뽑기를 통해서 이루어졌다. 하지만 미가 당시의 사람들은 하나님의 뜻을 저버리고 자신들의 땅을 넓히기 위해 탐욕을 부렸다. 모든 것에 하나님의 뜻을 우선적으로 살펴야 할 이들이 하나님의 뜻을 저버리고 자신들의 생각을 기준으로 삼고 행동한 결과였다. 이런 행동의 배후에는 자신들을 향한 집착이 자리잡고 있었다. 미가 선지자는 그런 자들을 향해 미래에 하나님이 그들의 행동대로 보응할 것과, 그 심판의 결과는 더욱 참혹하다는 사실을 교훈하고 있다. 결국 이들의 악한 행동은 지혜의 부족 때문이었다. 밭을 탐할 때 오히려 밭을 잃게 된다는 대목은 우리가 하나님보다 다른 것을 추구할 때 그것이 얼마나 어리석은 행동인지를 잘 보여준다.[13] 공의와 인애와 의를 실행하지 못하는 자는 무엇이 선이고 악인지를 구별하지 못하고, 설상가상으로 더욱 악화일로 치닫게 된다는 진리를 다시금 배울 수 있다. 결론적으로 언약파기의 원인이 백성들의 우상숭배와 군사적 힘을 자랑하는 것임을 지적했던 1장의 문맥에서 2:1-5는 그런 백성들의 죄가 근본적으로 자신들을 위한 집착에서 비롯된 것임을 자연스럽게 보여준다. 부에 대한 집착은 자신들을 향한 집착의 또 다른 표현이다.

(2) 2:6-11

이 소단락의 구조는 다음과 같다.

---

13) P.C. Craigie, *Twelve Prophets*, vol. 2 (Philadelphia: Westminster, 1985), 19.

A. 거짓 선지자들의 예언(6-7절)

B. 불의한 백성들이 일어남: 옷, 집, 상속을 빼앗음(8-9절)

B'. 불의한 백성들이 일어나 떠나게 됨: 옷, 집, 땅을 빼앗김(10절)

A'. 거짓 선지자들의 예언(11절)

이상의 구조에서 볼 수 있듯이 2:6-11은 예언이라는 말이 초두와 말미에 언급되어 인클루지오를 이루고 있다.

2:6의 처음을 히브리어로 직역하면 "그들은 예언하지 말라고 예언한다"이다. 여기서 예언하지 말라고 말하는 사람이 누구인가? 이에 대해 울프(Wolff)는 권력층에 있는 자들이라고 주장한다.[14] 하지만 여기서 말하는 사람들도 예언하다라는 뜻의 히브리어 단어 "나따프"(נטף)를 사용하고 있기 때문에 선지자로 보는 것이 더 신빙성이 있다. 이 동사는 예언을 위한 전문적 용어이다.[15] 여기서 부정어 "알"(אַל)은 일시적인 부정이다. 따라서 2:6의 이 첫 부분은 미가 선지자가 예언하는 것을 지금 거짓 선지자들이 가로막고 있다고 보는 것이 더 신빙성이 있다. 거짓 선지자들의 출현은 미가뿐만 아니라 동시대에 살았던 아모스와 이사야 선지자에게도 있었다(암 7:16; 사 30:10). 미가는 부자들의 왜곡된 신앙에는 거짓 선지자들의 역할이 컸음을 여기서 암시하고 있다. 미가서 3장은 거짓 선지자들의 잘못을 더욱 적나라하게 드러낸다. 한 마디로 부자와 결탁하여 자신의 이익을 추구하는 형태이다(미 3:5).

이어서 히브리어 원문은 "그들은 이것들에 대해 예언하지 말아야 할 것이다"라는 이상한 말이 나온다. 여기서 예언하다라는 동사는 히필 미완

14) Wolff, *Micah*, 80.
15) Waltke, *Micah*, 111.

료이기 때문에 의무로 해석할 수 있다. 그렇다면 이 문장은 "그들은 이것들에 대해서 예언하지 말아야 한다"라고 번역할 수 있다. 여기서 복수형으로 나오는 그들은 누구를 가리키는가? 거짓 선지자들인가? 아니면 참 선지자들인가? 결론적으로 말해 이는 거짓 선지자들을 가리킨다.[16] 그래서 거짓 선지자들의 예언을 계속적으로 금지하기 위해서 부정어 "로"(לֹא)가 사용되었다. 이 부정어는 계속적인 금지를 나타낸다.

이어서 개역개정 한글 성경은 "욕하는 말을 그치지 아니한다"라고 번역한다. 하지만 이 문장은 히브리어 원문으로 해석하면 "수치가 엄습하지 않을 것이다"라는 뜻이다. 이 말은 거짓 선지자들이 예언하는 내용이다. 맛소라 사본에서는 이 부분을 "수치가 떠나지 않을 것이다"라고 되어 있지만 BHS의 본문비평장치는 여기서 떠나다라는 동사 "수그"(סוג)를 "나사그"(נסג, 엄습하다)라는 단어로 바꿀 것을 제안한다. BHS의 본문비평의 제안이 더 신빙성이 있다. 따라서 수치가 엄습하지 않을 것이라고 보는 것이 더 원본에 충실한 번역이라고 할 수 있다.

한편 "이것들에 대해 예언하지 말라"라고 할 때 "이것들"(אֵלֶּה / "엘레")이 무엇을 가리키는가도 의견이 분분하다. 울프는 이것을 미가의 말로 이해했지만 알렌(Allen)은 이것들을 뒤에 나오는 거짓 선지자들의 예언 내용(수치가 오지 않을 것이다)을 가리키는 지시사로 보았다.[17] 월키는 2:11에서 예언하다 다음에 나오는 전치사 "레"(לְ, ~에 대해, ~을 향해)의 용법을 볼 때, 2:3-5에서 말한 미가 선지자의 말을 가리킨다고 주장했다.[18] 하지만 여기서 "이것들"은 2:11절의 문맥에서 볼 때에 오히려 예언의 구체적

16) Leslie C. Allen, *The Books of Joel, Obadiah, Jonah and Micah*, NICOT (Grand Rapids, Mich.: Eerdmans, 1976), 292,
17) Wolff, *Micah*, 81; Allen, *Micah*, 292.

인 내용을 가리킬 수 있다. 필자는 이 후자의 견해가 더 신빙성이 있다고 생각한다. 그래서 이것이 옳다면 거짓 선지자들은 이것들, 즉 수치가 자신들에게 엄습하지 않을 것이라고 예언하고 있고, 미가는 그런 것들에 대해서 그들이 예언해서는 안 된다고 선언하고 있는 것이다. 거짓 선지자들은 미가와 같은 참선지자들에게 예언하지 말라고 말한다. 이런 상황에서 미가는 구체적으로 거짓 선지자들의 이 말, 즉 수치가 엄습하지 않는다는 예언에 대해서 예언하지 말라고 반박하고 있는 셈이다. 결국 종합해 보면 6절은 다음과 같이 번역될 수 있다.

> "그들은 (나에게) 예언하지 말라고 예언한다. 하지만 오히려 그들(거짓 선지자들)은 이것들에 대해서 즉, 수치가 오지 않을 것이라는 말에 대해서 예언해서는 안 된다."

2:7의 초점은 당시 사람들의 선과 하나님의 선의 기준이 다르다는 것을 보여준다. 선에 대한 기준의 차이는 자연스럽게 하나님의 신정론의 문제로 귀결된다. '과연 하나님이 선하고 정의로운 분이신가?'라는 질문이다. 이러한 질문은 2:7에서 본격적으로 다루어진다. 2:1이 악(רַע/ "라")에 대한 언급으로 시작했다면 2:7은 선(טוֹב / "또브")라는 동사어근을 사용하여, 비슷한 뉘앙스로 시작하고 있다. 악과 선은 지혜문학의 중요한 주제이다. 그러므로 2:6-7은 선과 악의 기준에서 하나님과 이스라엘 백성의 시각 차이를 전면에 부상시킨다.

7절에서 이스라엘은 자신들은 선하기 때문에게 결코 수치가 일어나지 않을 것이라고 주장한다. 거짓 선지자들은 자신들에게 재앙이 임한다면

18) Waltke, *Micah*, 112.

그것은 오히려 여호와가 이유없이 화를 낸 결과라고 말한다. 그래서 "여호와가 과연 그런 행위를 하실 것인가?" 라고 반문한다. 이것은 거꾸로 여호와는 자비로운 분이시기 때문에 결코 그럴 수 없다는 잘못된 확신이다. 하지만 미가는 하나님은 정직과 함께 걸어가는 자에게만 선을 베푸시는 분이심을 역설한다. 결국 하나님과 백성간의 논쟁의 원인은 선과 악의 기준을 백성들이 알지 못함으로써 하나님을 올바로 경외하지 않기 때문이었다. 이와 같은 지혜 이슈는 미가서의 중요한 신학적 주제 중에 하나이다. 나중에 미가 선지자는 "완전한 지혜는 주의 이름을 경외함이니라" 라고 말하며 지혜의 주제를 다시 꺼내든다(미 6:9).

7절에 "정직하게 행하는 자" 는 히브리어 원문으로 보면 "정직과 함께 걸어가는 사람" 이다. 하나님은 이런 사람에게 선을 행하신다. 여기서 걸어가다라는 히브리어 동사는 "할라크" (הָלַךְ)이다. 이 동사는 3절에서 부자들이 교만히 걸어갔다(הָלַךְ/ "할라크")라고 말할 때 이미 등장한 단어이기 때문에 악인의 걸어감과 대조를 이룬다. 이렇게 해서 여기서도 언어적 유희를 발견할 수 있다. 그렇다면 정직이라는 말은 무슨 뜻인가? 미가서의 문맥에서 그것은 공의와 평행을 이룬다(3:9). 또한 정직과 함께 걸어간다는 말은 미 6:8에서 여호와와 함께 동행한다(여기서도 히브리어는 걸어간다라는 동사이다)라는 말을 연상시킨다. 이런 관찰을 종합해 보면, 정직과 함께 걸어간다는 것은 공의라는 선을 행하는 모습이다. 이런 공의의 모습을 보이는 자에게 하나님은 선을 행하실 것이라는 설명이다. 이것은 거꾸로 2장에서 언급된 부자들과 거짓 선지자들의 행태가 하나님의 공의와 의에서 크게 벗어났다는 반증이다.

2:8은 주어와 동사가 도치되어 새로운 소단락의 시작을 알린다. 여기서 새로운 주제는 "나의 백성" 이다. 나의 백성이 "대적같이 일어난다" 라는

말은 전쟁 이미지로서 나의 백성이 불의한 백성이 되어 안식할 땅에서 안식을 방해하고 있음을 지적하는 표현이다. 일어나다라는 히브리어 동사는 피엘형이다. 피엘형은 어떤 동작을 일으키게 하여 나타난 결과를 뜻할 수 있다. 이런 점에서 8절에서 부자들은 이미 대적자로 일어나서 오랜 상태에 있었다는 것을 암시한다.

불의한 자들은 전쟁을 피하여 평안히 지나가는 자들의 겉옷을 벗긴다고 말한다. 전쟁을 피하여 평안히 지나가는 자의 의미는 전쟁터에서 돌아와서 이제 막 안식을 누리는 자를 뜻한다. 그런데 전쟁에서 돌아온 자들에게 불의한 백성이 다시 대적자가 되어 의복을 강탈한다고 말하고 있다. 이 대목에서 미가는 하나님의 백성의 진정한 대적자는 앗수르가 아니라 불의한 백성임을 제시하고 있다.[19)]

8절에 '평안히' 라는 히브리어 단어 "베따흐"(בֶּטַח)는 가나안 땅에 주셨던 안식과 밀접한 관련이 있다(신 12:10). 따라서 대적자처럼 일어난 불의한 부유층 지도자들이 평안히 지나가는 자들의 의복을 강탈함으로써 안식을 방해하고 있다는 것을 엿볼 수 있다. 그러므로 2:10은 그들이 왜 안식의 땅을 떠나야 하는지를 설명해 주는 기능을 한다. 미가 선지자는 안식 모티프를 사용해서 이스라엘이 정착한 곳이 제 2의 에덴임을 보여준다. 안식 모티프는 9절에 내쫓다라는 동사 "가라쉬"(גָּרַשׁ)에서도 찾아볼 수 있다. 이 동사는 에덴동산에서 아담이 쫓겨날 때 사용된 단어이다(창 3:24). 더욱이 더욱이 미 2:10에서는 안식이라는 낱말이 직접적으로 언급된다.

---

19) W. P. Brown, *Obadiah through Malachi* (Louisville: Westminster John Knox, 1996), 41.

2:9는 이들이 “나의 백성의 여자들(부녀들)을 즐거운 집에서 쫓아내고 나의 영광을 빼앗는다”라고 말한다. 9절은 8절에서 의복을 강탈하는 불의한 자들이 연약한 자들의 집을 빼앗고, 더 나아가 아이들에게서 하나님의 영광을 영원히 빼앗음으로써 그들을 종으로 부린다는 것을 암시한다.[20] 9절에서 여자들은 아마도 과부를 가리킬 가능성이 높다.[21] 그래서 여인들이 남편으로부터 유일하게 상속받은 집들을 불의한 자들이 강탈했다는 것을 지적한다. 울프는 하나님의 영광을 빼앗는다고 할 때 그것을 아이들에게서 어떤 중요한 것을 앗아간다는 의미로 해석했다.[22] 한편 스미스는 이 영광을 하나님이 기업으로 주신 땅(godly heritage)일 것이라고 추측한다.[23] 어쨌든 이 말은 아이들에게 해를 입히는 모습이다. 이렇게 해서 2:2와 같이 불의한 부유층 지도자들이 외형적인 물질에서 집, 그리고 더 나아가 사람 자체를 학대함으로써 그들의 불의가 더욱 심화되고 있음을 보여준다.

9절에 즐거운 집에서 즐겁다라는 히브리어 단어 “타아누그”(תַּעֲנוּג)와 나의 영광(הָדָר/ “하다르”)에서 영광이라는 단어는 1:16에서 네 기뻐하는 자식(תַּעֲנוּג/ “타아누그”)이 사로잡혀 가게 될 것과 1:15에서 이스라엘의 영광(כָּבוֹד/ “카보드”)이 사라지게 될 것이라는 예언을 연상시킨다. 그래서 1:15-16의 문맥에서 2:9를 읽으면, 불의한 백성들은 결국 타인의 즐거움과 영광을 빼앗은 대가로 그들의 즐거움과 영광이 사라지고 결국 땅에서 떠나게 될 것이라는 논리를 읽을 수 있다. 이와 같은 아이러니의 심판은 다음 구절에서 더욱 분명하게 드러난다.

---

20) Waltke, *Micah*, 120.
21) Barker and Bailey, *Micah*, 67.
22) Wolff, *Micah*, 83.
23) Smith, *Micah*, 27.

2:10은 명령어로 시작하여 새로운 소단락의 시작을 알린다. 이 구절에서 미가 선지자는 땅의 신학을 보여준다. "이것이 너희의 쉴 곳이 아니니 일어나 떠날지어다." 하나님의 땅은 안식처로서 하나님의 임재의 장소이다. 그러므로 불의한 야곱은 그 죄로 인해서 땅에서 토해짐을 당할 것을 경고한다. 그들은 하나님의 땅에서 하나님의 정의를 실현하기보다는 오히려 안식의 땅에서 평화와 즐거움과 영광을 해치는 자들이기에 안식의 땅에서 쫓겨나게 될 것이라는 책망이다. 2:8-9에서 안식의 땅에서 남자들에게서 옷을 여자들에게서 집, 그리고 어린 아이들에게서 상속을 빼앗았던 불의한 부자들이 나중에 포로로 인해서 자신들의 옷과 집과 상속의 땅이 빼앗겨지는 운명에 처하게 된다는 사실은 또 다른 아이러니이다.

흥미롭게도 10절에서 미가는 2:5에서 사용된 "헤벨"(חֶבֶל, 줄)을 다시 사용한다. 5절에서 이 단어의 뜻은 땅을 분배하기 위한 척량 줄이라는 의미를 가진다. 반면에 10절에서 이 단어는 땅의 고통을 뜻하기 위해 사용된다. 결론적으로 말해 5절에서 불의한 부유층 지도자들에게 땅의 분배가 없을 것이라고 말했던 미가 선지자는 같은 단어를 사용하여 10절에서 부유층 지도자들로 인해 땅이 고통을 당하여 그들이 더 이상 그 땅에서 머무르지 못하게 될 것을 역설하고 있다.

10절에서 "일어나서"(קוּם/ "꿈") 떠나라 라는 말은 8절에 불의한 지도자들이 대적자로 일어났던 모습(קוּם/ "꿈")을 연상시킨다.[24] 그래서 불의함으로 일어났던 이들이 결국 땅에서 일어나 떠나게 된다는 언어적 유희를 보여주고 있다.

2:11은 다시 예언이라는 주제를 언급한다. 이렇게 해서 2:6과 인클루지

---

24) Barker and Bailey, *Micah*, 68.

오를 이룬다. 또한 2:7에 영(רוּחַ/ "루아흐")이라는 말은 다시 2:11에서 사용된다. 11절은 거짓 선지자들이 거짓 (שֶׁקֶר/ "쉐께르")으로 독주(שֵׁכָר/ "쉐카르")를 위해서 예언한다고 말함으로써 문자적 기교를 보여주고 있다. 2:11의 핵심은 멸망하는 상황에서 포도주와 독주가 없어지게 될 것을 반어법적으로 묘사하는 내용이다. 그래서 멸망의 궁핍한 상황에서 어떤 사람이 거짓으로 포도주와 독주로 대변되는 풍요를 예언한다면 그는 예언자가 될 것이라는 아이러니를 보여준다.

11절은 불가능한 상황을 가정하는 조건문으로 시작한다. 여기서 조건절은 다음과 같다.

"루 이쉬 홀레크 루아흐 봐쉐께르 키제브 아띠프 레카 라야인 벨라쉐카르"
(לוּ־אִישׁ הֹלֵךְ רוּחַ וָשֶׁקֶר כִּזֵּב אַטִּף לְךָ לַיַּיִן וְלַשֵּׁכָר)

맨 앞에 "루"(לוּ)는 조건절을 이끄는 접속사로서 "만약"(if)이라는 뜻이다. 이 조건절에서 주어는 사람을 뜻하는 "이쉬"(אִישׁ)이다. 그리고 조건절의 동사는 거짓말하다라는 뜻의 히브리어 동사 "키제브"(כִּזֵּב)로서 완료형이다. 접속사 "루"(לוּ)는 완료형을 자주 취한다.[25] 또한 동사가 완료형이 되는 경우는 불가능한 것을 가정할 때이다.[26]

개역개정 한글 성경은 조건절 안에 히브리어 단어 "루아흐"(רוּחַ)를 "허망하게"로 이해하고 "걷고 있는"이라는 히브리어 분사형을 동사로 취급했다. 그래서 "사람이 만일 허망하게 행하여(걸어서)"라고 번역했다. "루하흐"라는 단어는 영 또는 바람으로 해석할 수 있다. 따라서 울프

---

25) Joüon P. - Muraoka T., *A Grammar of Biblical Hebrew*, 2nd ed. (Roma: Gregorian & Biblical Press, 2009), 579.

26) Waltke and O'Connor, *Biblical Hebrew Syntax*, 493.

(Wolff)는 이것을 바람, 허풍스런 빈말로 이해했다.[27] 하지만 필자는 11절은 거짓 선지자의 예언을 다루고 있기 때문에 예언과 관련된 영으로 번역할 것을 제안한다. 또한 걷는다 라는 분사형은 단독으로 동사가 되기보다 사람을 수식하는 형용사 용법으로 이해해야 한다고 생각한다.[28] 이렇게 되면 "영으로 걷는 사람"이 되어 조건절의 주어가 선지자임을 가리킨다.

이어서 조건절 안에 등위접속사 와우(ו, 그리고라는 뜻)가 나오고 다시 동사가 나온다. 앞에서 지적한 대로 조건절의 주어는 영으로 걷는 사람(거짓 선지자)을 가리키는 "이쉬"(אִישׁ, 사람)이지만 이 주어는 불완전한 문장구조(casus pendens)에서 나온 것이기에 그 뒤에 나오는 등위접속사 와우가 나오고 동사가 나와 이 주어를 부연설명하고 있다. 이 등위 접속사 와우는 역접(disjunctive) 와우로서 앞의 문구를 보충 설명하는 기능을 한다.[29] 이와 같은 문법적 요소들을 종합하면, 이 조건절은 다음과 같이 번역될 수 있다. "그럴 수는 없겠지만 영으로 걷는 사람(아마도 선지자)의 경우, 그가 거짓으로 '내가 너를 위하여 포도주와 독주를 위해 예언하게 하라' 라고 한다면."

이제 이 조건문의 주절에 주목해 보자.

"붸하야 마띠프 하암 하제"(וְהָיָה מַטִּיף הָעָם הַזֶּה)

여기서 "붸하야"(וְהָיָה)는 와우계속법 와우에 완료형이 결합된 형태로서, 앞의 상황에 대한 논리적인 결과나 상황을 뜻한다. 그래서 이 뜻은 미

27) Wolff, *Micah*, 84.

28) 그 이유는 조건절을 이끄는 접속사 לוּ는 주로 일반 동사를 동사로 취하기 때문이다.

29) Waltke and O'Connor, *Biblical Hebrew Syntax*, 650-651.

완료의 의미를 가져서 "~가 될 것이다"라는 의미이다. 히브리어 미완료는 동작이나 상태의 진행과정에 초점을 맞춘다. 이렇게 본다면, 이 조건문의 주절은 "그는 이 백성의 선지자가 될 것이다"라는 의미로 번역될 수 있다. 이런 문법적인 상황을 종합해 볼 때 2:11은 포도주와 독주의 소출을 기대할 수 없는 불가능한 상황에서 "영으로 걷는 사람이 그렇게 할 수는 없지만 만약 거짓으로 축복을 예언한다면 그는 이 사람들을 위한 선지자가 될 것이다"라고 말하고 있는 것이다. 진정으로 영으로 걷는 사람은 거짓을 말할 수 없다. 미 3:8에 의하면 영으로 걷는 사람은 능력과 공의로 충만한 사람이기 때문이다.

이것은 거꾸로 이스라엘에게 멸망이 현실로 다가올 것이라는 반어법이다. 그렇지만 불의한 백성들은 계속 거짓 선지자들을 의지할 것이다. 그리고 거짓 선지자들도 계속적으로 평화와 풍요를 예언함으로써 부자들이 원하는 것을 말하고, 그 대가로 자신들의 이익을 챙길 것이다.[30)]

미가서 6장은 백성들이 포도주와 독주라 대변되는 풍요를 바라지만 하나님은 그들을 심판하여 "포도를 밟으나 술을 마시지 못할 것이라고 말씀한다(미 6:15). 2장에서 거짓 선지자들은 자신들에게 수치가 엄습하지 않을 것이라고 예언했지만(2:6), 미 6:16은 결국 나중에 그들이 수치를 당하게 될 것이라고 예언한다.

(본문의 의도) 앞 단락이 하나님의 뜻에서 떠난 불의한 백성들이 부에 대해 집착하는 행태에 초점을 맞추었다면 2:6-11은 하나님의 정의에 대한 의심에 그 의미론적 초점을 맞추고 있다. 미가의 핵심은 불의한 백성은 진

---

30) Barker and Bailey, *Micah*, 68.

정으로 하나님의 선을 알지 못한다는 것이다. 2:6-11에서 거짓 선지자들의 등장은 불의한 부자들이 오히려 거짓에 미혹되어 종교적 지도자들의 조정을 받고 더욱 자신들의 불의를 합리화하고 있었다는 것을 보여준다. 거짓의 영에 휩싸인 그들은 더 이상 안식의 축복을 기대할 수 없다. 그 결과 그들은 안식의 땅에서 떠나게 될 것이다. 물질적인 것에 대한 집착은 하나님의 선과 정의에 대한 반기를 가져오고, 더 나아가서 거짓 영으로 자신의 잘못을 합리화한다는 교훈을 일깨워 준다. 공의와 인애와 의에서 떠날 때 무엇이 선이고 악인지 분별할 수 없게 된다는 진리를 무엇보다도 잘 보여준다. 죄의 원인은 집착이며 집착은 다시 하나님의 선에 대한 인식을 흐리게 하여 공의와 인애와 의에서 더욱 멀어지게 한다는 점을 지적하고 있는 것이다.

이 진리는 다윗의 경우에서 잘 드러난다. 다윗은 삼하 8:15에서 공의와 의를 행하기를 시작했다. 하지만 사무엘하 11-12장에서 밧세바에 집착하면서 그는 공의와 의에서 멀어진 자가 되었다. 그 결과 삼하 11:25-27에서 다윗은 무엇이 선이고 악인지를 분별하지 못하는 자로 제시된다. 삼하 11:25에서 개역개정 한글 성경에서는 다윗이 요압에게 "걱정하지 말라"라는 식으로 번역하고 있지만 히브리어 원문은 "이것을 악으로 생각하지 말라"라고 되어 있다. 바로 이어서 삼하 11:27은 하나님의 말씀으로서 "다윗의 행위가 악하다"라고 말씀한다. 하나님의 기준에서 무엇이 선악인지 알지 못하는 다윗의 우매함을 보여주는 대목이다.

(3) 2:12-13

이 소단락의 구조는 다음과 같다.

A. 여호와가 남은 자를 모으실 것(12a절)

B. 여호와가 남은 자에게 초장의 양떼처럼 안전을 제공할 것(12b절)

A'. 여호와가 남은 자를 해방시킬 것(13a절)

B'. 여호와가 남은 자에게 왕이 되어 통치하실 것(13b절)

2:12-13에서는 갑자기 분위기가 바뀌어 미래의 구원을 이야기하면서 이스라엘의 남은 자가 돌아올 것을 예언한다.[31] 이런 갑작스런 분위기 전환 때문에 학자들 사이에 이 구절은 뜨거운 논쟁의 대상이 되어왔다. 반 데르 우데(van der Woude)는 이 구절은 거짓 선지자들의 허망된 말이라고 치부했다.[32]. 더 나아가 혹자는 이 구절은 희망의 메시지가 아니라 심판의 메시지로서 하나님께서 친히 자신의 백성을 모아서 심판하실 것이라는 내용을 담고 있다고 주장하기도 한다.[33] 반면 알렌(Allen)은 이 구절은 산헤립의 침공 시에 하나님께서 유다의 남은 자를 구원할 것이라는 사실을 가리킨다고 해석한다.[34] 하지만 4-5장의 문맥에서 남은 자가 바벨론에서 구원받게 될 것이라는 미가서의 예언에 비추어 볼 때에 이 구절은 바벨론 포로기에 있는 사람들이 구원을 얻게 된다는 소망의 말씀으로 보는 것이 더 신빙성이 있다.[35] 하지만 이것도 문제가 있다. 실제로 바벨론에서 유다 공동체가 돌아올 때 이들이 남은 자가 되어 하나님이 그들을 왕으로 통치하신 것은 아니기 때문이다. 따라서 이것은 궁극적으로 종말에 하나님이

---

31) 이런 갑작스런 분위기의 전환 때문에 이 구절은 학자들 사이에 뜨거운 논쟁이 대상이 되어왔다. Mariottini, "Yahweh, The Breaker of Israel," 386.

32) A. S. van der Woude, "Micah in Dispute with the Pseudo-Prophets," *VT* 19 (1969): 244-260.

33) Gershon Brin, "Micah 2, 12-13: A Textual and Ideological Study," *ZAW* 101 (1989): 118-124.

34) Allen, *Micah*, 301.

35) Wolff, *Micah: A Commentary*, 86.

자신의 고난받는 백성을 구원하여 남은 자로 삼을 것을 예언하는 내용이라고 말할 수 있다. 실제로 미 5:2-3은 종말에 메시야를 통해 남은 자가 돌아올 것을 말하고 있다. 결국 바벨론의 포로귀환은 다시 종말에 하나님이 메시야를 통해서 남은 자를 모으실 것이라는 예표로 기능을 한다. 여기서 우리는 예언의 점진적 성취를 발견할 수 있다.[36]

또한 2:12-13은 3:1에서 우두머리(רֹאשׁ/"로쉬")들에 대한 심판을 말하기 전에 잠시 미래의 소망을 언급하면서 종말에는 하나님이 남은 자의 선두(רֹאשׁ/ "로쉬")가 되실 것을 삽입으로 예언한 것이라고 볼 수 있다. 그러므로 "로쉬"(רֹאשׁ)라는 연결낱말(catchword)을 사용하여 2:12-13이 3:1에 연결되고 있다고 말할 수 있다.[37]

2:12에서 여호와가 남은 자를 모으실 때, 그들을 초장의 양떼처럼 모으신다고 말한다. 이것은 왕이자 목자이신 여호와가 그들에게 안전을 제공한다는 이미지이다.[38] 12절 후반은 "사람들이 크게 떠들 것이다"라고 번역하고 있다. 하지만 히브리어 원문으로 보면 "사람들 때문에 그들이 크게 동요하고 있었다(또는 동요할 것이다)"라고 이해할 수 있다.[39] 또는 "사람들로부터 크게 동요가 있을 것이다"라고 번역할 수 있다. 어쨌든 이 말은 안전하게 하나님이 남은 자를 모은다는 이미지와 맞지 않다. 앤더슨은 여기서 사람을 뜻하는 히브리어 단어 "아담"(אדם)을 "에돔"(אדום)으로 읽을 것을 제안한다.[40] 앞에 보스라도 에돔지역이기 때문에 아담을 에돔으로 충분히 읽을 수 있다. 그래서 앤더슨은 에돔으로부터 백성들이 나오

36) Barker and Bailey, *Micah*, 70.
37) Kenneth H. Cuffey, "Remnant, Redactor, and Biblical Theologian," 195.
38) Waltke, "Micah," 654.
39) Barker and Bailey, *Micah*, 70 참조.
40) Andersen and Freedam, *Micah*, 340.

는 출애굽 사건을 연상시킨다고 주장했다.

이에 대해 월키(Waltke)는 "사람들 때문에 큰 동요가 있었다"라고 해석하고, 이것을 왕이 없기 전에 양떼들의 상황을 가리킨다고 이해했다(미 5:1 참조).[41] 필자는 "사람들로 인해 큰 동요가 있다"라는 문장은 앞에 접속사 와우가 생략된 절로서 앞에 내용에 대해 부연설명을 하는 기능이라고 본다. 그래서 과거에 남은 자들이 큰 동요가 있었다는 것을 첨가하여 설명하고 있다고 생각한다. 이렇게 되면 12절 후반부는 다음과 같이 번역될 수 있다. "사람들로 인해 크게 동요했던 자들이었는데, 이런 남은 자를 보스라의 양떼처럼 초장 가운데 있는 양떼처럼 만드실 것이다."

왜 남은 자는 사람들로 인해 크게 동요했는가? 그 이유는 말하지 않는다. 하지만 이것은 수사적 표현으로서 우리에 갇혀서 주위의 사람들로 인해 큰 혼란을 겪는 양의 이미지를 보여주는 것이다. 이렇게 사방에 주위 사람들에 갇혀서 혼란을 겪는 모습은 다음에 나오는 13절에 성문에 갇혀 있는 남은 자의 묘사와 자연스럽게 연결된다.

2:13에서 개역개정 한글 성경은 여호와를 "길을 여는 자"로 번역하고 있지만 히브리어 원문을 보면 단순히 "깨는 자"로 되어 있다. 그래서 문맥상 "성문을 깨는 자"를 뜻한다. 이 표현의 의미가 무엇인가? 결론적으로 포로기에 사람들이 자유를 잃고 마치 성문에 갇혀 있는 사람처럼 속박 받는 상황에서 여호와께서 성문의 속박을 깨부수고 그 속에 갇혀 있는 사람들을 구원해 낼 것이라는 은유적 표현이다.[42] 마찬가지로 이사야도 포로기에 있는 사람들을 마치 성 중에 사로잡혀 있는 사람들로 비유하고 있다

41) Waltke, "Micah," 654.
42) Mariottini, "Yahweh, The Breaker of Israel," 393.

(사 49:9 참조).

이 소단락에서 우리의 시선을 끄는 단어는 13절에 미래에 남은 자들이 "성문에 이른다"라고 할 때 사용된 동사 "아바르"(עבר, 이르다)이다. 이 동사는 2:8에 불의한 자들이 평안히 지나가는 자들의 옷을 강탈한다고 할 때 지나가다라는 의미의 동사 "아바르"(עבר)와 동일하다. 2:8의 문맥에서는 불의한 자들에 의해 억압을 받았지만 종말에는 남은 자들이 그러한 불의한 자들 없이 평안하게 다닐 것을 암시하는 대목이다.

13절 후반부에 "왕이 그들 앞서 지나간다"라는 히브리어 문장은 와우계속법 와우로 연결된 것이다. 여기서 사용된 와우계속법 와우는 앞의 내용을 부연 설명하는 용법이다.[43] 그러므로 이 후반절은 미래의 남은 자들이 성문으로 지나가는 모습을 다시 부연 설명하면서 그들 앞에 왕이신 여호와께서 머리가 되어 친히 지나가실 것을 재차 강조한다. 여기서 여호와를 왕으로 제시하지만 미가서 5장에서는 메시야가 왕으로 등장한다. 그래서 미래의 여호와의 통치는 구체적으로 메시야를 통해서 이루어질 것을 예고한다. 참고로 랍비들은 이 구절에서 왕은 메시야를 직접적으로 가리킨다고 보았다.[44]

지나간다라는 동사는 완료형으로서 선지자적 완료(prophetic perfect)이다. 그래서 전적인 하나님의 독립적이고 독단적인 미래의 행동으로 하나님이 그들 앞에서 왕으로 지나가게 될 것을 확실하게 말하고 있다. 미 5:8은 동일한 히브리어 단어 "아바르"(עָבַר)를 사용하여 양이었던 남은 자들이 사자와 같이 지나가게 될 것을 말하고 있다. 일종의 인생역전이다.

---

43) Waltke and O'Connor, *Biblical Hebrew Syntax*, 551.
44) K. Cathcart and R. P. Gordon, *The Targum of the Minor Prophets* (Wilmington: Michael Glazier, 1989), 117.

(본문의 의도) 종말에 하나님의 남은 자가 있을 것이며 이들에게 더 이상 불의한 지도자들의 억압과 학대가 없을 것이다. 그 이유는 남은 자들에게 친히 여호와 하나님께서 왕이 되시기 때문이다. 왕으로서의 하나님의 모습의 출현은 궁극적으로 이스라엘과 유다의 죄악이 왕이신 하나님의 주권을 거부한 데에 있었음을 반증한다. 왕이신 하나님은 자신의 주권을 인정하는 자들을 남은 자로 모으실 것이다. 여기서 남은 자는 양떼로 비유되고 있다. 이들은 양처럼 힘없이 불의자한 자들에 의해 강탈당한 자들이었다. 하지만 종말에 하나님을 의지하는 남은 자는 그의 운명이 역전되어 왕이신 하나님을 선두에 두고 따르는 자들이 될 것이다. 이들은 미 4:6-7에서 다시 등장한다. 그래서 종말에 남은 자는 연약한 자로 출발해서 강한 나라가 될 것이다. 전에 연약한 모습으로 지나갔던 이들은 이제 하나님에 의해서 강한 사자처럼 지나가게 될 것을 미가 선지자는 말한다(미 5:8).

미가서의 남은 자 사상은 남은 자가 되기 위해서는 환난을 반드시 통과해야 한다는 신학을 제공한다. 이 신학은 이사야서에서도 등장한다(사 1:9 참조). 그러면 남은 자가 되기 위해서는 왜 환난을 통과해야 하는가? 이 물음 앞에서 미가서는 환난이라는 관문을 통해서 사람은 하나님의 공의와 인애와 의를 배우고 그것들을 닮을 수 있기 때문이라고 설명한다. 또한 이러한 공의와 인애와 의도 우리의 것이 아니라 하나님의 선물임을 제시한다. 이 점은 나중에 7:9에서 미가 선지자의 고백에서 잘 드러난다.

3) 3장 구조

3장의 구조는 다음과 같다.

A. 우두머리들의 죄악상: 공의를 행하지 않음(3:1-3)

  B. 하나님의 심판: 응답하지 않을 것(3:4)

A'. 선지자들의 죄악상: 공의를 행하지 않음(3:5)

B'. 하나님의 심판: 응답하지 않을 것(3:6-7)

C. 선지자로서의 미가: 성령에 의해 공의로 채워짐(3:8)

A". 우두머리, 제사장, 선지자의 죄악상: 공의를 행하지 않음(3:9-11)

B". 하나님의 심판: 시온을 황무케 할 것임(3:12)

3장에서 주제는 지도자들에게서 공의(מִשְׁפָּט / "미쉬파트")의 부재이다. 2장에서 부자들과 거짓 선지자들의 문제를 지적했던 미가는 3장에서 더욱 구체적으로 지도자들의 불의를 부각시키고 있다. 공의라는 말은 1절, 8절, 그리고 9절에 명시적으로 등장한다. 또한 3장의 구조에서 핵심은 다른 지도자들과 대조를 보이는 미가의 모습이라고 할 수 있다.[45] 특별히 3:8에서 미가는 자신은 여호와의 영으로 말미암아 능력과 공의(מִשְׁפָּט / "미쉬파트")와 용기로 충만해져 있다고 고백한다. 이렇게 해서 진정으로 공의를 행하기 위해서는 여호와의 영이 있어야 함을 강조하고 있다. 이와 같은 성령의 사역과 공의의 상관관계를 잘 보여주는 책이 바로 이사야서이다(사 61:1-3 참조).

4) 3장 석의

(1) 3:1-4

3:1-4는 우두머리들을 향한 심판의 말씀으로 시작한다. 3:1은 감탄조의 명령문으로 시작하기에 새로운 단락임을 보여준다. 수사의문문("공의는 너희의 알 것이 아니냐?")의 사용은 또한 새로운 단락이 시작됨을 더욱 두드

45) Dempsey, "Micah 2-3," 126.

러지게 하는 효과를 가진다. 3:2a는 선(טוֹב/ "또브")과 악(רַע/ "라")을 다시 언급하여 2장과 같은 분위기에서 시작하고 있다(2:1, 7 참조). 3:1의 초두는 바로 명령어로 시작하지 않고 "그리고 그가 말씀했다"(וָאֹמַר/ "봐오마르")로 시작한다. 이 표현은 3장을 미가서의 또 다른 대단락의 시작점으로 보지 말고, 어느 정도 앞의 장과 연결시켜서 읽으라는 힌트이다. 이런 점에서 미가서의 구조를 1-2장, 3-5장, 그리고 6-7장이라는 세 개의 구조로 보기보다 1-5장과 6-7장이라는 이중 구조로 보아야 한다는 주장이 더 무게를 얻는다. 한편 3:2에서 악이라는 말은 3:4에서 다시 등장한다. 그래서 3:1-4는 인클로지오 구조를 형성한다.[46)]

3:1에서 미가 선지자를 통해 하나님은 우두머리인 두령들에게 공의를 아는 일이 그들의 책임이 아니냐고 질문한다. 여기서 공의란 하나님의 왕적인 속성임을 가리키기 때문에(렘 9:24 참조) 하나님의 성품을 따라 실천할 때 파생되는 자연스런 행동을 뜻한다. 이어서 3:2a는 공의를 알지 못하는 두령들을 선을 미워하고 악을 사랑하는 자로 묘사한다. 암 5:15에서 "너희는 악을 미워하고 선을 사랑하며 성문에서 공의를 세울지어다"라는 말씀과 매우 유사하다. 그러면 여기서 선이란 무엇인가? 이 선은 도덕철학에서 말하는 그런 선이 아니다.[47)] 미 6:8은 선을 여호와께서 구하시는 것과 병치시키고 있다. 이런 의미에서 여기서 선은 일차적으로 하나님의 뜻(속성)과 밀접한 관련이 있다.[48)] 그리고 그 선을 안다는 것은 지혜이다. 호세아는 이 지혜를 통해 하나님의 선을 인식하고 그것을 행하는 올바른 상

46) Barker and Bailey, *Micah*, 75.

47) 반면에 월키는 선을 도덕적인 선이라고 보았다. Waltke, *Micah*, 148.

48) 그래서 신약에서 바울은 롬 12:1-2를 통해 하나님의 뜻을 선하시고 기뻐하시고 온전하신 뜻이라고 명명하였다.

태를 의로 규정했다(호 14:9). 구체적으로 순간순간 주어지는 하나님의 뜻인 선을 인식하고 나오는 열매를 미가는 공의(מִשְׁפָּט / "미쉬파뜨")와 인애(חֶסֶד/ "헤세드")라고 보았다(미 6:8). 나중에 자세히 설명하겠지만 공의는 하나님의 뜻을 수행하는 외형적인 행위라면 인애는 그 뜻을 수행할 때 드러나지 않는 내면적인 관계와 관련된다.

이와 같은 미가서의 관점에서 볼 때 당시 두령들이 공의를 행치 않는 모습은 그들이 선을 제대도 알지 못했기 때문이다. 한 마디로 하나님의 원하는 바를 알지 못한 결과였다.

3:2-3에서는 두령들의 죄악을 매우 자극적이고 생생한 언어로 표현한다. 2절은 분사들을 사용하고 있다. 이 분사들은 일종의 부대상황을 나타낼 때 자주 사용된다.[49] 그래서 공의를 마땅히 행해야 할 때 두령들의 현재 상황을 말하고 있다. 즉, "선을 미워하고 악을 좋아하며 내 백성의 가죽을 벗기고 그 뼈에서 살을 뜯고 있는 중이다"라고 번역할 수 있다. 공의를 해야 할 두령들이 지금 반대의 상황에 있음을 강조하는 셈이다. 그리고 여기서 핍박을 받는 자를 하나님은 "나의 백성"이라고 말하고 있다. 여기서 미래의 남은 자는 핍박이라는 고난을 통과해서 하나님의 공의와 인애와 의를 닮은 자라는 미가서의 신학을 엿볼 수 있다. 이 점은 7장에서 자세히 논의될 것이다.

3절의 초두에 나오는 히브리어 단어는 "아쉐르"(אֲשֶׁר)라는 접속사로 결과절을 이끈다. 따라서 3절의 내용은 2절에 두령들의 행동의 결과들을 보여준다. 이 결과절에서 나오는 완료동사는 "우두머리들이 살을 먹으며 가죽을 벗기는" 행동이 현재의 지속적인 상태(present persistent perfective)

49) Waltke and O'Connor, *Biblical Hebrew Syntax*, 624 참조.

로서 하나의 전형적인 모습임을 독자들에게 제시한다. 한글 성경이나 영어 성경은 3절 이하를 관계대명사절로 보고 앞에 나온 "너희들"을 꾸며주는 형용사절로 이해한다. 하지만 히브리어 본문에서 3절 이하에 나오는 동사들은 2인칭 복수 동사("너희들"이 주어가 되는 동사)가 아니라 3인칭 남성 동사("그들은"이 주어가 되는 동사)이다. 따라서 3절은 앞에 나오는 2절과 분리시켜 이해해야 한다. 3절 초두에 나오는 접속사 와우(ו)는 역접 접속사(disjunctive 와우)로서 앞의 내용을 다시 부연 설명하는 용법이라고 볼 수 있다. 그래서 3절 이하의 절은 앞의 내용을 부연설명하는 차원에서 결과를 나타내고 있다. 이렇게 해서 3절은 2절에서 백성의 가죽을 벗기고 살을 뜯는 모습이 일시적인 모습이 아니라 지속적인 하나의 전형적 모습이 되었음을 다시 설명하고 있는 것이다.

여기서 우두머리들은 아마도 공의를 판단하는 재판관들을 가리키는 것처럼 보인다.[50] 일반적으로 재판관들은 성읍의 덕망 있는 장로들로서 땅을 가진 자작농 출신들이었다. 하지만 주전 800-750년에 상업의 발달로 인해 부익부 빈익빈 현상이 증가하면서 토지들이 소수 부유층에 집중되었고, 그 결과 토지를 소유했던 장로들이 토지를 잃게 되어 그 세력이 약화되었다. 이 틈을 타서 성읍의 재판은 부유층의 입김에 좌우되었다. 그러므로 재판권을 행사했던 우두머리들은 부유층 지도자들과 하나의 결탁세력을 이루었다.[51] 이런 상황 속에서 미가 선지자는 이들의 행태를 매우 자극적으로 묘사하고 있는 것이다. 물론 실제로 그들이 백성들의 살을 먹고 가죽을 벗긴다는 것은 아니다. 그것은 일종의 은유적 표현(metaphor)이다.

---

50) Smith, *Micah*, 31.

51) John Bimson, "Old Testament History and Sociology," 151. 한편 월키(Waltke)는 여기서 두령은 행정관들이었을 것이라고 추정한다. Waltke, *Micah*, 154.

이 표현은 논리적으로도 맞지 않는다. 가죽을 벗기기도 전에 어떻게 살을 먹을 수 있는가?(3:3) 이에 대해 울프(Wolff)는 당시 두령들의 죄악상을 극명하게 보여주기 위한 과격한 표현이라고 말한다.[52] 일종의 과장법인 것이다. 미가 선지자는 이런 과장법을 사용하여 당시 청중들에게 그들의 죄악을 강하게 질타했던 것이다. 여기서 우두머리들은 양인 백성들을 도살하고 먹는 나쁜 목자로 묘사되고 있다.[53] 이런 모습은 2:12-13에서 양떼를 돌보는 목자이자 왕이신 여호와와 확실히 대조를 이룬다.

3:4는 아이러니하게도 악을 행하는 두령들이 여호와께 부르짖는 모습을 그리고 있다. 하지만 하나님은 악(רַע/ "라")을 행한 그들에게 얼굴을 가리실 것이다. 반면 미가 선지자는 자신의 부르짖음에는 하나님이 응답하실 것이라고 확신한다(미 7:7). 하나님이 그들에게 응답하지 않는 것은 자업자득이었다. 하나님이 그들의 호소를 외면하는 이유는 그들이 가난한 자와 학대받은 자의 호소를 외면했기 때문이었다.[54] 하나님은 자신의 속성을 닮지 않은 자들의 기도를 듣지 않으신다는 진리를 교훈한다.

(본문의 의도) 이 소단락은 앞의 2:1-2에서 부유층의 불의가 하나님의 공의(선을 대표적으로 보여주는 것)를 알지 못한 데서 나왔음을 더욱 극명하게 보여준다. 3장은 2장과 함께 어휘와 주제면에서 분명한 연결점을 가지고 있다. 2-3장은 공통적으로 힘없는 자들을 착취하는 부유층 정치 지도자들과 거짓 선지자들의 행태를 다루고 있다.[55] 그렇지만 3장은 2장과 달

52) H. W. Wolff, *Micah: A Commentary* (trans. G. Stansell; Minneapolis: Augsburg-Fortress, 1990), 99.

53) Barker and Bailey, *Micah*, 75.

54) Allen, *Micah*, 309.

55) Waltke, *Micah*, 152-153.

리 지도자들이 외형상 공의를 행하지 않으면서 하나님을 의지하는 모습을 꼬집는다(3:11). 하나님은 이들의 이중적 형태를 질책하고, 공의가 동반되지 않은 하나님께 드리는 제의는 심판을 면치 못하게 될 것을 강조한다. 특별히 3:1-4는 재판을 관리하는 우두머리들이 공의를 행하지 않는 모습에 초점을 맞춤으로써 그들이 공의와 인애와 의에서 얼마나 멀어져 있는지를 독자들에게 각인시킨다.

(2) 3:5-8

3:5-7은 "여호와가 이렇게 말한다"(כֹּה אָמַר יְהוָה / "코 아마르 야붸")라는 사자공식(messenger formula)으로 시작하여 새로운 소단락의 시작을 알린다. 5절에 평화와 전쟁(מִלְחָמָה/ "밀하마")이라는 말은 앞에 전쟁 이미지를 다룬 2:8을 연상시킨다. 이렇게 해서 2:6-11의 거짓 선지자들과 연속선상에서 이 소단락을 읽어야 할 것을 제시한다.

3:5를 구문론 형식에 충실하게 번역하면 "내 백성을 잘못된 길로 인도하는 선지자들, 즉 이빨 안에 (무엇을) 물고 있으면 평강을 외치고, 어떤 사람이 그들의 입에 (무엇을) 주지 않는다면 그에게 전쟁을 선포하는 선지자들에 대해 여호와가 이렇게 말씀한다"이다.[56] 이렇게 해석하면 선지자들이 자신의 이익을 위해 행동하기 때문에 그 피해로 여호와의 백성이 잘못된 길로 가고 있음을 보여준다. 이것은 미가 선지자가 2-3장에서 지도자

---

56) 한편 앤더슨과 프리드만은 "이빨에 무엇을 물면 평강을 외치나 그 입에 무엇을 채워주지 않는 자의 경우는 그에게 전쟁을 선포한다"라고 이해했다. Andersen and Freedman, *Micah*, 362. 이렇게 번역하면 앞 부분도 "이빨에 무엇을 무는 사람의 경우, 그는 평강을 외친다"라고 번역할 수 있기 때문에 이런 해석은 신중을 기할 필요가 있다.

들을 먼저 질책하는 이유이기도 했다.

거짓 선지자들을 "그들의 이빨로 물고 있는 자들"(הַנֹּשְׁכִים בְּשִׁנֵּיהֶם/ "하노쉐킴 베쉬네헴")로 표현한 것은 3:3에서 악으로 백성들의 살을 먹는다 라는 말과 평행을 이룬다.[57] 이렇게 해서 선지자들이 자신들의 이익을 위해 재판 관리들처럼 백성들을 착취하고 있음을 알 수 있다. 이어서 "평강을 외친다"라는 말에서 동사는 와우계속법 와우에 연결된 완료 동사이다. 여기서 와우계속법의 와우는 주절을 이끄는 역할을 한다. 그리고 그 뜻은 논리적인 결과를 의미한다. 그래서 이 절은 "이빨에 무엇을 물고 있으면, 자동적으로 평강을 외친다"라는 뜻이다. 그래서 거짓 선지자들이 기계적으로 자신들의 욕구를 채우며 만족을 누리고 상태를 나타낸다.

3:5c의 초두에 " 그 입에 무엇을 채워주지 않는다면"으로 시작하는 문장 앞에는 "아쉐르"(אֲשֶׁר)라는 관계 대명사가 등장한다. 그래서 이 문장은 계속해서 앞에 언급한 거짓 선지자들의 모습을 추가해서 꾸며주고 있다. 이 관계 대명사가 이끄는 문장은 복문으로서 조건절과 주절의 형태를 취한다. 그래서 이 부분은 다음과 같은 의미를 가진다. "어떤 사람이 그들의 입에 무엇을 주지 않는다면 전쟁을 선포하는 (그런 거짓 선지자들)."

울프(Wolff)는 여기서 "주다"라는 동사 "나탄"(נתן) 다음에 나오는 전치사 "알"(עַל)의 용례를 "어떤 요청에 따라 준다"라는 의미로 보았다.[58] 그래서 좀더 정확하게 말하면 "어떤 사람이 그들의 요청에 따라 무엇을 주지 않는다면"으로 해석할 수 있다. 이렇게 해서 거짓 선지자들이 자신들이 응당 받아야 할 몫 외에도 노골적으로 무엇을 요구하며 백성들을 착취하고 있음을 보여준다. 이들은 자신들의 요구대로 주지 않으면 전쟁을

57) Waltke, *Micah*, 159.

선포한다. 그러면 이들 거짓 선지자들이 요구한 것은 무엇일까? 앞에 3:5b의 이미지로 볼 때, 일차적으로 먹는 것과 깊은 연관이 있다. 그러므로 거짓 선지자들은 자신들의 요구대로 먹을 것을 주지 않는 자에게 전쟁을 선포하며 저주하였던 것이다.

개역개정판 한글 성경에서 "전쟁을 준비한다"라는 번역은 그 의미가 좀 애매하다. 준비하다의 히브리어 동사는 "까다쉬"(קדשׁ)의 피엘형으로서 문자적으로 해석하면 "전쟁을 거룩하게 만들다"이다(피엘의 작위적 용법).[59] 여기서 전쟁은 일반적인 전쟁을 가리키기보다 개인적인 적대감을 뜻한다.[60] 그러므로 이 후반절은 선지자들이 자신들의 요구대로 행동하지 않는 자들에게 심판을 선포하기 위해 "개인적 적대감을 거룩한 전쟁으로 만들다"라고 번역할 수 있다. 어쨌든 거룩한 전쟁을 선포하는 방식으로 개인적 적대감을 표출했던 것이다. 거룩한 전쟁에서 대적자는 진멸의 대상으로 저주를 받게 된다.[61] 이렇게 해서 거짓 선지자들은 자신들의 요구에 응하지 않는 자들을 마치 하나님의 저주를 받은 것처럼 신음하도록 만들었다. 거룩의 이미지는 악인과는 어울리지 않는다. 하지만 거짓 선지자들은 거룩한 전쟁을 선포하는 방식으로 자신들의 뜻을 거룩한 뜻으로 위장했다. 전쟁이나 평화에 대한 선언은 하나님의 뜻을 살펴서 선포하는 대표적인 내용이다. 하지만 거짓 선지자들은 자신들의 욕구대로 하나님의 뜻을 왜곡했다. 하나님을 이용하여 자신의 목적을 달성하려고 했던 것이다.

3:6은 그 결과 이런 선지자들에게 어두움이 임하여 하나님의 뜻을 보지

---

58) Wolff, *Micah*, 102.

59) 로버트 치숌, 『구약원어성경 주석에서 강해까지』, 류근상 옮김 (서울: 크리스찬출판사, 2003), 110.

60) Wolff, *Micah*, 103.

61) Andersen and Freedman, *Micah*, 364.

(חזה/ "하자") 못할 것이라고 말한다. 개역개정판 한글 성경에서 "이상"으로 번역한 히브리어 단어인 "하존"(חָזוֹן)은 보다라는 "하자"(חזה) 동사에 파생된 단어로서(미 1:1) 하나님의 뜻을 본다는 의미를 갖는다. 따라서 자신들의 욕구만을 채우려는 선지자들은 하나님의 진정한 선을 보지 못하고 하나님의 말씀을 더 이상 듣지 못하게 될 것이라는 말씀이다. 하나님의 선을 자신들의 잣대로 조정했을 때 그 결국은 하나님의 뜻인 선을 알지 못하고 어두움에 처하게 된다는 일종의 아이러니이다. 일반적으로 선지자들은 하나님의 말씀이 그 입에 있는 자들로 자주 묘사된다(겔 3:1; 렘 1:9; 사 6:7). 이런 맥락에서 선지자들의 입에서 하나님의 말씀이 떠난다는 것은 그들이 하나님의 말씀보다 세상적 이익을 입으로 탐했기 때문에 오는 자업자득이라고 설명할 수 있다. 결국 거짓 선지자들을 향한 하나님의 심판은 3:4에서 두령들을 향한 심판과 동일하다.

3:7은 거짓 선지자가 부끄러움 속에서 입술을 가린다고 말한다. 이 표현은 7:16에서 열방이 심판받는 상황과 동일하다. 그러므로 선지자가 공의에서 멀어질 때 그는 믿지 않는 이방나라 사람과 같이 하나님의 진노의 대상이 된다는 진리를 엿볼 수 있다. 3:5에서 거짓 선지자는 사람들에게 자신의 입맛대로 과분한 것을 요구했다. 이런 상황에서 7절에 거짓 선지자가 자신들의 입술을 가리우게 될 것이라는 예언은 아이러니이다. 자신의 입의 충동대로 행동할 때 입을 가리우는 심판을 받는다는 자업자득의 원리이다.

3:8은 이런 거짓 선지자들과 대조를 이루는 미가의 모습을 묘사한다. 미가는 참 선지자의 전형이다. 미가를 통해서 본 참 선지자 상은 다수 앞에서 침묵하지 않는다는 것이다. 그는 "야곱의 허물과 이스라엘의 죄를 그들에게 보이리라"라고 말한다. 앞에 언급된 거짓 선지자들은 하나의 잘

뭉쳐진 조직임을 알 수 있다. 3:5c에서 "그들의 입"이라는 "피헴(פִּיהֶם) 에서 대명사 접미인 "그들의"라는 복수형은 단수인 입(פֶּה/ "페")과 연결된다. 이런 대명사 접미의 용법은 복수의 거짓 선지자들이 마치 한 사람같이 움직이는 일사불란한 조직임을 암시한다.[62] 이런 거짓 선지자들과 맞서서 참 선지자는 그들과 자신을 분리시킨다. 또한 참 선지자는 하나님의 영을 의지한다. 이에 반해 거짓 선지자들은 거짓의 영을 의지한다. 2:11은 거짓 선지자들도 영(רוּחַ/ "루하흐")으로 행동하고 있음을 시사한다.

3:8에서 미가 선지자는 자신은 권능(כֹּחַ/ "코아흐")과 공의(מִשְׁפָּט/ "미쉬파뜨")와 용기(גְבוּרָה/ "게부라")로 채워졌음을 선언한다. 이렇게 하여 자신과 거짓 선지자들을 차별화시킨다. 문맥상 미가 선지자가 용기를 가지고 전쟁에 임하는 자세로 하나님의 심판을 선포하고 있다는 것을 보여주는 기능을 한다.[63]

미가는 자신이 여호와의 영에 의해서 권능을 받고, 공의와 용기로 채워졌다고 진술했다. 이런 순서는 매우 시사하는 바가 크다. 결국 미가는 사람들에게 죄를 지적하기 전에 먼저 하나님의 영으로 권능을 받아야 했다. 그리고 나서 하나님의 신을 통해서 공의를 깨닫게 되었을 때 그는 무엇이 선이고 무엇이 악인지를 분별할 수 있게 되었다. 그 결과 하나님의 뜻을 선포할 수 있는 용기를 갖게 된 것이다. 8절에서 권능은 공의와 용기와 함께 연결된다. 이 권능과 공의와 용기는 모두 여호와의 영에 근거한 것이다.[64] 울프는 여기서 용기라는 단어는 성경의 다른 곳에서 지혜와 밀접한 관련이 있음을 지적한다(욥 12:13; 잠 8:24; 사 11:2).[65] 구약에서 용기를 뜻

62) Waltke and O'Connor, *Introduction to Biblical Hebrew Syntax*, 145.
63) Wolff, *Micah*, 105.
64) Andersen and Freedman, *Micah*, 376-377 참조.

하는 히브리어 단어 "게부라"는 하나님으로부터 주어지는 선물로 제시된다.[66]

권능과 공의, 그리고 용기라는 순서는 에스겔 선지자에게서도 찾아볼 수 있다. 에스겔 2장은 에스겔 선지자가 어떻게 하나님의 부름을 받는지를 보여준다. 처음 에스겔은 하나님의 권능의 손에 의해 새롭게 변화되는 자로 묘사된다(겔 2:14). 이어서 하나님의 공의를 깨닫고 죄악에 대해서 분한 마음을 갖는 에스겔은 파수꾼의 사명을 받아 용기있게 하나님의 심판의 말씀을 외칠 것을 요청받는다(겔 2:14, 16-21).

미가는 거짓 선지자들과 달리 여호와의 영으로 선과 악을 구별하여 무엇이 공의인지를 아는 선지자였다. 공의를 안다는 것은 불의한 상황에서 그것을 지적하고 하나님의 뜻대로 행동한다는 것을 뜻한다. 거짓 선지자들은 하나의 집단을 이루며 서로의 잘못을 감추고 집단의 이익과 욕구를 위해 한 목소리로 움직인다. 이런 상황에서 참 선지자는 여호와의 영으로 능력과 공의로 무장하고 불의 앞에서 하나님이 주시는 뜻을 전파하는 자이다. 그 목소리가 집단의 기득권을 거슬려도 말이다.

(본문의 의도) 2:6-11에서 등장하는 거짓 선지자들은 부유층 지도자들의 권익을 보호하는 세력으로 묘사된다.[67] 하지만 이 소단락에서 묘사되고 있는 거짓 선지자들은 더 나아가 자신들의 이익을 위해 선과 악을 구별하지 못하고 자신들의 뜻을 하나님의 뜻으로 위장하고 관철시키고 있다. 하나님의 뜻보다 주위의 상황에 눈치를 보고 사역하는 선지자는 결국 자

65) Wolff, *Micah*, 105.
66) R. Wakely, "גבר," *NIDOTTE* 1:812.
67) Allen, *Micah*, 310.

신의 이익을 위해 하나님의 뜻을 바꾸게 된다는 진리를 독자들에게 보여준다. 3:5는 여호와의 말씀으로 시작하고 있으며, 3:8은 다시 여호와의 영(신)으로 끝나고 있다. 그래서 참 선지자는 거짓 선지자와 달리 하나님의 말씀을 받고 하나님의 영으로 선과 악을 구별하는 자로 대조되고 있다. 이것은 거꾸로 거짓 선지자들이 하나님의 말씀과 영에서 얼마나 떨어져 있는지를 잘 보여주는 반증이다.

2장은 단순히 불의한 지도자들의 행태를 지적하고 있다면 3장은 불의한 지도자들이 나름대로 하나님을 섬긴다고 하면서 궁극적으로 자신의 이익을 추구하고 있다는 사실을 여실히 보여준다.

(3) 3:9-12

3:9는 명령어로 시작하여 다시 소단락의 시작을 알린다.[68] 그리고 3:1과 같이 공의(미쉬파뜨)를 언급한다. 이스라엘의 우두머리들인 두령들이 정직(יָשָׁר / "야샤르")을 굽게 한다고 말한다. 잠 3:6의 문맥에서 볼 때 이 단어는 하나님의 선을 알고 그 결과로 행동하는 모습이다. 미 3:9에서 정직은 공의와 병치되어 나타나기 때문에 공의의 또 다른 표현이라고 할 수 있다. 또한 정직은 앞에서 언급한 선(טוֹב/ "또브")과 동일 의미군(semantic field)에 속한다. 미가 선지자는 2:7에서 하나님은 정직과 함께 걷는 자에게 선을 베푸신다고 말했다. 그러므로 우두머리들이 정직을 굽게 한다는 말은 그들이 공의에서 떠났기에 더 이상 하나님으로부터 오는 선을 알지 못한다는 것을 뜻한다.

3:10에서 갑자기 시온에 대한 언급은 시온이 원래 공의와 정직으로 세

68) Barker and Bailey, *Micah*, 80.

워졌음을 암시하는 대목이다(사 1:21 참조). 그러므로 지도자들의 불의함으로 인해 시온의 기초였던 공의가 무너지고 오히려 죄와 피로 건축되고 있음을 지적하고 있다. 시온은 창조 모티프로 자주 묘사된다(시 78:68-72; 사 65:17-18). 또한 시온은 하나님의 보좌가 있는 곳이고 그 보좌의 기초는 공의와 의이다(시 97:2 참조). 이런 점에서 시온은 하나님의 의와 공의를 더욱 드러내는 곳이어야 했다. 하지만 미가 선지자는 당시 사람들이 시온을 하나님의 공의와 의와 정반대인 피와 죄악으로 건축하고 있음을 풍자하고 있다.

3:10은 불의한 자들이 시온을 피로 세우고 있는 중이라는 분사형을 사용한다. 이는 그들이 시온의 창조 원리를 파괴시키고 계속적으로 자신들이 세운 원리에 따라서 시온을 세우고 있다는 뜻이다. 때문에 이렇게 세워지는 시온이 결국 멸망할 수밖에 없다는 사실을 미가 선지자는 강력한 어투로 선포한다.

3:11은 다시 총체적으로 지도자들의 타락을 환기시킨다. 여기서 제사장의 언급이 두드러진다. 제사장은 삯을 위하여 교훈한다고 말한다. 에스겔은 제사장이 본분을 지키지 않고 타락했을 때의 모습을 다음과 같이 적나라하게 말하고 있다. "그 제사장들은 내 율법을 범하였으며 나의 성물을 더럽혔으며 거룩함과 속된 것을 분변치 아니하였으며 부정함과 정한 것을 사람으로 분변하게 하지 아니하였으며 그 눈을 가리워 나의 안식일을 보지 아니하였으므로 내가 그 가운데서 더럽힘을 받았느니라"(겔 22:26)[69] 미 3:11에서 제사장의 언급은 그들도 일부 재판권을 가지고 있기 때문이라고 말할 수 있지만, 그보다 그들의 가르침이 왜곡되었음을 보여주기 위

69) 지도자들의 타락에 대한 언급을 위해 다음 성경 구절들을 참조하라. 렘 18:18; 겔 7:26.

해 언급되었다는 주장이 더 설득력이 있다.[70] 더 나아가서 갑작스런 제사장에 대한 관심은 3:9-12이라는 소단락(literary unit)이 시온의 주제를 다루기 때문이기도 하다. 시온은 예배의 장소로서 제사장이 중요한 역할을 하는 곳이다. 미가 선지자는 불의한 제사장들이 시온에서 기계적으로 제의를 신뢰하고 있음을 지적한다. 따라서 3:12에서 시온이 파괴되어 밭 같이 경작지가 될 것이라고 예언했다.

렘 18:18은 "제사장에게서 율법이, 지혜로운 자에게서 모략이 선지자에게서 말씀"이 나온다고 말한다. 제사장이 가르치는 율법은 하나님을 경외하도록 하는 데에 그 목적이 있다. 하지만 미가 시대에 제사장들은 사람들의 제물을 통해서 얻는 이익에만 관심을 가질 뿐 진정으로 사람들로 하여금 율법의 정신인 경외와 믿음을 추구하도록 하는 일에는 무관심했다. 여호와의 신앙을 인격적인 신앙이 아닌 기계적인 신앙으로 바꾼 셈이었다. 이런 기계적인 신앙은 하나님으로부터 오는 선한 뜻을 바라보지 못하게 하여, 결국 사람들로 하여금 악을 행하도록 유도했다.

기계적이고 형식적으로 제사를 드리면 하나님에 대한 의무를 다했다고 생각했던 당시 지도자들의 모습은 11절 후반부에서 그들이 불의를 행하고도 하나님을 의지한다는 모습과 자연스럽게 연결된다. 미가는 6장에서 기계적인 제의를 통해 종교적 만족을 얻으려는 당시 사람들을 신랄하게 비판했다(미 6:6-8).

11절 후반부는 히브리어 원문에 충실해서 번역하면 다음과 같다. "여호와가 우리 중에 있지 아니하냐 라고 말하면서 그들은 스스로의 이익을 위해 여호와를 의지하고 있다." 이제 이 말의 뜻을 하나씩 검토해 보기로 하자.

---

70) Wolff, *Micah*, 107,

11절 후반부 초두에서 “그들은 여호와를 의지하고 있다”라고 할 때 히브리어 표현은 접속사 와우로 시작한다. 여기서 접속사 와우 용법은 역접 접속사(disjunctive ו)로서 앞의 내용의 부대 상황을 뜻한다. 이 접속사가 역접이라는 사실은 이 접속사 후에 도치가 일어나기 때문이다. 그래서 뇌물과 돈을 받으며 행동할 때, 그들이 여호와를 잘못되게 의지하고 있는 상황을 묘사하고 있다. 여기서 의지한다라는 말은 매우 부정적인 뉘앙스를 가진다.[71] 의지한다라는 동사는 재귀적 용법의 니팔 미완료이다. 그래서 재귀적 용법으로서 어떤 행동이 그 행동의 주체에게 이익을 가져다주는 의미를 뜻한다.[72] 따라서 지도자들이 “스스로를 위해 여호와를 의지하고 있음”을 보여준다. 그리고 미완료이기 때문에 그 의지하는 모습도 계속 지속적인 상태로 제시된다.[73] 결국 지도자들이 여호와를 의지하는 것은 하나님을 위한 것이기보다 스스로를 위한 것이다. 이런 문법적 구조는 뇌물과 이익을 위해 사역하는 모습은 곧 자신을 위해 여호와를 의지한 것임을 일깨워 준다. 진정으로 여호와를 의지하지 않을 때 그 모든 것은 공의에 위배되는 것이다.

이어서 불의한 지도자들은 “여호와께서 우리 중에 계시지 아니하냐”라고 반문한다. 이렇게 해서 스스로를 위해 여호와를 의지하는 자신들의 모습을 더욱 적나라하게 드러낸다. 이들은 여호와께서 자신들 가운데 계신

---

71) 앤더슨과 프리드만은 의지하다라는 히브리어 단어 “샤안”(שָׁעַן)은 이사야서 자주 등장한다고 말하고 동시대 사람인 미가가 그것을 자연스럽게 인용하고 있다고 주장한다. 이사야서에서 이 단어는 긍정적 의미와 부정적인 의미를 모두 포함한다. Andersen and Freedman, *Micah*, 384.

72) 이런 용법을 전문적 용어로 benefactive construction이라고 한다. Waltke and O'Connor, *Biblical Hebrew Syntax*, 388 참조.

73) Waltke, *Micah*, 180.

다고 말함으로써 자신들이 여호와를 의지하고 있다고 믿었던 것이다. 이것은 확실히 부정적인 뉘앙스이다. 여호와가 자신들 가운데 있다고 고백한다고 해서 진정으로 여호와를 의지하는 것은 아니기 때문이다. 여기서 여호와가 계신다라는 표현은 성전 신학을 강하게 암시한다(출 29:45). 불의한 지도자들은 성전에서 제사를 드리는 자신들을 여호와를 의지하는 자로 착각한 셈이었다. 성전에서 제사를 드린다면 하나님을 의지하는 것이기에 하나님이 자동적으로 자신들을 보호하신다는 잘못된 신념이다.[74] 미가는 이런 모습을 자신들의 이익을 위해 기계적으로 하나님을 신뢰하는 모습이라고 비판하고 있다.

또한 "여호와가 우리 중에 있지 아니하냐?"라는 반문은 3:1에서 하나님이 두령들에게 "공의를 아는 것이 너희들에게 있어야 하지 않느냐?"라는 물음을 연상시킨다. 따라서 당시 지도자들은 진정으로 하나님의 시각에서 올바른 질문을 하기보다 자신의 이익을 위해 하나님의 뜻을 왜곡하는 질문을 했다는 것을 알 수 있다. 이와 같은 엇박자는 그들이 하나님의 말씀과 뜻에 얼마나 둔감했는지를 보여주는 증거이다. 하나님의 기준에서 선과 악을 구별하지 못하는 그들의 모습을 잘 보여주는 대목이다.

미가 시대에 지도자들은 자신들에게 재앙(רָעָה/ "라아")이 임하지 않을 것이라고 확신했다. 악(רַע/ "라")을 행하면서 재앙이 오지 않기를 바라는 이들의 모습에서 우리는 어리석음을 보게 된다. 악과 재앙은 히브리어로 음성학적 유사성을 가지고 있다. 이스라엘과 유다의 죄악상은 올바른 공의가 행해지지 않고, 종교적으로 타락하여 온전히 하나님의 뜻을 구

74) 앤더슨과 프리드만은 이 구절에서 시온신학을 엿볼 수 있다고 주장한다. Andersen and Freedman, *Micah*, 384.

하지 않는 모습으로 요약된다. 이런 상황에서 이들이 여호와가 우리 중에 있다고 말하는 것은 외형적인 성전과 제사만을 신뢰했다는 뜻이다.[75] 앞에서 주장했듯이, 이와 같은 암시는 3:12에서 시온에 대한 언급으로 더욱 지지를 얻는다.

3:12에서 그 결과 하나님은 미가 선지자를 통해서 유다가 멸망하게 될 것을 선언한다. 이 멸망에서 시온은 밭(שָׂדֶה/ "사데")같이 될 것이라고 말한다. 이것은 2:1-2에서 부유층 지도자들이 집착했던 밭과 언어적 유희를 이룬다. 즉, 밭에 집착하면서 자칭 시온을 의지한다고 주장하는 지도자들을 향해 하나님은 아이러니하게도 그 시온을 밭으로 만들어 버릴 것이라고 말씀하신다. 이렇게 해서 전체적으로 2-3장은 밭이라는 말로 시작해서 밭이라는 말로 끝나는 인클루지오를 형성한다. 이런 점에서 2-3장은 서로 떨어져 읽을 것이 아니라 하나의 큰 단락 안에서 읽혀지도록 의도되었음을 알 수 있다. 3장 마지막 절에 예루살렘에 대한 멸망의 언급은 4:1에 종말의 시온의 변형 주제와 자연스럽게 연결된다.[76]

3:12에서 시온이 밭이 되고 예루살렘이 무더기가 된다고 할 때 밭과 무더기의 히브리어 단어들은 1:6에서 "들의 무더기"(정확히 말하면 밭의 무더기)라는 말을 반복한 것이다. 이렇게 해서 1장에서 하나님의 심판이 성취되고 있음을 보여준다. 여기서 또 다른 언어적 유희를 발견할 수 있다. "무더기"라는 히브리어 단어인 "이인"(עִיִּין)은 시온 (צִיּוֹן/"찌온")이라는 발음과 같은 운율이다. 이런 점에서 시온이 이인이 된다는 뉘앙스를 청각적으로 강조한다.

---

75) Waltke, "Micah," 672.
76) Kenneth H. Cuffey, "Remnant, Redactor, and Biblical Theologian," 195.

12절에서 시온이 파괴되는 것은 아이러니이다. 왜냐하면 3:10에서 지도자들은 소위 시온을 건축하는 자로 제시되기 때문이다. 시온을 피로 건축하려고 할 때 그 결과는 오히려 시온이 파괴된다는 진리이다.[77]

3:12에서 예루살렘의 멸망은 유다가 산헤립에 의해 멸망당할 것에 대한 예언이었다. 이것은 예레미야 26장에서 미가의 예언에 대한 언급에서 지지를 얻는다. 하지만 렘 26:17-19는 미가의 예언(미가 3:12)을 듣고 히스기야가 회개하여 하나님이 뜻을 돌이킨 사실을 기록한다. 이런 점에서 미가서 3장에서 예루살렘의 멸망에 대한 예언은 무조건적인 선포가 아니라 백성의 반응에 따라 얼마든지 취소되거나 연기될 수 있는 성질임을 보여준다. 결국 미가는 예루살렘의 멸망은 바벨론의 침공에 의해 나중에 성취될 것을 내다보았다(미 4:10; 사 39:6-7 참조).

(본문의 의도) 3장은 진정으로 여호와를 의뢰한다는 것이 무엇인지에 대한 당시 사람들의 오해를 지적하고 있다. 여호와를 의뢰하는 진정한 모습이 무엇인가 하는 문제는 미가서의 핵심 주제이기도 하다. 공의를 행하지 않으면서, 자신들의 욕구에 의해 선과 악을 바꾸며 성전에서 제의를 의지하고 하나님을 의뢰한다고 주장하는 것은 가증한 일이다. 하나님이 원하시는 것은 하나님의 뜻에 따라 온전히 의지하는 모습이다. 결국 공의는 하나님을 온전히 의지한다는 것을 뜻한다. 이런 점에서 자신의 이익을 위해 하나님을 의지하는 것은 공의와 완전히 동떨어진 모습이다. 따라서 미가 선지자는 여기서 자신의 이익을 위해 하나님을 의지하는 것을 공의와 대조하고 있다.

---

77) Barker and Bailey, *Micah*, 81.

3:11에서는 평행법이 빈번하게 등장한다.[78] 이와 같은 빈번한 평행법의 사용은 3장의 마지막이 단락의 끝임을 독자들에게 수사적으로 보여주는 장치이다.[79] 이런 장치를 통해서 심판의 절정과 그 당위성을 클라이막스로 보여주고 있다.

---

78) 여기서 평행법은 다음과 같다. "두령은 뇌물로 인하여 재판하고/ 제사장은 삯을 위하여 교훈하며/ 그 선지자는 돈을 위하여 점치며."

79) Wendland, *The Discourse Analysis of Hebrew Prophetic Literature: Determining the Larger Textual Units of Hosea and Joel*, 30-63 참조.

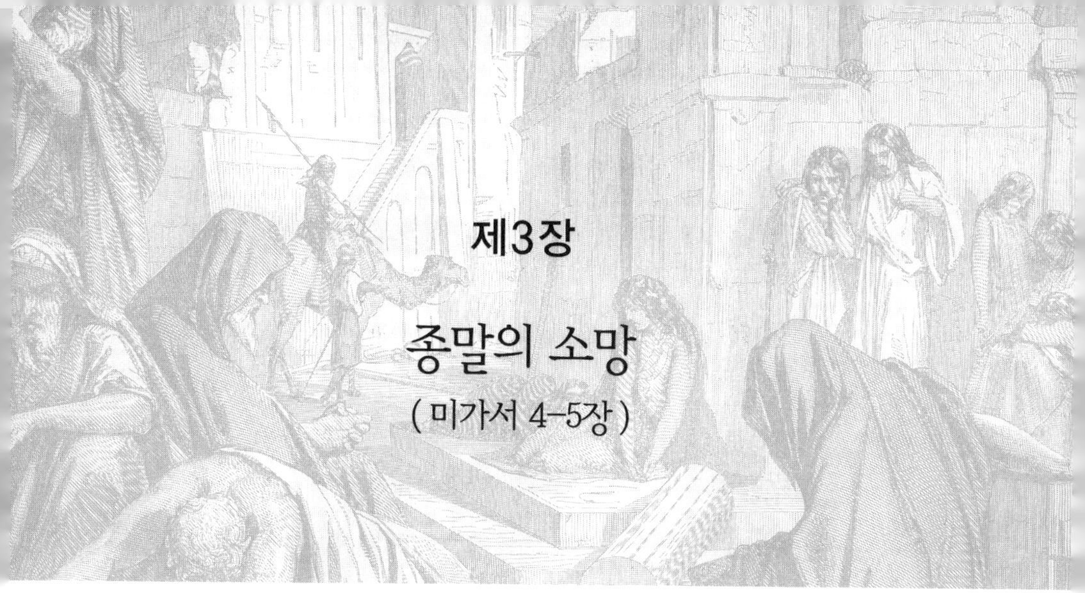

제3장

종말의 소망

(미가서 4–5장)

이 단락은 유다에 대한 소망의 메시지를 다룬다(4-5장). 그래서 종말의 시온의 변형을 제시히고 시온을 향해 여러 이방 나라들이 찾아올 것을 내다본다(4:1-4). 이런 시온의 변형은 궁극적으로 메시야의 출현을 통해 이루어질 것이다(5:2). 메시야의 출현을 통해 동반되는 사건은 남은 자의 등장이다(5:3). 남은 자는 이전에는 발을 저는 양떼와 같이 보잘 것 없는 존재들이었지만 메시야를 통해 강한 사자와 같은 자로 변형될 것을 예언한다(4:7; 5:8). 이렇게 해서 종말에 놀라운 하나님의 은혜와 인생역전에 초점을 맞추고 있다.

1. 구조

4:1-5는 하나님이 시온에서 통치하시는 모습을 그리고 있다. 미래의 시온에서 율법이 나올 것이다(4:1-3절; 이사야 2장 참조). 이어서 나머지 4장과 5장은 이러한 환상이 어떻게 성취될 것인지를 예언한다. 4-5장은 다음과 같은 구조로 이루어졌다.

A. 종말에 예루살렘에서 백성과 열국을 향한 여호와의 통치(4:1-5)

B. 여호와께서 남은 자들을 강하게 할 것임(4:6-8)

C. 왕이 없는 딸 시온을 바벨론에서 구해낼 것임(4:9-10): 해산하는 여인

D. 딸 시온이 열방을 물리칠 것임(4:11-5:1)

C'. 종말에 메시야가 딸 시온을 돌아오게 할 것임(5:2-4): 해산하는 여인

D'. 종말에 메시야가 열방(앗수르)을 물리칠 것임(5:5-6)

B'. 여호와께서 남은 자들을 사자같이 강하게 하실 것임(5:7-9)

A'. 종말에 백성과 열국을 향한 여호와의 통치(5:10-15)

다시 말한다면, 4-5장은 바벨론 포로에서 귀환을 예언하고(4:10), 메시야의 예언이 성취될 것을 말한다(5:2-3). 이 메시야의 통치는 땅 끝까지 미치게 될 것이다(5:4). 이 통치 안으로 야곱의 남은 자가 동참하게 될 것이다(5:7-8). 이 남은 자 안에는 열방도 포함된다(5:8). 종말에 시온에서 하나님의 통치는 모든 부도덕과 우상숭배를 깨끗이 제거하고, 열방을 다스릴 것이다(5:10-15). 한 마디로 공의와 인애와 의의 성취이다. 미가서에서 공의와 인애와 의는 단순히 도덕적인 질서를 세우는 의미가 아니다. 그것은 하나님과 동행하면서 자연스럽게 나오는 모든 행동과 올바른 관계를 뜻한다.

이 단락은 메시야 출현 이전의 포로생활의 고통을 해산하는 여인의 고통으로 비유하고 있다.[1)] 해산하는 여인의 고통은 그 자체로는 힘들지만 나중에는 아이의 탄생이라는 기쁨을 가져다준다는 점에서 매우 적절한 비유이다. 여기서 기쁨은 메시야를 통해서 성취될 것이다. 미가 선지자는 종

---

1) Waltke, *Micah*, 15.

말의 예루살렘 통치를 위해 먼저 메시야가 등장하여 온전히 하나님의 백성들을 대적자의 손에서 건져내고 그들로 남은 자를 삼을 것을 예언한다. 역사적으로 바벨론의 포로에서 유다를 해방시킨 것은 고레스였다. 물론 진정으로 유다가 대적자에서 온전히 구원을 받는 것은 종말에 나타날 메시야에 의해 성취될 것이다. 하지만 역사적으로 메시야의 예표는 고레스에 의해 암시되었다. 이런 점에서 고레스는 미래의 기름부음을 받는 메시야의 모형이라고 볼 수 있다. 그래서 이사야는 44-45장에서 고레스를 기름부음 받은 자로 묘사했다. 어쨌든 종말의 메시야의 사역을 통해 하나님은 자신의 백성을 구해내고 마지막에 남은 자와 함께 열국을 다스릴 것이다.

앞의 구조에서 볼 수 있듯이 또한 4-5장의 핵심은 미래에 메시야를 통해서 구원받는 딸 시온(남은 자)이 나중에 열방을 물리치며 다스릴 것이라는 사상이다. 종말에 딸 시온은 하나님과 함께 통치사역에 동참하는 왕적 기능을 가진 자들로 묘사되고 있다(4:12-14 참조).

2. 석의

1) 4:1-8

이 소단락에서는 여호와의 통치가 초두와 말미에 등장하여 주요 주제를 이루면서 인클루지오를 형성한다. 이 소단락의 세부구조는 다음과 같다.

A. 시온에서 하나님의 통치(4:1-3)

B. 시온에 거하는 사람들의 모습: 두려울 자가 없음(4:4)

C. 시온에 거하는 자들의 고백: 여호와를 영원히 의지하리라(4:5)

B'. 시온에 거하는 사람들(남은 자)의 모습: 강한 나라(4:6-7)

A'. 시온에서 하나님의 통치(4:8)

(1) 4:1-3

4:1-3은 주지하는 바와 같이 사 2:2-4와 동일한 내용이다.[2] 미가서의 문맥을 보면 미가서 3장 마지막 절이 예루살렘의 파괴로 끝나기 때문에 이와 관련해서 미 4:1-3은 반대로 미래의 회복에서 시온이 세상의 중심으로 우뚝 설 것을 내다보고 있다.[3] 미가서는 이사야서와 달리 미 4:4에서 각 사람이 포도나무와 무화과나무 아래에 앉을 것을 말하며 언약 회복의 관점에서 시온의 변형을 바라본다.[4] 이 점에서 확실히 미가서는 이사야서와는 다르다. 사 2:2-5는 종말론적 관점에서 범 우주적인 색체를 일관되게 보여주고 있다. 반면에 미 4:4는 종말에 회복된 이스라엘의 개개인들이 포도나무와 무화과나무 밑에서 안전하게 거할 것을 예언함으로써 이스라엘과 여호와 사이의 친밀한 언약 관계의 회복을 두드러지게 강조하고 있다.[5] 이런 의미에서 미가서는 종말에 남은 자에 대해 이사야보다 더 많은 관심을 가지고 있음을 알 수 있다.

종말의 소망의 메시지를 개인에게 적용하고 있다는 점에서 혹자는 미 4:1-3을 사 2:2-4보다 후대의 것으로 보고 미가 선지자가 이사야 선지자의 글을 인용했을 것이라고 추정하기도 한다.[6] 반대로 구조적인 관점에서 바

---

2) 이와 같은 동일한 내용이 미가서와 이사야에서 반복되는 현상에 대해 여러 가지 설명이 있을 수 있다. 둘 중에 한 사람이 남의 것을 베낀 것일 수도 있고, 하나님의 두 사람에게 동시에 영감을 주었다고 말할 수도 있을 것이다. 아니면 두 선지자가 동일한 선지자적 전통 속에서 이전의 내용들을 인용했다고도 볼 수 있다. Richard L. Schultz, "The Ties that Bind: Intertextuality, the Identification of Verbal Parallels, and Reading Strategies in the Book of the Twelve," 43.

3) Barker and Bailey, *Micah*, 83.

4) 렘 8:13에서 선지자 예레미야는 백성들의 언약 파기로 인하여 포도나무에 포도가 없고 무화과나무에 무화과가 없을 것이라고 선언한다.

5) Mark E. Biddle, "Obadiah-Jonah-Micah in Canonical Context: The Nature of Prophetic Literature and Hermeneutics," *Interpretation* 61 (2007): 157.

라볼 때 미 4:1-3이 더 자연스럽기 때문에 이 구절과 평행을 이루는 이사야 구절보다 더 앞선 것이라고 주장할 수도 있다. 하지만 문맥상의 자연스러움은 후대의 산물이라고 볼 수도 있기 때문에 확정적으로 대답하기가 힘들다.[7]

4:1-3이 종말에 이스라엘의 회복에 대한 관심을 내포하기 때문에 전천년설을 주장하는 사람들은 이 본문은 예수님의 재림 이후에 천년왕국이 세워질 때, 이스라엘과 시온이 회복될 것을 가리킨다고 주장한다.[8] 그렇지만 미가서 5장은 메시야의 통치 시대인 천년왕국의 시대에도 여전히 열방의 위협을 상정하고 있다(미 5:5 참조). 더 나아가서 4:1-3과 짝을 이루는 5:10-15에서는 메시야가 우상숭배를 제거하고 순종치 아니한 나라를 보수하실 것이라고 말씀한다. 이렇게 해서 메시야 시대에 불순종의 세력이 있을 것을 전제한다. 더욱이 지형적으로 시온 산이 모든 산 위에 선다는 것은 불가능하다. 이런 면들을 고려할 때 4:1-3은 예수님의 재림 이후의 문자적인 천년왕국의 상황을 의미하기보다, 예수님의 초림 이후부터 시작된 하나님 나라의 영적 상황을 다룬다고 말할 수 있다. 이렇게 시작된 하나님 나라는 예수님의 재림 때에 완성될 것이다. 이런 점에서 필자의 견해로 미가서를 포함한 구약의 선지서는 예수님 초림부터 벌써 천년왕국이 시작되었다는 무천년설을 지지하다고 생각한다.

4:1에서 키워드는 여호와의 산이다. 말일에 여호와의 집의 산이 산들의

---

6) Rick Byargreon, "The Relationship of Micah 4:1-3 and Isaiah 2:2-4: Implications for Understanding the Prophetic Message," *Southwestern Journal of Theology* 46 (2003): 6-26.

7) Byargreon, "The Relationship of Micah 4:1-3 and Isaiah 2:2-4," 22.

8) J. H. Sailhamer, "Evidence from Isaiah 2," in *A Case for Premillennialism*, ed. K. K. Campbell and J. L. Townsend (Chicago: Moody, 1992), 94-95.

높은 곳에 세워질 것이다. 여기서 세워진다라는 말의 히브리어 형태는 "나콘"(נָכוֹן)이다. 이것은 동사 "쿤"(כון)의 니팔형 분사이다. 이 동사는 창조의 의미를 함의한다. 앞에 3:10에서 불의한 지도자들이 시온을 피로 세우고 있기 때문에 하나님은 시온을 허물고 다시 새롭게 시온을 창조하실 것이라는 설명이다. 분사가 미래의 의미를 가지면 주로 "~할 예정이다"라는 뜻을 가진다. 따라서 미래에 시온이 세워질 예정이라는 강력한 의지를 반영하고 있다.

"나콘"이라는 창조의 의미를 가진 동사를 사용한 이유는 1:6에서 제시하는 것처럼 하나님의 심판이 기존 질서를 파괴하는 것이기 때문이기도 하다. 1:6에서 "그의 지대"라는 언급을 통해 하나님의 심판이 옛 창조질서를 무너뜨리는 의미를 가지고 있음을 보여준다. 이런 상황에서 미래에 하나님의 회복은 새로운 창조질서를 함의한다. 이 점을 4:1에서 "나콘"이라는 동사를 사용하여 강력하게 독자들에게 각인시키고 있다. 이것을 종합해 보면 4장에서 종말의 시온의 출현은 새로운 창조절서를 동반한다는 시각을 제공해 준다. 종말에 새로운 창조질서의 출현은 메시야의 도래와 그의 새언약을 통해서 이루어졌다. 이런 점에서 새언약에서 사는 신약의 성도는 이미 메시야 왕국 시대(천년 왕국 시대)에서 새로운 창조질서인 새 하늘과 새 땅을 미리 선취하고 사는 자들이다.

4:1후반부에 민족들이 여호와의 산으로 몰려간다고 말할 때 히브리어 문장구조를 보면 "그 산으로"라는 말이 앞으로 도치되어 이전의 말과 계속 연속적으로 읽을 것을 제안하고 있다. 4:2는 와우계속법의 와우로 시작하는데 이 용법은 앞의 상황에 대한 논리적인 결과나 후에 일어나는 상황이기 보다, 그 앞의 상황을 부연 설명하는 용법이다. 그래서 4:1의 마지막에서 민족들이 여호와의 산에 오는 모습을 더욱 구체적으로 설명하고 있

다.[9)] 이런 문법적 특성을 고려해서 4:2를 해석하면 이 구절은 4:1에서 열방이 시온으로 몰려오는 장면을 다시 구체적으로 표현하는 것이다. 즉 열방이 여호와의 길로 가르침을 받기 위해 가서 올라올 것이라는 부연설명이다. 여기서 열방이 "간다"라고 할 때 그 히브리어 동사는 "할라크"(הָלַךְ)이다. 미가서에서 이 단어는 긍정적인 의미와 부정적인 의미로 쓰인다(2:10-11; 6:16 참조). 4:2에서는 긍정적인 뉘앙스를 가진다. 긍정적인 경우는 2:7이나 6:8에서처럼 정직하게 행하고 여호와와 동행할 때 사용된다. 그래서 열방이 시온에 찾아오는 모습이 일회적이 아니라 궁극적으로 여호와와 계속적으로 동행하고 정직히 행하기 위한 발걸음임을 읽을 수 있다.

4:2의 중반부에 "그가 그의 도(길들)를 우리에게 가르칠 것이다"라고 말한다. 이처럼 열방이 시온에서 가르침을 받는 것을 "길"로 표현하고 있는 점은 흥미롭다. 길이라는 단어는 지혜문학에서 지혜의 길을 언급할 때 자주 사용된다. 아마도 길(דֶּרֶךְ/ "데렉크")을 사용한 것은 미가 선지자가 선악을 구별하지 못하는 사람들에게 종말에는 그런 상황이 역전되어 지혜의 길로 행하여 선과 악을 구별하게 될 것이라는 의도로 해석할 수 있다. 확실히 호 14:9는 이러한 길을 지혜와 밀접히 연관시킨다. 4:2에서는 "데레크"라는 길 외에도 길을 의미하는 "오라흐"(אֹרַח)가 등장한다. 그래서 "그의 길("오라흐")로 행할 것이다"라고 말한다. 이 두 종료의 길에 대해 여러 가지 설명이 있다.[10)] 분명한 것은 이 단어들이 4:2후반부에서 각각 율법과 여호와의 말씀과 평행을 이룬다는 점이다.

9) Waltke, *Micah*, 196.

10) Watlke는 이 각각의 단어는 율법과 선지자의 말씀을 가리킨다고 주장했다. Waltke, "Micah," 680.

4:2의 후반부에 “이는 율법이 시온에서부터 나올 것이요 여호와의 말씀이 예루살렘에서부터 나올 것임이라”에서 율법은 앞에서 관사가 없기 때문에 모세의 율법을 가리키기보다, 하나님에게서 나오는 가르침(instruction)으로 보는 것이 문맥상 더 어울린다.[11] 그래서 이 율법은 다시 여호와의 말씀과 평행을 이룬다. 종말에 열방들을 포함한 남은 자들은 하나님의 가르침과 말씀을 통해 하나님의 뜻을 깨닫는 지혜를 얻고 선악을 구분하며 올바르게 행동하게 될 것을 보여준다. 울프(Wolff)는 여기서 하나님의 율법(가르침)과 말씀은 단순한 삶의 일반적 원리들이 아니라 구체적인 삶의 지침들을 가리킨다고 보았다.[12] 이 주장이 옳다면 종말에 하나님의 백성은 구체적으로 하나님으로부터 오는 세밀한 뜻을 깨닫고 선을 구체적으로 행하게 될 것이다.

4:3은 하나님이 민족들을 “심판하고 판결할 것”이라고 선언한다. 4:3의 초두에 나오는 동사인 심판하다라는 말은 히브리어 단어로 “샤파뜨”(שָׁפַט)이다. 이 단어는 공의(מִשְׁפָּט/ “미쉬파트”)와 같은 어근을 가진다. 이런 점에서 종말에는 하나님이 자신의 공의로 세상을 다스릴 것을 보여준다. 공의는 하나님이 원하는 선이다. 그래서 사람들은 이제 하나님이 보여주는 선에 의해서 행동하게 될 것을 암시한다(미 6:8).

심판하다라는 단어(שָׁפַט/ “샤파트”)에 이어 판결하다라고 번역한 히브리어 동사 “야카흐”(יָכַח)가 나온다. 이 동사는 히필 완료형으로서 와우계속법 와우에 연결되었다. 월키는 이 와우계속법 용법에 대해 하나님의 심판의 결과를 가리킨다고 말한다.[13] 하지만 그것보다는 앞의 하나님의 심

11) Barker and Bailey, *Micah*, 84.
12) Wolff, *Micah: A Commentary*, 121.
13) Watlke, *Micah*, 199.

판(공의로 다스림)을 부연설명해 주는 용법으로 보는 것이 더 신빙성이 있다. "야카흐" 동사의 의미는 논의할 필요가 있다. 개역개정판 한글 성경은 이 동사를 "판결하다"라고 번역했지만 이 동사의 의미는 기본적으로 "공의로운 것을 세운다"라는 뜻이다.[14] 따라서 하나님의 심판하심은 부연 설명하여 다시 말하자면 공의를 세우는 데에 있다는 것을 강조하고 있는 저자의 의도를 엿볼 수 있다. 따라서 종말에 하나님의 나라의 도래는 공의로 특징짓게 될 것을 보여준다. 이 대목에서 공의에 대한 강조는 3장에서 불의한 지도자들이 공의를 행하지 않았기 때문이기도 하다.

4:3의 후반부는 그 결과로 열방은 칼과 창을 농기구로 바꾸게 될 것을 말한다. 여기서 칼과 창은 전쟁에 쓰이는 모든 무기들을 총칭하는 말이다.[15] 그래서 더 이상 전쟁을 하지 않고 평화가 있게 될 것을 내다본다. 이 예언은 4:1-5와 짝을 이루는 5:10-15에서 다시 반복된다(특별히 5:10). 구체적으로 평화로운 통치에 대해서 미가 선지자는 나중에 그것이 메시야를 통해서 이루어질 것을 내다본다(5:5). 신약은 평화를 하나님 나라의 주요 특징 중에 하나라고 지적한다(롬 14:17).

(2) 남은 자(4:4-7)

4:4는 그런 여호와의 통치의 결과로 남은 자가 포도나무와 무화과나무 아래에 산다고 말한다. 회복된 언약관계를 통해 평화 속에 거하게 될 것이라는 강조이다. 어떤 세력도 여기서 통치받는 자들을 두렵게 하지는 못할 것이다. 두렵게 하는 적들이 없다는 것은 그곳에 평화와 함께 안식이 임한

---

14) 이 단어는 주로 법정 고소 상황에서 올바른 것을 세우다라는 뜻이다. John E. Hartley, "יכח," in *NIDOTTE* 2: 441.

15) Waltke, "Micah," 681.

다는 뜻이다. 또한 포도나무와 무화과나무에 앉는다는 것은 기쁨 속에서 산다는 것을 의미한다(왕상 4:20; 5:5; 왕하 18:31; 슥 3:10).[16] 4절 후반절은 이것의 확실성을 보여주기 위해 "만군의 여호와의 입이 이같이 말씀하셨다"라고 진술한다. "만군의 여호와"는 가나안 정복 전쟁에서 승리를 주시는 하나님의 명칭과 밀접한 관련이 있다.[17] 사무엘서에서 "만군의 여호와"의 명칭은 구속사에서 큰 분수령이 일어나는 사건에서 등장한다는 특징이 있다.[18] 더욱이 아모스는 "만군의 여호와"라는 이름을 새롭게 창조하는 하나님의 특성을 보여주기 위해 사용한다. 이런 그림들을 종합할 때 4:4에서 여호와의 평화로운 통치는 구속사에서 하나님의 주도권 속에서 어떤 대적도 침략할 수 없는 획기적인 하나님의 창조사역임을 알 수 있다.

이런 평화와 안식과 기쁨을 누리는 자는 누구인가? 결국 남은 자들로서 종말의 이스라엘이라고 할 수 있다. 하지만 문맥상 이 남은 자 안에 열방도 포함되고 있다(5:8). 남은 자들은 4:7에서 강한 백성으로 다시 묘사된다.

4절에서 종말의 남은 자들이 포도나무와 무화과나무 아래서 평화와 안식과 기쁨을 누린다는 것은 에덴 동산의 모티프이기도 하다. 에덴 동산 모티프는 4:1에 시온산이 높이 선다는 말에서 이미 발견된다. 겔 40:2에서 종말에 시온산은 높은 산에 있고 거기서 물이 흘러나오고 있다(겔 47:1-8 참조). 이런 맥락에서 미 4:1-3에서 시온산은 에덴 동산의 회복을 가리키고 있다. 에덴 동산에서는 하나님의 형상을 입은 아담과 하와가 살고 있었다. 따라서 남은 자들은 온전히 하나님의 형상으로 변모하여 하나님의 임재

16) Wolff, *Micah*, 122.
17) Andersen and Freedman, *Micah*, 409.
18) David G. Firth, *1 & 2 Samuel*, AOTC 8 (Downers Grove, Ill.: IVP, 2009), 55.

속에서 선악을 하나님의 기준에서 구별하고 살게 될 것을 제시한다. 앞에 미가서 3장은 선악을 구분하지 못하여 공의를 행하는 데에 실패한 지도자들을 비판했다. 이런 맥락에서 종말의 회복에서 남은 자들이 선악을 구분하고 참된 선인 공의를 행하는 하나님의 형상이 될 것이라는 암시는 전혀 놀라운 것이 아니다. 이런 자들이 포도나무와 무화과나무 아래에서 평화와 번영과 기쁨을 누릴 것이다.

4:5는 접속사 "키"(כִּי)로 시작하고 있다. 이 접속사는 원인절을 이끌 수도 있지만 여기서는 양보절을 이끈다. 4:5에서 미가 선지자는 다시 자신이 속해 있는 현실로 돌아온다. 앞에 3:8에서 그는 거짓 선지자들의 행태를 이야기하다가 잠시 자신의 상황을 언급했듯이, 여기서도 종말의 여호와의 통치를 이야기하다가 잠시 현실로 돌아와서 자신의 처한 상황을 언급하고 있는 것이다. 그래서 이 구절은 다음과 같이 번역해야 된다. "현재 모든 열방들이 각자 자신들의 신의 이름으로 행하고 있지만 나(미가 선지자)를 포함한 우리는 영원히 여호와의 이름 안에서 걸어가야 한다." 마지막에 "우리가 걸어간다"라고 할 때에 동사 형태는 미완료이다. 미완료의 의미는 여러 가지가 있지만 여기서는 의무로 보는 것이 더 타당하다.[19]

"우리"는 미가를 포함한 신실한 이스라엘을 가리킨다.[20] "우리"라는 말은 미 7:17에서도 등장한다. 미가서에서 우리의 정체는 미가와 같이 재난 가운데에서도 신실하게 하나님을 바라보는 자로서 남은 자를 지칭한다(미 4:7; 5:7; 7:7 참조). 특별히 미 7:9에서 우리를 대표하는 미가는 고난을 통과하면서 하나님의 공의를 체험하고 하나님의 의속으로 인도함을 받는

19) Allen, *Micah*, 327-328 참조.
20) Mays, *Micah*, 99.

자로 묘사된다.

우리가 걸어가게 될 것(הָלַךְ/ "할라크")이라고 말할 때 사용되는 "할라크" 동사는 4:2에서 많은 나라들이 여호와의 산으로 걸어간다라고 할 때 언급된 동일한 단어이다. 4:2에서 여호와의 산으로 걸어가는 나라들은 히브리어 말로 "고이"(גּוֹי)이다. 반면에 4:5에서 다른 신들의 이름으로 걸어가는 열방들을 지칭할 때에 사용되는 히브리어 단어는 "암"(עַם)이다. 이렇게 의도적으로 다른 단어를 사용하여 미가 선지자는 열방이 현재 여전히 자신들의 신들을 의지하고 행동하고 있음을 대조적으로 보여주고 있다.

4:5의 후반부를 직역하면 "우리는 여호와의 이름 안에서 걸어가야 한다"이다. 미가 선지자는 다른 신들의 이름에 반해서 자신은 여호와의 이름 안에서 걸어갈 것이라고 다짐하고 있다. "여호와의 이름 안에"라는 표현은 5:4에서 여호와의 능력을 의지한다는 말과 평행을 이루고 있다. 이런 맥락에서 4:5에서 여호와의 이름 안에서 걷는다는 것은 여호와를 의지하고 동행하는 일체의 모습이라고 말할 수 있다. 여호와의 이름 안에서 걷는다는 것은 또한 여호와의 계명을 지킨다는 의미가 있다(레 19장 참조). 이렇게 해서 현재 선을 미워하고 악을 행하는 당시 지도자들은 여호와를 의지하지 않고 그분의 계명을 지키지 않아 자신들의 신의 이름을 의지하는 이방인들과 별반 차이가 없음을 은연중에 제시한다.

4:6-7a에서는 종말에 남은 자가 누구인지에 대해 좀더 구체적으로 설명한다. 남은 자는 목자가 모으는 양떼처럼 목가적 이미지를 가지고 있다.[21] 여기서 "모으다"라는 동사 "아사프"(אָסַף)는 2:12에서 종말에 하나님이 남은 자를 양떼 모으듯이 모은다라고 할 때 사용되었던 같은 동사이다. 그

21) Mays, *Micah*, 100.

래서 2:12-13을 연상시킨다. 이 모으다라는 동사는 군사적으로 군대를 소집해서 모으다라는 뉘앙스도 갖는다.[22] 이런 뉘앙스는 미래에 남은 자가 하나님의 군대가 될 것이라는 힌트를 제공한다. 이 힌트는 4:7에서 강한 나라가 된다는 말과 잘 부합된다.

이 남은 자는 절뚝거리고, 추방당한 자라는 특징이 있다. 그 다음에 "내가 환난 받게 한 자"는 설명적 와우 접속사(epexegetical 와우)로 연결되어 절뚝거리고 추방당한 자를 재차 설명하는 기능을 한다. 그래서 절뚝거리고 추방당한 자는 궁극적으로 하나님이 환난을 당하도록 허락한 자임을 설명한다. 즉, 히브리어 문장으로 보면 그들은 다름 아니라 여호와로부터 악(재앙)을 받은 사람들로 규정된다(רָעַע / "라아"). 이렇게 해서 미래에 남은 자들은 하나님으로부터 포로라는 재앙을 겪고 나서 회개한 자들임을 암시한다. 물론 미가서는 회개한다는 말을 드러내놓고 사용하지 않는다. 하지만 미 7:9에서 미가 선지자로 대변되는 남은 자는 자신의 죄를 고백하고 있다. 2:8-9의 문맥에서 볼 때 남은 자들은 부유층 지도자들과 나중에 포로생활을 통해 고난을 체험하는 자들임을 알 수 있다.

역사적으로 보면 남은 자는 일차적으로 포로에서 귀환한 자들이다.[23] 하지만 유다의 고난은 바벨론 포로에서 끝나지 않았다. 이후에 페르시아와 헬라의 지배를 받았다. 따라서 계시의 진전 속에서 남은 자는 궁극적으로 예수 그리스도의 출현을 통해 죄의 포로에서 돌아온 사람들의 모습에서 성취되었다고 말할 수 있다. 이런 남은 자의 특징은 2:12-13의 문맥에서 볼 때 억압과 고난을 통해 하나님을 왕으로 섬기고자 결단하는 사람들

---

22) Andersen and Freedman, *Micah*, 433.
23) Barker and Bailey, *Micah*, 89.

이라는 강한 인상을 준다. 더 나아가 앞에서 지적한 대로 남은 자는 자신들의 죄를 고백하는 자들이다. 이상의 것을 종합할 때 남은 자는 환난을 경험하면서 자신의 죄를 고백하고 여호와를 왕으로 삼고 의지하는 자들이라고 정의할 수 있다. 이와 같은 남은 자 사상은 이사야서에서도 엿볼 수 있다. 이사야서에서 남은 자도 극심한 환난을 겪고서 철저하게 회개하고 하나님을 왕으로 모시는 자들로 제시된다(사 1:9; 66:2 참조).

그렇다면 왜 남은 자는 이렇게 환난을 꼭 경험해야 하는가? 그 이유는 무엇인가? 이 물음에 대한 답으로 앞에서 지적한 대로 미 7:9의 말씀은 시사하는 바가 크다. 7:9는 환난을 통해서 남은 자가 하나님의 공의를 체험하고 그 스스로도 공의를 배운다는 힌트를 제공한다. 더욱이 환난을 통해 남은 자는 하나님의 의로 인도되어 하나님의 의를 덧입고 의롭게 될 것을 암시한다(말 4:2-3 참조).

4:7a에서 미가 선지자는 하나님이 절뚝거리는 자로 남은 자를 삼고 쫓겨났던 자로 강한 나라를 만들 것이라고 선언한다. 여겨서 "쫓겨났던 자"에 대해서 BHS의 본문비평은 "지친 자"로 읽을 것을 제안한다. 이렇게 되면 지친 자와 강한 자가 서로 대조되어 미래에 남은 자가 전적으로 하나님의 구원 사역에 의해 새롭게 변형될 것이라는 사실이 부각된다.[24] 미가서에서 남은 자는 다른 구약 성경의 남은 자 사상과 달리 전적으로 하나님의 창조사역을 통해 극적으로 창조된 자들이다.[25] 예를 들어 아모스와 이사야서에서 남은 자는 환난에서 남겨진 자들(암 5:3; 사 7:3; 37:31)로 묘사된다. 반면에 미가서에서는 하나님의 직접적인 창조사역으로 그려지

---

24) Waltke, "Micah," 687.
25) Mays, *Micah*, 101.

고 있다. 이 남은 자가 강한 나라가 된다고 할 때 히브리어 문구는 "고이 아쭘"(גּוֹי עָצוּם)이다. 이 문구는 4:3에서 시온에 찾아오는 많은 나라들을 가리킬 때에도 동일하게 사용된 표현이다.[26] 이런 점에서 미가서는 드러나게 열방이 남은 자가 될 것이라고 말하지 않지만 언어적 유희를 통해서 종말에 시온을 찾는 열방도 하나님의 시각에서 남은 자가 될 것을 독자들에게 암시하고 있다.[27] 열방이 남은 자가 될 것이라는 명확한 진술은 말라기에서 다시 나타난다(말 1:11 참조).

이제 남은 자가 강한 나라가 된다는 말의 신학적 의미를 살펴보기로 하자. 강한 나라가 된다는 것은 일차적으로 대적을 물리치는 왕적인 이미지이다. 미 4:13은 남은 자가 대적자들을 타작마당에서처럼 밟게 될 것이라고 말한다. 실제로 미 5:8-9는 남은 자는 사자와 같아서 대적자를 밟는다고 말하고 있다. 밟는다는 모티프는 미 7:10에서 다시 등장한다. 이렇게 해서 남은 자는 대적자를 물리치는 왕적 이미지를 갖는다. 또한 왕의 역할은 공의와 인애와 의를 수행하는 것이다(시 72:1-3). 이런 의미에서 미래에 남은 자는 공의와 의를 수행하는 자가 될 것을 보여준다. 공의와 의로 변형된 남은 자가 대적자를 밟는다는 주제는 말 4:2-3에서 다시 등장한다.

4:7b는 여호와가 시온산에서 영원히 왕으로 치리하실 것이라고 말씀한다. 앞의 구절과 의미론적 일관성의 관점에서 볼 때 확실히 시온에 계신 여호와의 왕권은 목자로서 다스리는 왕의 모습이다. 미래에 하나님과 남은 자의 관계는 목자와 양의 관계로 규정될 것이다. 양의 특징은 목자의 음성을 잘 듣는다는 것이다. 따라서 종말에 남은 자들은 하나님의 말씀에

---

26) 물론 4:3에서 강한 이방 사람들이라고 할 때 강하다라는 말은 많다라는 뜻일 수도 있다. Barker and Bailey, *Micah*, 89.
27) Mays, *Micah*, 101.

따라 충실히 순종하게 될 것을 암시한다.

(3) 시온의 회복(4:8)

4:8은 주어와 동사가 도치된 도치문으로 시작한다. 일반적으로 도치문은 단락의 시작을 알리는 신호이다. 하지만 때때로 도치문은 단락의 끝을 알리기 위해 나타나기도 한다.[28] 이런 점에서 4:1-8은 하나의 소단락을 형성한다. 예루살렘을 "양떼의 망대"라고 말하고 있는데 이 언급은 종말에 남은 자들이 양떼처럼 몰려올 것이라는 목가적 이미지와 밀접한 연관이 있다. 또한 예루살렘을 "딸 시온의 산성"이라고 할 때에 산성에 해당되는 히브리어 단어인 "오펠"(עֹפֶל)은 다윗이 정복했던, 성전 남쪽에 있던 여부스인의 산성을 가리킨다.

개역개정판 한글 성경에는 "이전 권능 곧 예루살렘의 나라가 네게 돌아오리라"라고 번역되었지만 히브리어 원문으로 읽으면 "이전의 통치, 즉 나라(왕권)가 예루살렘의 딸에게 돌아올 것이다"라는 뜻이다. 이전의 통치와 나라는 오펠에 대한 언급과 함께 다윗의 화려했던 시대를 암시한다.[29] 이렇게 다윗을 연상시킴으로써 새로운 다윗에 의해 예루살렘에 새로운 통치가 임할 것을 보여준다. 이 새로운 다윗은 5:2에서 베들레헴에서 태어나게 될 메시야와 깊은 관련이 있다. 양떼들이 몰려오는 이미지를 통해서 남은 자들이 늘어나게 될 것이라는 암시는 이후에 해산하는 여인에게서 자식들이 나온다는 표현에서 더욱 발전된다(4:10; 5:3).

한편 이 구절에서 "딸 시온"이라는 명칭은 시온을 여성으로 의인화한

---

28) 예를 들면 렘 31:15-26에서 단락의 끝을 이루는 26절이 그러하다.

29) Barker and Bailey, *Micah*, 89.

것이다. 이런 시온의 의인화는 시온과 거기에 있는 사람들을 동일시하는 효과가 있다. 더욱이 폴리스(Follis)는 여성이라는 이미지는 시온이 하나님의 은혜를 입어 견고하고 안전하다는 측면을 강조하는 수사적 기능을 한다고 주장한다.[30] 이사야에서 시온의 여성화는 시온이 이방인 가운데에서 하나님의 자녀를 잉태하는 사명이 있음을 지적하기 위한 목적이 있다(사 26:18; 66:8).

(4) 본문의 의도

2-3장에서 부유층과 지도자들의 특징은 하나님을 왕으로 섬기지 않는다는 데에 있었다. 이런 관점에서 미 4:1-8에서 미가는 종말의 변형은 온 세상의 왕으로서 하나님의 통치의 가시화에 있다고 강조한다. 하나님의 통치를 받는 남은 자들은 전적으로 양이 목자를 따르듯이 하나님의 음성을 듣고 그 말씀대로 행할 것이다. 그래서 올바로 선악을 분별하여 행동하는 지혜로운 자들이 될 것이다. 그렇지만 남은 자가 된다는 것은 인간의 공로 때문은 아니다. 그것은 전적으로 하나님의 창조사역이다. 이런 창조적 변형에 대한 암시는 4:1에서 이미 예고되었다. 여호와의 산이 모든 산들의 꼭대기에 서게 될 것이라는 지형적 변형과 함께 창조질서의 변혁이 암시되고 있기 때문이다.

더욱이 남은 자를 강한 나라로 만들 것이라고 말씀하고 있기 때문에 확실히 남은 자는 하나님의 전적인 창조 사역의 일환으로 제시된다. 남은 자들은 환난을 통해 하나님을 바랄 것이지만 결국 그들은 전적으로 하나

30) Elaine R. Follis, "The Holy City as Daughter," in *Directions in Biblical Hebrew Poetry*, ed. Elaine R. Follis, JSOTSup. 40 (Sheffield: JSOT Press, 1987), 176-177.

님의 창조라는 은혜를 통해 종말에 하나님의 백성으로 나타나게 될 것이다. 남은 자에게 인간의 책임도 있지만 하나님의 주권적 요소가 더 크다는 사실을 알 수 있는 대목이다.

남은 자는 2-3장의 불의한 지도자들과 달리 고난을 통해서 공의와 의를 수행하는 자로 제시된다. 미가 선지자는 여기서 에덴 동산 모티프를 통해서 왕 같은 하나님의 형상으로 남은 자가 변형될 것을 암시한다. 그래서 선과 악을 분별하고 공의와 의를 수행하게 될 것이라는 힌트를 제공한다. 남은 자가 강한 나라가 된다는 표현은 더 이상 남은 자들에게 고난과 억압이 없게 될 것을 강조하는 이미지이면서 동시에 왕적 존재로 거듭나게 됨을 보여준다. 남은 자가 왕적 존재로 변화되는 것은 나중에 5장에서 메시야의 사역으로 더욱 구체화된다(5:3 참조).

2) 4:9-5:6

이 단락의 구조는 앞에서 언급한 것처럼 다음과 같다.

A. 왕이 없는 딸 시온을 바벨론에서 구해낼 것임(4:9-10): 해산하는 여인
  B. 딸 시온이 열방을 물리칠 것임(4:11-5:1)
A'. 종말에 메시야가 딸 시온을 돌아오게 할 것임(5:2-4): 해산하는 여인
  B'. 종말에 메시야가 열방(앗수르)을 물리칠 것임(5:5-6)

이 단락은 다시 크게 4:9-5:1과 5:2-6으로 나누어진다. 전반부는 "이제"라는 뜻의 히브리어 단어 "아타"(עַתָּה)가 세 번 등장한다(4:9, 11; 5:1). 이 단어는 4:7에서 여호와의 통치가 이제부터 영원까지 있을 것이라는 말에서 처음 등장하였다. 이런 문맥에서 4:9에서 이제라는 뜻의 히브리어 단어

"아타"의 언급은 4:9이하의 내용을 종말의 통치의 차원에서 이해할 것을 독자들에게 유도한다. 4:9-10은 딸 시온이 바벨론으로 끌려가서 구원을 받는다는 내용이다. 하지만 "아타"라는 단어를 사용하여 바벨론으로 끌려가는 것은 이제 종말의 시작이라는 신호임을 알린다. 종말의 통치의 완성은 미래에 일어나지만 그것을 현재 미리 선취할 수 있다는 신학을 여기서 엿볼 수 있다.

4:9-5:6 단락의 전반부(4:9-5:1)는 하나님의 구원이 미래에 있을 것을 중간 중간 암시한다. 반면에 후반부(5:2-6)는 명시적으로 미래의 구원이 전적으로 메시야에 의해 이루어질 것을 분명하게 드러낸다. 현재의 상황과 미래의 구원을 병치시킴으로써 이 단락은 현재의 고난이 오히려 축복임을 독자들에게 설득시키는 수사적 기능을 한다.[31]

4:9-5:6에서 해산하는 여인의 이미지가 반복적으로 등장한다. 해산하는 여인에게는 아이를 낳기까지의 순간은 고통스럽지만 결국 아기를 낳게 될 것이라는 희망이 있다. 따라서 해산하는 여인의 이미지는 고난 가운데 반드시 하나님의 구원의 은총이 임하게 될 것을 보여주는 수사적 효과를 지닌다.[32] 더 나아가 해산하는 여인의 이미지는 해산을 통해서 여인이 자녀를 낳듯이 미래에 하나님의 자녀인 남은 자들이 고난을 통해 나오게 될 것을 가리킨다. 해산하는 여인의 모티프를 통해서 하나님의 백성들이 나온다는 신학적 주제는 이사야에서도 발견된다. 특별히 이사야 66장에서 시온은 어머니로서 자신의 자식들에게 젖을 주는 모습으로 나타나고 있다(사 66:11).[33]

---

31) Wolff, *Micah*, 148.
32) Andersen and Freedman, *Micah*, 446.

(1) 남은 자의 현재와 미래(4-9-5:1)

4:9-10은 앞서 말한 대로 해산하는 여인의 고통을 다룬다. 여기서 고통은 문맥상 바벨론에 포로로 잡혀가는 고통을 의미한다. 하나님은 그런 고통 가운데서 자신의 백성을 구원하여 남은 자로 만드실 것이다. 4:9-10의 구조는 이어서 나오는 4:11-13과 다시 구조적으로 평행을 이룬다.[34] 이런 점에서 4:9-13은 패널구조이다.

A. 이제(바벨론에 포로로 끌려가는 지금)(9a)
  B. 고난의 상황(9b)
    C. 딸 시온이여!(10a)
      D. 하나님의 구원/승리(10b)
A'. 이제(종말에 남은 자가 시온으로 돌아와 있는 지금)(11a)
  B'. 고난의 상황(11b-12)
    C'. 딸 시온이여!(13a)
      D'. 하나님의 구원/승리(13b)

4:9는 수사의문문으로 시작하여 소단락의 시작임을 알린다. 딸 시온이 외치는 모습을 묘사하면서 그들이 왕이나 모사가 없어서 부르짖는가 하고 반문한다. 여기서 모사는 왕에 대한 또 다른 표현이다.[35] 유다를 해산하는 여인에 비유하고 왕과 모사의 부재를 반문하는 정황으로 볼 때 이 내용은 미래에 유다가 바벨론 포로를 통해서 다윗왕권이 무너진 것을 탄식하는

---

33) Beuken, "The Main Theme of Trito-Isaiah," 83.
34) Waltke, *Micah*, 246.
35) 왕과 모사가 같은 표현인가에 대한 자세한 논의를 다음을 보라. Andersen and Freedman, *Micah*, 445-446.

상황임을 알 수 있다.[36)]

이 왕과 모사는 궁극적으로 이스라엘을 위해 위대한 계획을 세우고 있는 왕이신 여호와를 가리킨다(4:12 참조).[37)] 구약에서 하나님은 왕이시면서 모사로 자주 묘사된다(사 5:19; 19:17; 렘 28:29; 32:19 등). 따라서 반어법적으로 왕이신 여호와가 있음에도 불구하고 여호와를 의지하지 않는 시온의 백성에게 수치심을 느끼도록 그들의 무지함을 지적하고 있다.

9절 후반부에서 미가 선지자는 이유를 뜻하는 접속사 "키"(כִּי)를 사용한다. 그래서 그들이 왕이나 모사가 없는 것처럼 괴로워하느냐고 반문했던 이유를 제시한다. 그 이유는 그들이 해산하는 여인의 고통처럼 괴로워하고 있기 때문이라는 설명이다. 즉 해산하는 여인처럼 고통하고 있기 때문에 왕이나 모사가 없어서 그렇게 행동하고 있는지 묻고 있음을 보여준다.

어쨌든 이 구절에서 딸 시온이라는 여인의 이미지와 해산하는 여인의 이미지가 교차되고 있다. 하나님이 그들의 고통을 해산하는 여인에 비유한 것은 이사야서의 문맥에서 볼 때에 의미하는 바가 크다. 앞에서 지적한 대로 이사야도 시온을 해산하는 여인으로 비유했다(사 26:18; 37:3; 66:7-9). 사 26:18에 의하면 시온의 사명은 아이를 낳듯이 하나님의 자녀를 낳는 것이었다. 하지만 시온은 그러한 사명을 제대로 수행하지 못했다. 그래서 히스기야는 산헤립의 침공 앞에서 해산하지 못한 시온의 실패를 회개했다(사 37:3)[38)] 이사야서와 미가서를 서로 연결시켜 읽을 때 미가서 4장에서

---

36) Barker and Bailey, *Micah*, 90.

37) Waltke, "Micah", 694.

38) Katheryn Pfisterer Darr, "No Strength to Deliver: A Contextual Analysis of Hezekiah's Proverb in Isaiah 37.3b," in *New Visions of Isaiah*, ed. Roy F. Melugin and Marvin A. Sweeney (Atlanta: SBL, 2006), 242.

해산하는 여인의 고통은 시온이 원래의 사명을 감당하지 못했기 때문에 하나님이 강제적으로 주시는 산고의 고통임을 알 수 있다. 5장은 이런 강제적 해산의 고통으로 인해 자녀가 출산될 것이라고 예언한다. 이 자녀의 출산은 구체적으로 메시야를 통해서 성취될 것이다. 5:3은 메시야를 통해서 출현되는 자녀들을 "그의 형제의 남은 자"라고 말하고 있다.

4:10은 시온의 백성에게 해산하는 여인처럼 고통하며 나아가라(break forth)라고 권고한다. 여기서 희망의 싹을 볼 수 있다. 해산의 고통은 괴로운 것이지만 기본적으로 그것은 출산이라는 기쁨을 가져다주기 때문이다. 구체적으로 여기서 해산의 진통은 포로로 끌려가는 일이다. 미가 선지자는 포로로 끌려가는 것을 오히려 나아가라는 말로 권유하고 있다. 이 환난을 통과하면 나중에 아이를 낳는 기쁨을 얻을 수 있기 때문이다.

요컨대, 미가 선지자는 바벨론에 포로로 잡혀가는 상황이 해산하는 고통처럼 괴로운 일이 될 것이지만 해산을 통해 자녀의 기쁨을 맛볼 수 있듯이 그 고난으로 인해 미래에 신실한 자녀들이 많이 양산되어 시온이 다시 채워질 것을 내다보고 있다(사 66:8 참조). 10절은 딸 시온이 바벨론에 포로로 잡혀갈 때, "들에 머물게 될 것이다"라고 표현한다. 월키는 이것을 포로 생활이 일시적이 될 것이라는 암시로 이해했다.[39] 하지만 문맥의 흐름상 바벨론으로 끌려가기 전에 들에 있는 포로 수용소에 잠시 있을 것이라는 언급으로 이해하는 것이 더 신빙성이 있다.[40] 역사적으로 바벨론 포로에서 돌아온 사람들이 진정한 의미에서 남은 자가 된 것은 아니었다. 궁극적으로 남은 자의 출현은 메시야로 오신 예수 그리스도를 통해서 성취

39) Waltke, "Micah," 695.
40) Barker and Bailey, *Micah*, 91.

되었다. 하지만 바벨론 포로에서의 귀환은 메시야의 구원의 예표라는 점에서 미가 선지자는 포로의 귀환을 환난을 통해서 진정으로 회개하는 남은 자의 출현의 시발점으로 이해했다.

4:11-13이 새로운 소단락이라는 것은 이제라는 뜻의 "아타"가 다시 초두에 등장하기 때문이다. 여기서는 포로에서 귀환한 남은 자가 하나님의 종말의 통치 속에 있을 때, 열방이 침입하는 상황을 다룬다. 언뜻 열방의 침입은 바벨론에 의한 예루살렘 침공을 언급하는 것처럼 보인다.[41] 하지만 문맥을 보면 시온에서 사람들이 열방을 물리친다고 말하고 있기 때문에 이 장면은 포로에서 귀환한 남은 자들에게 벌어지는 종말의 상황이다. 여기서 열방의 정체는 분명하지 않다. 5:6의 문맥에서 볼 때 앗수르가 열방의 대표인 것처럼 보인다. 하지만 4:11-13은 포로에서 귀환한 상황이기에 앗수르는 상징적 의미라고 말할 수 있다. 필자는 여기서 열방은 시온에 돌아온 남은 자를 침략하는 모든 세력들을 일컫는다고 생각한다.

4:11-12는 하나님이 종말에 예루살렘을 침략하는 열방을 타작마당에서 곡식을 모아 타작하듯 모으신다고 말한다. 이어서 13절은 딸 시온에게 타자마당의 곡식을 밟는 소가 되어 열방에 대한 하나님의 심판에 동참할 것을 촉구한다. 13절에 철 같은 뿔과 놋 같은 굽을 가진 소로 그려지는 모습은 강한 나라로 묘사된 남은 자를 연상시킨다(4:7).

4:12에서 종말에 침략하는 열국은 여호와의 뜻을 알지 못한다고 말한다. 여기서 여호와의 뜻으로 번역한 히브리어 표현은 "여호와의 생각(경영)"(מַחְשְׁבוֹת יְהוָה/ "마흐쉐보트 야훼")이다. 열국이 시온을 무너뜨리기 위해 계략을 생각하고 있을 때 하나님은 그들을 벌하는 계략을 세우고 있

---

41) Wolff, *Micah*, 140-142.

다는 것을 보여준다. 일종의 언어유희이다. 미가서 2장에서 부자들이 악한 계획을 세웠을 때(חָשַׁב/ "하샤브")하나님도 그들에게 악이라는 재앙을 계획하셨다(2:1-3). 그러므로 하나님과 부자들과의 관계가 이제 하나님과 열방의 관계로 확대되어 적용되고 있다. 미래에 열방은 미가서 2장에서 부자가 가난한 자를 학대하듯이 하나님의 백성인 남은 자들을 억압하는 대적자가 될 것이다(5:7-10). 더욱이 미가서 2장에서 부자들은 평안히 지나가는(עָבַר/ "아바르") 약자들을 핍박했다. 하지만 종말의 통치의 시작에서 남은 자들은 오히려 열방 가운데서 사자와 같이 지나가게 될 것이라고 말한다(עָבַר/ "아바르")(5:8). 이렇게 해서 남은 자가 열방을 물리치는 존재로 변화하여 상황이 역전될 것을 말하고 있다.

4:13 초두는 시온의 딸에게 침략하는 열방에 맞서 일어나서 밟으라고 촉구한다.42) 여기서 일어나다라는 말은 2:8에서 부자들이 가난한 자들을 약탈하기 위해서 대적처럼 일어난다는 말을 연상시킨다. 2:8의 문맥에서 읽을 때 종말에 남은 자인 시온의 딸은 더 이상 자신들을 향해 일어난 대적자들로부터 약탈당하지 않고 오히려 일어나서 대적자들을 물리친다는 인생역전을 보여준다.

밟는다라는 말은 타작하기 위해 밟는다라는 의미이다. 이 밟는다 라는 이미지는 미 7:10에서 열방이 발로 밟힌다는 말에서 다시 반복된다. 밟는다는 것은 확실히 왕적인 이미지이다. 이것은 미래의 남은 자들이 왕적인 이미지를 가지고 다스릴 것을 암시하는 대목이다. 이 암시는 5:5-6에서 더욱 두드러진다. 5:5-6에서 우리로 명명되는 남은 자들 중에 왕들이 일어나 미래의 대적자로 그려지는 앗수르를 물리친다고 말하고 있기 때문이다.

---

42) 개역개정판 한글 성경은 "일어나서 칠지어다"라고 번역하고 있다.

앞에서 언급한 대로 4:1-5에서 종말의 통치 속에 있는 남은 자들은 에덴 동사 모티프를 통해 선악을 올바로 구별하는 하나님의 형상의 이미지를 갖고 있음을 보았다. 하나님의 형상은 왕적 기능을 뜻한다. 따라서 4:13은 미래에 남은 자들이 왕으로서 대적자들을 물리친다는 것은 4:1-5에서 제시된 왕적 이미지와 잘 부합된다. 이후 미가서 5장은 미래에 남은 자들의 왕적 역할의 회복은 메시야를 통해서 이루어지게 될 것을 더욱 분명하게 말한다.

4:13의 후반부는 하나님이 남은 자로 하여금 열방에서 탈취물을 도로 취할 것이라고 말한다. 여기서 취하다라고 번역된 히브리어 동사는 "하람"(חָרַם)의 히필형이다. 이 동사는 가나안 정복 전쟁 시 모든 것을 멸절하여 하나님께 드리는 헤렘전쟁을 가리킬 때 사용된다.[43] 따라서 하나님은 종말에 남은 자를 통해서 하나님의 대적세력을 헤렘전쟁으로 멸절하실 것을 보여준다.[44] 혹자는 이 탈취물을 바벨론이 예루살렘 침략 시에(주전 587년) 가져간 성전 기물들을 가리킨다고 주장한다.[45] 하지만 여기서 탈취물은 특정 역사적 사건을 염두에 두고 한 말은 아니다. 고대 근동아시아에서 대적자들이 성전이 있는 도시를 침입할 때 보물들을 가져가는 것은 흔한 일이다.[46] 이 점을 염두에 두고, 미가 선지자는 종말에 시온에 남은 자가 오히려 그 빼앗긴 보물들을 다시 취하여 하나님께 돌리게 될 것을 말함으로써 종말에 시온의 위상이 과거의 시온과 달라질 것을 강조하고

43) 헤렘의 근본적 뜻은 원래 하나님의 것을 하나님께 돌린다는 의미이다. Richard S. Hess, *Joshua*, Tyndale Old Testament Commentaries 6 (Downers Grove, Ill.: IVP, 1996), 46.

44) Andersen and Freedman, *Micah*, 454. 여기서 앤더슨과 프리드만은 4:13이 헤렘의 전승을 강하게 염두에 두고 있다고 지적한다.

45) Allen, *Micah*, 338.

46) Andersen and Freedman, *Micah*, 454.

있는 것이다.

종말에 시온에 남은 자들이 침략하는 열방들을 물리친다는 말은 앞에 4:1-3에서 시온으로 열방이 찾아와서 하나님의 백성이 된다는 말과 모순처럼 들린다. 종말에 열방은 시온에서 전쟁을 그치고 평안하게 살고 있는데 왜 전쟁이 일어나는가? 결론적으로 말하면 미래에 열방과의 전쟁에서 승리는 시온의 평안함을 강조하기 위한 표현이다. 즉 과거에 시온은 열방의 침략에 무너졌지만 미래의 시온은 더 이상 외부의 침략이 와도 무너지지 않고 하나님의 보호하심이 있을 것을 강조하는 수사적 표현인 것이다. 미래에 하나님은 친히 시온에서 왕이 되셔서 자신의 백성들인 남은 자를 돌보실 것이라는 확신을 준다. 그렇다고 이 예언의 말씀이 단순히 메타포나 수사적 장치로 끝나는 것은 아니다. 이 점에서 가이어드(Gaird)는 수사적 이미지는 그 뒤에 실체를 함께 동반한다고 주장한다.[47] 따라서 미래의 종말에 남은 자들은 그 대적자의 실체가 명확하지는 않지만 분명히 어느 시기에 전쟁과 같은 환난을 맞이할 것을 본문은 내다보고 있다. 하지만 그 환난은 충분히 극복될 수 있다. 이와 같은 시각은 에스겔 38-39장에서 종말에 일어날 곡과의 싸움에서도 적용된다.

미가서에서 열방의 침략으로 대변되는 종말의 환난은 예수님의 재림 직전에 있을 것이다. 예수님도 신약에서 자신의 재림 전에 환난이 있을 것을 말씀하셨다(마태복음 24장). 남은 자는 메시야이신 예수 그리스도를 통해서 그 환난을 능히 이길 것이다. 미가 선지자는 현재의 고통스런 상황을 바벨론의 침공, 그리고 더 나아가서 종말에 예루살렘을 치러오는 열국과의 전쟁(욜 3:2; 슥 14:2)과 연속선상에 놓고 미래에 남은 자를 향한 하나님

47) G. B. Caird, *The Language and the Imagery of the Bible* (Grand Rapids, Mich.: Eerdmans, 1980), 131-171.

의 구원과 그들의 위상을 예언하고 있다. 그리고 미래에 남은 자들은 산헤립의 침공으로 인한 북 이스라엘이 멸망과 바벨론에 의한 남 유다의 멸망처럼 더 이상 외부의 침략으로 멸망하지 않을 것이라는 사실을 독자들에게 각인시키고 있는 것이다.

5:1은 다시 이제라는 뜻의 히브리어 "아타"로 시작해서 새로운 상황을 알린다. 앞에서 4:9와 4:11에서 이제라는 단어는 각각 새로운 상황들을 소개하는 도입어였다. 마찬가지로 5:1에서 이제도 다른 역사적 상황을 상정하고 있다. 구체적으로 5:1에서 이제는 미가 선지가 시대에 산헤립의 침공을 가리킨다.[48] 여기서 딸 시온이라는 명칭은 딸 군대로 바뀌고 있다. "딸 군대여 (싸우기 위하여) 정렬하라"라고 말한다. 여기서 정렬하다라는 동사는 "가다드"(גָּדַד)이고 군대는 "게두드"(גְּדוּד)로서 언어적 유희를 보이고 있다. 막대기로 이스라엘의 재판자를 친다고 할 때 막대기라는 뜻의 히브리어 단어 "쉐베뜨"(שֵׁבֶט)는 재판자라는 "쇼페뜨"(שֹׁפֵט)와 유사한 발음이다. 이 구절에서 언어적 유희를 집중적으로 보임으로써 이 구절이 단락의 끝임을 알린다. 일반적으로 단락의 끝에서 수사적인 장치들이 집중적으로 나타나기 때문이다. 미가서 1장의 마지막도 단락을 끝내면서 이와 같은 언어적 유희가 집중적으로 나타났다(1:10-16).

5:1에서는 딸 군대라는 표현과 함께 "우리"라는 말이 언급된다. 그래서 지금 열방의 공격(아마도 산헤립의 침공)을 받는 성 안에 미가 선지가가 있음을 보여준다.[49] 4:9-13에서 청자는 주로 딸 시온으로서 미래에 일어날 종말론적 상황을 다룬다. 이런 맥락에서 5:1에서 딸 시온 대신에 딸 군대

---

48) 한편 바벨론의 침공이라고 보는 학자들도 있다. Barker and Bailey, *Micah,* 95.
49) Wolff, *Micah,* 143.

라는 호칭의 변화는 시간이 바뀌어 미가 선지자가 처한 현실적 상황을 보여주기 위한 의도적 장치이다. 5:1에서 미가 선지자는 시선을 돌려 자신이 직접 처해 있는 상황, 즉 그가 당하고 있는 산헤립의 침공을 대면하고 있다. 이렇게 해서 5:1은 4:9-5:1의 단락을 마무리하면서 미가 선지자가 현실로 돌아와서 환난 앞에서 남은 자가 취할 태도가 무엇인지를 몸소 말해주고 있다. 앞에서 지적한 대로 미가 선지자가 자신의 상황으로 돌아와 말하는 것은 미가서에서 단락(또는 소단락)의 끝을 알리는 신호이다(3:8; 4:5 참조).

5:1에서 미가 선지자는 대적자가 이스라엘의 재판자를 친다고 말한다. "쇼페뜨"라는 재판자는 미가 선지자 당시의 왕을 가리킨다. 그래서 현재 재판자로서 유다의 왕이 곤욕을 치르고 있다는 것을 암시한다. 재판자는 선과 악을 구분하는 자이다. 이런 점에서 왕의 곤욕은 선악을 구분하지 못한 데서 연유된다고 말할 수 있다. 이런 재판자에 대한 언급은 거꾸로 미래에는 참된 재판자가 있게 될 것이라는 힌트를 던져준다. 실제로 4:3은 여호와를 미래에 공의로 재판하는 자로 묘사했다. 미래에 참된 재판자의 정체는 5:2이후에 메시야의 모습에서 더욱 구체화된다.

결론적으로 5:1에서 미가 선지자는 산헤립의 침공이라는 자신의 현재 고난을 종말에 임할 열방의 위협의 차원에서 바라보고 우리라는 남은 자들에게 하나님의 통치의 실현을 기대하며 고난 속에서 낙심하지 말고 군대처럼 담대하게 행동할 것을 촉구하고 있는 것이다. 비록 하나님의 통치는 종말에 완성될 것이지만 현재도 하나님의 통치를 미리 선취하며 살 수 있다는 신학을 다시금 엿볼 수 있다.

(2) 메시야를 통한 남의 자의 위상 변화(5:2-6)

5:2(히브리어 성경은 5:1에서 시작함)는 주어 동사의 도치로 새로운 단락이 시작됨을 알린다. 이 구절에서 언급되는 메시야는 아득한 옛날에 있었던 자로 묘사된다. 이 메시야는 과거의 실제 인물인 다윗을 가리킨다고 말할 수 있고, 아니면 과거의 다윗왕조와 연관된 왕임을 암시한다고 볼 수도 있다. 이에 대해 월키는 메시야의 출현은 과거에 하나님이 다윗을 선택했을 때부터 이미 작정하신 오래된 계획임을 말하고 있다고 주장한다.[50] 베들레헴 에브라다라는 말은 에브라다에 있는 베들레헴이라고 말할 수도 있고, 베들레헴과 에브라다를 동격으로 볼 수도 있다(창 35:18; 48:7; 룻 1:2).[51]

5:2에서 "유다 족속들"이라는 말에 대해 앤더슨은 뒤에 "이스라엘"과 평행을 이루기 때문에 유다와 이스라엘 전부를 가리키는 표현으로 이해했다.[52] 하지만 이것은 너무 지나친 해석이다. 족속들은 히브리어로 "엘레프"(אֶלֶף)로 되어 있다. 엘레프라는 뜻은 숫자 "천"을 뜻한다. 이는 군사적 단위로서 그런 군사적 단위가 머무는 성읍과 동일시되기도 한다.[53] 그러므로 원문에 충실히 번역한다면 "유다 성읍들"로 표현하는 것이 옳다. 5:2의 초반부는 다음과 같이 해석할 수 있다. "베들레헴의 경우, 그것이 유다의 고을 중에 있다는 것 자체가 작다." "유다 고을에 있다"라는 말은 히브리어 표현으로 다음과 같다.

"리헤요트 베알페 예후다"(לִהְיוֹת בְּאַלְפֵי יְהוּדָה)

여기서 "리헤요트"(לִהְיוֹת)는 "이다(be)"라는 뜻의 "하야"(הָיָה) 동사

50) Waltke, "Micah," 705.
51) Mays, *Micah*, 115.
52) Andersen and Freedman, *Micah*, 466.
53) 암 5:3 참조하라.

의 부정사 연계형으로서 전치사 라메드(לְ)와 결합하여 주어 역할을 하는 명사구를 이루고 있다. 그래서 그 뜻은 "있다는 것"이다. 많은 학자들은 이 부정사 연계형인 "리헤요트"가 5:2 중반부에 다시 등장하기 때문에 필사자가 잘못 중복한 것으로 추측하고 생략할 것을 제안한다. 그래서 베들레헴이 유다 고을에서 작다라고 해석한다. 하지만 이렇게 되면 유다 고을에 작은 베들레헴에서 왜 이스라엘의 치리자가 나오는지 설명할 길이 없다. 개역개정판 한글 성경은 영어성경(NIV)처럼 베들레헴이 "작을지라도"라는 양보의 의미로 해석했다. 하지만 히브리어 본문에서는 양보의 의미를 나타내는 어떤 접속사도 나오지 않는다. 여기서 작다의 주어가 무엇인가가 관건이다. 구문론적으로 볼 때 작다의 주어는 베들레헴이 아니라 앞에서 제시한 것처럼 작다라는 서술어 뒤에 나오는 부정사 연계형인 "리헤요트"(있다는 것)이다. 부정사 연계형은 명사구 역할을 할 수 있어 영어의 부정사와 같이 주어의 기능이 가능하다.

그래서 구문론적으로 볼 때 "유다 고을 중에 있다는 것이 작다"라고 번역할 수 있다. 다시 말해 베들레헴이 유다 고을 중에 하나로 머무는 것은 미래의 베들레헴의 위상으로 볼 때에 그것에 걸맞지 않다라고 해석할 수 있는 것이다. 이런 해석은 베들레헴이 거기서 치리자가 나온다라는 말과 자연스럽게 연결된다. 재미있게도 이 구절을 인용한 신약의 마 2:6에서는 베들레헴이 작지 않다고 말하고 있다. 여기서 부정으로 말한 것은 미가서 5장의 내용을 문맥적으로 이해했기 때문이다. 그래서 실제로 베들레헴이 결코 작은 것이 아님을 강조하는 어법이다.[54] 예루살렘보다 베들레헴에 초점을 맞춘 것은 매우 의도적이다. 이는 하나님의 왕권을 실현하기 위

54) Waltke, "Micah," 703.

해 다윗이 베들레헴에서 처음 나왔기 때문이다. 이렇게 해서 종말의 시온의 통치는 새로운 다윗의 출현을 통해 다시 이루어질 것을 암시한다.[55)]

베들레헴에서부터 여호와를 위해 다스릴 자가 나온다(יֵצֵא / "야짜")라고 말한다. 여기서 나온다라는 동사는 미완료형으로 되어 있다. 미래의 의미로 사용된 미완료는 완료와 달리 어떤 사건에 기인해서 일어나는 미래적 사건을 가리킨다.[56)] 미가서 4-5장의 문맥은 종말에 시온에서 하나님의 통치를 말하고 있기 때문에 이 미완료형은 그런 통치에 근거해서 메시야가 나오게 될 것을 보여준다. 일반적으로 "야짜 민"(יָצָא מִן), 즉 "~부터 나온다"라는 표현은 메시야의 예언에서 주로 사용되는 어구이다(삼하 7:12; 사 11:1; 렘 30:21).[57)]

미가 선지자는 메시야가 구체적으로 누구인지를 말하지는 않는다. 하지만 문맥상 다윗을 연상시키고 있기 때문에 다윗과 비슷한 메시야가 나올 것을 독자와 청중들에게 암시하고 있다. 어쨌든 메시야가 단순히 다윗의 이미지를 갖고 있을 뿐, 구체적인 묘사는 언급되지 않는다는 것은 시사하는 바가 크다. 이것은 저자의 의도의 한 부분이기도 하다.

5:2 하반부에서 "그리고 그의 근본은 옛날 오랜 시기로부터 나온다"라고 지적한다. 여기서 그리고는 순접을 뜻하는 등위접속사 와우(conjunctive ו)이다.[58)] 그래서 다윗을 연상시키는 메시야는 그 근원이 매우 오래되었음을 말한다. 오래되었다라는 히브리어 표현은 다윗 시대로 거슬러 올라간

---

55) Waltke, "Micah," 703-704.

56) 반면 미래의 의미로 사용되는 완료형은 미래의 독립적인 행동(independent action)을 가리킨다.

57) Wolff, *Micah*, 144.

58) Watlke, *Micah*, 274.

다는 것을 의미하다고 말할 수 있다(느 12:46; 암 9:11).[59] 아니면 고완의 지적대로 이 메시야의 근원이 우리가 알 수 없는 신비한 요소가 있음을 보여주는 표현이라고 볼 수도 있다.[60] 어쨌든 메시야는 다윗의 이상적인 통치상을 구현하면서 동시에 하나님의 계획 가운데 오래 전에 작정된 인물이다. 다시 말해서 메시야는 미가 시대에 예루살렘이 어려움이 처해 있을 때 하나님이 갑작스럽게 작정한 계획이 아니라 다윗이 베들레헴에서 나올 때부터 이미 계획된 인물인 것이다. 앤더슨과 프리드만은 옛날부터 나온다라는 말은 메시야의 기원이 태초에 이루어졌음을 뜻한다고 주장한다. 그래서 4-5장은 태초와 종말, 그리고 지금이라는 세 가지 시간의 관점에서 그 내용이 전개된다고 본다.[61]

미래에 메시야는 이스라엘의 치리자가 될 것이다. 여기서 치리자, 통치자로 번역된 히브리어 단어는 "마샬"(מֹשֵׁל)의 능동분사 형태이다. 통치하다라는 뜻의 "마샬"은 여호와의 통치를 가리킬 때 주로 사용되는 단어이다(삿 8:23; 시 89:9).[62] 이런 점에서 미래에 일어날 메시야는 신적 인물임을 암시한다(사 11장 참조).

5:3은 메시야가 해산하는 여인이 아이를 낳을 때까지 남은 자를 대적의 손에 붙여 둘 것이라고 말한다. 해산하는 여인과 메시야와의 관계는 무엇인가? 월키는 해산하는 여인이 메시야를 낳을 것을 기대하기 때문이라고 설명한다.[63] 마치 사 7:14에서 임마누엘 예언을 연상하는 표현으로 볼 수

---

59) Wolff, *Micah*, 145.

60) Donald E. Gowan, *Eschatology in the Old Testament* (Grand Rapids, Mich.: Baker, 2000), 37.

61) Andersen and Freedman, *Micah*, 468.

62) Waltke, "Micah," 705.

있다는 설명이다. 그렇게 되면 이렇게 직역할 수 있다. “하나님이 남은 자를 잠시 적에게 내어 줄 것이다. 해산하는 여인이 아이인 메시야를 낳기까지.” 그래서 메시야가 나올 때까지 하나님의 백성은 고통을 당할 것이라고 해석할 수 있다.[64]

하지만 앞의 4장에서 제시했듯이 해산하는 여인의 등장은 현재의 고통 끝에는 희망이 있음을 보여주는 메타포 기능이라고 보는 것이 더 정확하다.[65] 5:3에서 해산하는 여인은 4:10의 문맥에서 볼 때 시온을 가리킨다.[66] 이런 관점에서 메이즈(Mays)는 해산하는 여인의 산고는 시온으로 대변되는 유다가 포로라는 고통을 겪는 모습을 뜻한다고 주장한다.[67] 고통의 시기가 끝나면 메시야가 올 것이라는 얘기이다. “해산하는 여인이 아이를 낳기까지 그가 그들을 내어 줄 것이다”라고 할 때, “그는” 문맥상 하나님보다 메시야를 가리킨다고 보는 것이더 신빙성이 있다. 그래서 메시야는 고통의 시기가 끝날 때까지 잠시 그들을(남은 자들) 적에게 내어 줄 것이다“라고 해석할 수 있다. 그렇다면 왜 메시야는 자신의 백성들의 고난을 방관하는가? 이런 질문을 예상하고 미가 선지자는 그 다음 표현에서 설명적 와우 접속사를 사용하여 해산하여 아이를 낳는다는 의미가 무엇인지를 재차 설명해 주고 있다.

---

63) Waltke, “Micah,” 795.

64) Barker and Bailey, *Micah*, 99. 여기서 바커와 베일리도 이 의견에 동조하고 해산하는 여인의 정체에 대해 이 여인은 마리아나 아니면 베들레헴, 아니면 이스라엘 전체일 수 있다고 설명한다.

65) Wolff, *Micah*, 145.

66) Andersen and Freedman, *Micah*, 469.

67) Mays, *Micah*, 116.

"베예테르 에하브 예슈분 알 베네 이스라엘"
(וְיֶתֶר אֶחָיו יְשׁוּבוּן עַל־בְּנֵי יִשְׂרָאֵל)
(다시 말해서 그의 형제의 남은 자들이 이스라엘 아들들에게로 돌아올 때까지이다)

이처럼 설명적 와우를 사용하여 해산하는 여인이 아이를 출산하듯이 그의 형제의 남은 자가 출현하여 이스라엘로 돌아올 때까지 남은 자들이 미래의 적들에게 잠시 넘겨질 것이라고 부연설명하고 있다. 이것을 순서대로 말하면 메시야는 해산하는 여인의 고통처럼 고통을 당하도록 허락할 것이다. 하지만 해산의 고통이 끝나면 자녀가 나오듯이 대적자로부터 이스라엘로 돌아오는 남은 자들이 출현할 것이라는 뜻이다.

여기서 주목을 끄는 부분은 "그의 형제의 남은 자"(יֶתֶר אֶחָיו/ "예테르 에하브")라는 표현이다. 이 때 인칭대명사 "그는"과 "그의 형제들"이 누구를 가리키는가? 혹자는 3인칭 단수 대명사인 그를 왕족과 관련지어 해석해서 "그의 형제들"은 포로로 잡혀간 왕족의 후예들이라고 주장하기도 한다.[68] 하지만 문맥상 "그는" 5:2에서 언급한 메시야이다. 그리고 포로에서 돌아오는 사람들을 메시야의 형제로 보는 것이 더 타당하다.[69] 다윗은 유다의 장로들을 "나의 형제들"이라고 불렀다. 이런 점에서 메시야의 형제는 다윗의 왕족을 뛰어넘는 표현으로 충분히 이해될 수 있다.[70] 결국 이 표현은 미래의 메시야와 메시야의 통치를 받는 자들이 서로 형제와 같이 하나가 될 것을 암시하는 말이다. 미래의 메시야는 이전의 다윗 왕과 달리

68) Wolff, *Micah*, 145.
69) Barker and Bailey, *Micah*, 99.
70) Andersen and Freedman, *Micah*, 469.

자신의 백성과 더 친밀한 관계를 맺게 될 것이라는 대목이다.[71] 또한 미래에 남은 자는 메시야와 같은 왕적 기능을 가진다는 힌트로도 볼 수 있다. 실제로 4:12-13은 미래에 시온의 남은 자들을 왕적 이미지를 사용하여 열국을 밟을 자라고 말하고 있다.

요컨대, 5:3은 포로에서 온전히 돌아오는 사건은 궁극적으로 메시야의 사역을 통해서 이루어질 것을 말한다. 그리고 메시야는 자신의 남은 자들을 형제로 부르고 그들을 자신과 같이 왕적인 존재로 삼을 것을 내다본다. 이스라엘의 역사를 회고할 때 바벨론 포로에서 귀환을 허락한 사람은 고레스였다. 재미있게도 이사야는 이 고레스를 기름부음 받은 메시야로 동일시했다(사 45:1). 이렇게 해서 이사야도 미가와 같이 포로에서 귀환이 메시야를 통해 이루어질 것을 내다보고 일차적으로 그런 귀환을 명령한 고레스를 미래의 메시야의 예표로 이해했다고 말할 수 있다. 궁극적으로 포로 귀환을 통한 하나님 나라의 시작은 예수 그리스도를 통해 이루어졌다. 그러기에 신약은 예수 그리스도를 참 메시야로 이해했다.

메시야의 형제의 남은 자들은 이스라엘의 아들들과 서로 분리된다. 이런 분리를 통해 미래의 남은 자가 이스라엘이라는 민족적 한계를 뛰어넘을 것을 바라본다. 실제로 5:7에서는 야곱의 남은 자가 많은 백성들 중에 있을 것이라고 말한다.

5:4는 5:3의 전반부의 이야기를 다시 반복한다. 메시야가 잠시 미래의 남은 자들을 대적의 손에 넘길 것이지만 나중에 자신의 양떼를 돌볼 것이라는 얘기이다. 그래서 메시야의 구체적인 통치의 모습을 그리고 있다.

---

71) 그래서 신약은 메시야인 예수 그리스도와 성도가 하나가 되어 그리스도와 함께 왕노릇하게 될 것을 말하고 있는 것은 미가서의 메시야 예언과 잘 부합한다고 볼 수 있다(딤후 2:11-12 참조).

4:6-8에서 남은 자는 하나님 앞에서 양으로 비유되고 있는데, 5:4는 같은 메타포를 사용하여 메시야가 목자와 같이 되어 남은 자를 마치 양처럼 돌볼 것이라고 말한다. 돌보다라는 동사 "라아"(רָעָה)는 목자가 양을 돌볼 때 전형적으로 사용되는 동사이다. 이렇게 해서 2:12-13에서 남은 자의 양 떼의 선두에 서 있는 왕이 구체적으로 메시야임을 밝히고 있다. 그러므로 메시야는 단순히 인간이 아니라 신적인 존재로서 하나님을 대신한 왕임을 보여준다.

5:4의 후반부는 메시야가 위대해 질 것이라는 사실을 동사 "가달"(גָּדַל)의 미완료형(יִגְדַּל / "이그달")을 사용하여 표현하고 있다. 미래에 메시야가 위대해지기 시작할 것이라는 의미이다.[72] 이 표현은 삼하 7:8-9에서 하나님이 다윗으로 하여금 대적자들을 물리치게 함으로써 그의 이름을 더욱 크게 하실 것이라는 말씀을 연상시킨다. 이렇게 하여 미래의 메시야는 다윗언약을 성취하는 자임을 제시한다.

결론적으로 5:2-4는 현재의 고통은 메시야가 자신의 형제인 남은 자를 만들기 위한 산고의 고통임을 말한다. 이 고통이 끝나면 메시야가 나와서 남은 자를 구원하실 것이다. 또한 포로라는 고통의 기간을 거친 이스라엘이 돌아와 이전의 다윗언약이 새롭게 성취될 것을 강조하고 있다. 종말의 다윗언약의 성취는 이전의 다윗언약을 완성한다는 측면에서 이전 언약을 더욱 발전시킨 것이다. 이전의 다윗언약은 다윗왕가가 왕이 된다는 언약이었던 반면에 종말의 다윗언약의 완성은 메시야를 따르는 모든 사람들이 왕적 기능을 한다. 이런 점에서 종말의 다윗언약의 완성은 이전의 다윗언

72) Waltke, *Micah*, 285. 월키는 여기서 미완료의 용법을 동작의 시작에 초점을 맞춘 미완료(ingressive)로 보았다.

약과 연속성을 가지면서도 불연속성을 가진다. 이사야도 미래의 다윗언약은 모든 사람들이 왕이 된다는 사상을 보여준다(사 55:3).[73]

역사적으로 미가 선지자와 당시 사람들은 종말에 이루어질 메시야의 구원을 경험할 수 없는 운명이었다. 종말의 구원은 미래의 일이기 때문이다. 그렇다면 그들은 계속 절망해야 하는가? 미가 선지자는 그렇게 생각하지 않았다. 미가 선지자는 4장에서도 보듯이 미래의 예언을 하면서도 중간 중간 현실로 돌아와서 자신의 동시대 사람들에게 결단을 촉구했다. 종말에 하나님의 놀라운 계획이 실현될 것을 기대하면서 현재 우리도 그 종말의 완성에 동참하는 차원에서 용기를 가지고 싸울 것을 권면하고 있는 것이다. 미가 당시의 사람들도 자신들을 미래의 남은 자와 동일시하고 굳건한 믿음을 지켰다면 예수 그리스도를 통해 메시야의 구원을 선취한 오늘날의 신약 성도들이 더욱더 굳건한 믿음을 가지고 종말의 구원의 완성을 위해 행동해야 하는 것은 당연한 일일 것이다.

4:9-10에서 하나님은 미래에 바벨론에서 유다를 구원하실 것을 말씀했고, 5:2-4는 미래의 구원이 궁극적으로 메시야를 통해서 이루어질 것을 말한다. 이런 전체적 그림들을 볼 때, 미래의 구원은 단순한 바벨론에서의 귀환이 아니라 그 이상의 의미를 가지고 있음을 알 수 있다.[74] 메시야는 신약의 예수 그리스도이기 때문에 구원의 시점을 바벨론의 귀환으로 잡을 수는 없는 노릇이다. 결국 바벨론에서의 귀환은 미래의 구원의 연속선에서 예표적 의미를 가진다고 말할 수 있다. 그러므로 메시야의 구원이 포로에서 돌아오는 형태로 이루어질 것이라는 예언은 궁극적으로 바벨론에서

73) H. G. M. Williamson, *Variations on a Theme: King, Messiah and Servant in the Book of Isaiah* (Carlisle, UK: Paternoster, 1998), 166.

74) Waltke, "Micah", 706.

의 귀환을 성취하면서 더 깊은 영적 의미로 죄의 포로에서 자신의 백성인 남은 자를 구원할 것이라는 의미로 해석할 수 있다.[75]

5:5-6은 종말에 메시야의 통치 하에서 구원받은 남은 자들이 구체적으로 대적자들을 물리치는 장면을 이야기하다.[76] 재미있게도 대적자들은 미가 시대에 미가가 직면했던 앗수르로 대변되고 있다. 종말의 대적자로 앗수르에 대한 언급은 미래의 메시야 통시 시대와는 맞지 않는다. 여기서 앗수르는 문자적 앗수르라기보다는 남은 자를 침략하는 열방의 세력을 상징하는 메타포이다.[77] 앗수르라는 대적자를 물리치는 것처럼 미래에는 메시야를 통해 하나님의 백성이 더 이상 외부의 침입으로 무너지지 않을 것을 보여주는 상징적 기능을 하고 있는 것이다. 대적자들이 침략할지라도 그들은 오히려 멸절 될 것이다. 그래서 미래에 세워질 이스라엘은 이전의 이스라엘과 차별화되어 강력한 나라가 될 것을 예시한다. 이 소단락(5:5-6)은 앗수르가 집중적으로 언급되고 있지만 초두와 말미에 메시야를 언급함으로써 인클루지오를 이루고 있다. 이 소단락의 구조는 다음과 같이 패널구조를 이루고 있다.

---

75) 예수님 당시 유다의 상황은 여전히 바벨론과 같은 이방나라에서 포로와 같은 상황이었다. 바벨론 포로에서 귀환했지만 여전히 페르시아, 헬라, 그리고 로마의 지배를 받고 있었던 터라 포로와 같은 처지에 놓여있었던 것이다.

76) 고완은 자신의 책에서 구약의 메시야는 구원자가 아니라 하나님의 구원의 산물이라고 주장한다. 그래서 미래의 메시야는 하나님의 구원의 결과물로 나타나는 인물이라고 주장한다. 하지만 미가 5장에서 메시야 예언은 메시야가 자신의 백성을 위해서 싸워 구원을 가져다주는 자로 제시되고 있다. Gowan, *Eschatology in the Old Testament,* 37참조.

77) W. C. Kaiser, Jr., *Toward an Old Testament Theology* (Grand Rapids, Mich.: Zondervan, 1978), 204.

a. 메시야의 언급(4a)

b. 앗수르

c. 오다(יָבוֹא / "야보")

d. 내려오다(יִדְרֹךְ / "이드로크")

a'. 메시야의 언급(5b)

b'. 앗수르

c'. 오다(יָבוֹא / "야보")

d'. 내려오다(יִדְרֹךְ / "이드로크")

여기서 미가 선지자는 앗수르를 다시 언급하면서 종말에 앗수르와 같은 대적자가 나타날 때 그 대적자가 성공을 거두지 못할 것을 4:11-13처럼 일관되게 보여주고 있다. 이렇게 하여 미래의 메시야의 통치가 완전할 것이고 굳게 설 것이라는 사실을 강조한다. 그렇다고 앗수르로 대변되는 열방의 침략이 단순히 상징성만을 띠는 것은 아니다. 앞에서 지적했듯이 종말의 대적의 침략은 어느 정도 실제성을 동반한다. 그러므로 미래에 메시야 시대에 남은 자들을 괴롭히는 세력이 있을 것이다. 이 대적자들 안에는 영적인 세력도 포함된다. 이 대적자들을 통한 고통은 미래에 예수 그리스도의 재림을 통해 하나님의 나라가 완성되기 직전에 신자가 당하는 실제적인 환난을 가리킨다고 볼 수도 있다. 하지만 메시야의 개입을 통해 대적자들은 결코 승리할 수 없을 것이다.

5:5에서는 그 날에 "일곱 목자와 여덟 군왕"을 일으킨다고 말한다. 메시야라는 목자 외에 또 다른 목자들이 언급되는 이유는 무엇인가? 여기서 언급되는 목자들은 5:2에서 메시야를 지칭하기 위해 사용된 "모쉘"(מוֹשֵׁל, 통치자)과는 차이가 있다. 혹자는 일곱 목자들은 5:2에서 묘사되

는 메시야와 오히려 대조를 이룬다고 주장한다. 메시야는 여호와의 힘을 의지하여 통치하는 데에 비해(5:4), 일곱 목자들은 전형적인 유다의 지도자들을 대변하는 것으로 폭력을 사용하여 통치하는 자로 표현되기 때문이라는 지적이다.[78] 하지만 메시야도 양떼를 돌보는 목자로 비유되기 때문에(5:4a) 일곱 목자와 여덟 군왕은 메시야의 통치와 연관되어 있는 것을 부인할 필요는 없다. 또한 여기서 폭력은 전쟁을 수행하기 위한 합법적인 수단이지 불의의 폭력을 말하는 것은 아니다.

일곱 목자와 여덟 군왕의 정체는 이스라엘 사람들 중에서 세워진 대리 통치자들이라고 말할 수 있다.[79] 월키는 일곱 목자와 여덟 군왕에서 숫자적 의미는 메시야를 따르는 백성들에게서 지도자가 나오게 될 것이라는 상징성을 보여주기 위함이라고 주장했다.[80] 하지만 일곱과 여덟이라는 숫자는 은유적 표현으로서 점층적인 숫자를 통해서 많은 무리를 나타내는 히브리식 표기법이다.[81] 앞에서 보여준 대로 메시야는 자신의 백성을 왕적인 존재로 만들기 때문에 여기서 일곱 목자와 여덟 군왕은 메시야를 따라서 왕적 지위에 오른 모든 남은 자들이라고 말할 수 있다. 이 구절과 평행을 이루는 4:11-13에서 남은 자가 왕적 역할을 가지고 대적자를 밟은 모습으로 그려지기 때문에, 5:5에서 일곱 목자와 여덟 군왕은 종말에 남은 자의 왕적 역할을 강조하기 위한 어법으로 볼 수 있다는 주장은 더욱 무게를 얻는다. 4:13에서 이스라엘이 여러 백성을 치고 깨뜨린다는 것은 정복자로서 왕적 이미지이다. 이런 점에서 5:5에서 여러 지도자들에 대한 언

78) Randall J. Pannell, "The Politics of the Messiah: A New Reading of Micah 4:14-5:5," *Perspectives in Religious Studies* 15 (1988): 131-143.

79) Mays, *Micah*, 120.

80) Waltke, "Micah," 708-709.

81) Barker and Bailey, *Micah*, 103.

급은 이스라엘 안에서 소수의 지도자를 가리킬 수도 있지만 종말에 이스라엘 전체가 메시야의 통치 하에서 강력한 왕적 모습을 소유하게 될 것을 보여주는 표현이라고 말할 수 있다.

여기서 목자와 군왕을 서로 다르게 해석할 필요는 없다. 일곱 목자와 여덟 군왕(기름부음을 받는 군주)이라는 표현은 목자들과 군왕들을 서로 분리시키기 위한 표현이기보다는 일종의 평행법이다. 그래서 같은 의미를 더욱 강조하는 문학적 장치이다. 평행법은 전자보다 후자가 더 발전되는 특성이 있기 때문에 전반부에서 일곱이라는 숫자가 후반부에서 여덟로 발전된 것이다.[82)]

5:6b에서 시작되는 와우는 와우계속법의 와우로서 부연설명을 하는 용법이다. 그래서 결론을 내리면서 앞의 내용과 같이 미래에 목자들이 나타나 대적자인 앗수르를 물리치는 사건은 메시야의 구원에 근거한 것임을 다시 부연설명하고 있다. 즉 메시야가 앗수르로 대변되는 대적자들의 손에서 남은 자들을 구원해 냈기 때문에 앗수르를 물리칠 수 있다는 얘기이다. 이렇게 하여 4:11-13에서 종말에 시온이 열방을 물리치는 사건이 구체적으로 메시야를 통해 이루어질 것을 말함으로써 주제적인 발전(thematic development)을 보이고 있다.

미래에 열방으로 대변되는 대적자들을 남은 자들이 물리치는 것은 남은 자들이 왕적인 역할을 수행할 수 있기 때문이다. 하지만 남은 자들의 왕적 능력은 자신들의 것이 아니라 메시야를 통해서 나온 것이다. 그러기에 궁극적으로 열방을 물리치는 것은 메시야의 도움 때문이다. 이런 점에서 미래의 남은 자는 철저하게 메시야를 의지해야 할 것을 교훈한다.

---

82) Robert Alter, *The Art of Biblical Poetry*, (USA: Basic Books, 1985), 11 참조.

(3) 본문의 의도

4:9-5:6은 해산하는 여인과 메시야, 그리고 남은 자 사상을 통해서 현재의 고통은 미래의 하나님의 놀라운 구원으로 연결될 것을 강조하고 있다. 특별히 미래의 종말론에서 미가 선지자는 시온에서 하나님의 통치보다 남은 자들의 변형에 초점을 맞추고 있다. 이렇게 하여 당시 청중들과 오늘날 독자들에게 하나님은 자신의 백성의 변화에 지대한 관심을 가지고 있다는 사실을 각인시켜 준다. 앞에서 지적했듯이 남은 자는 타작마당을 밟는 강력한 소가 될 것이다(미 4:12). 이것은 이사야 41장의 말씀을 연상시킨다. “지렁이 같은 너 야곱아, 너희 이스라엘 사람들아 두려워 말라 나 여호와가 말하노니 내가 너를 도울 것이라 네 구속자는 이스라엘의 거룩한 자니라 보라 내가 너로 이가 날카로운 새 타작 기계를 삼으리니”(사 41:14-15). 연약한 양에서 강력한 소로의 변신은 메시야 예언에서도 다시 나타난다. 메시야는 남은 자를 왕과 같은 존재로 만들 것이라고 말하고 있기 때문이다(5:5).

이렇게 하여 미가 선지자는 동시대 청중들에게 현재의 처지에 한탄하지 말고 하나님의 놀라운 창조의 구원을 바라볼 것을 유도한다. 현재의 고통은 미래의 영광스런 하나님의 창조사역을 위한 통과의례임을 해산하는 여인의 산고의 고통을 통해 교훈하고, 독자들과 청중들에게 종말의 소망을 바라보며 계속 하나님을 의지할 것을 촉구하고 있는 것이다.

미가 선지자 당시 종말의 소망은 먼 미래의 일이었다. 그럼에도 미가 선지자는 당시 사람들에게 고난을 인내하고 하나님을 바라보는 자세는 종말의 소망에 동참하고 그것을 선취하는 행위임을 보여주고 그들에게 신앙의 용기를 고취시켜 주었다. 이것은 오늘날 우리에게도 시사하는 바가 크다. 현재 우리는 종말의 구원 시대에 살고 있다. 비록 종말의 구원 완성은 미래의 일이지만 우리는 그 종말의 구원을 미리 선취하며 살고 있는 것이다. 이런 상황에서 신약의 성도는 미가 선지자의 외침에 귀기울일 필요가 있다. 종말의 완성이 더딜지라도 우리는 낙심하지 말고 미래의 소망을 붙잡고 계속 인내하며 신앙생활을 해야 한다는 교훈을 얻을 수 있다. 이런 교훈 속에서 본문은 우리로 하여금 새롭게 믿음의 결단을 요구한다. 다음 단락에서는 하나님을 바라보고 의지하는 자세가 남은 자의 특징임을 더욱 강조한다.

3) 5:7-15

이 단락은 다시 두 부분으로 나누어진다. 즉 5:7-9와 5:10-15이다. 앞부분(5:7-9)은 남은 자의 모습을 다루고 있다면 뒷부분(5:10-15)은 종말에 메시야가 이스라엘과 열국의 우상들을 제거하고 평화를 이루는 시온의 통치를 다시 강조한다. 시온의 통치에 대한 강조는 앞에 4:1-5와 평행을 이룬다. 이렇게 해서 이 단락은 4장 초두와 함께 4-5장 단락을 인클루지오 구조로 만든다.

(1) 남은 자의 특징(5:7-9)

5:7-9에서 메시야를 통해 나타나는 남은 자의 특색은 인생을 의지하지 않고 하나님만을 의지한다는 데에 있다(5:7). 미가는 이들을 하늘에서 오는 이슬과 단비에 비유함으로써 남은 자들의 기원이 하나님에게 있다는 것을 보여준다.[83] 이들은 자신들의 기원이 하나님에게 있기 때문에 사람

83) 이슬이라는 표현은 호세아 14장에서도 등장한다(호 14:5). 이슬이라는 메타포는 학 1:10과 슥 8:12에서 다시 등장한다. 12 소선지서 중에서 이슬이라는 용어는 전

을 의지하지 않고 하나님만을 의지한다.[84] 동시에 이슬과 단비로서 남은 자들은 열국을 위해 은혜를 베푸는 이미지를 갖는다. 이어서 5:8-9는 남은 자가 열국을 향해 하나님의 심판의 도구로 제시된다. 이렇게 해서 5:7-9는 남은 자의 특성을 열국을 위해 축복과 심판을 수행하는 자로 묘사한다.[85]

5:7-9는 구문론적으로 평행을 이루고 있다.

a. 와우 계속법에 연결된 완료형 "하야" 동사(הָיָה, 이다)(5:7a)
　b. 목적을 나타내는 접속사 "아쉐르"(אֲשֶׁר)(5:7c)
a'. 와우 계속법에 연결된 완료형 "하야" 동사(הָיָה, 이다)(5:8a)
　b'. 목적을 나타내는 접속사 "아쉐르"(אֲשֶׁר)(5:8c)
결론: 남은 자가 대적자를 물리칠 것이다(5:9)

5:7의 의미는 후반부에 등장하는 "아쉐르"(אֲשֶׁר)의 해석에 달려있다. 보통 이 단어는 이슬을 꾸며주는 관계대명사로 취급한다. 하지만 관계대명사의 역할을 하기 보다는 앞의 내용과 관련해서 그 목적을 설명하는 목적절을 이끄는 접속사이다.[86] 그래서 그 해석은 "~위하여"이다. 따라서 5:7의 의미는 야곱의 남은 자가 열방 중에 있게 될 때에 그들의 존재는 마치 여호와로부터 나오는 이슬과 비와 같을 것인데 그 목적은 더 이상 사

반부에 호세아와 그리고 중간에 위치한 미가, 다음으로 후반부에 있는 학개와 스가랴에 집중적으로 나타난다는 것은 시사하는 바가 크다. 이렇게 소선지서 전체의 관점에서 볼 때 초반, 중반, 그리고 후반에 의도적으로 나타나고 있다고 말할 수 있다.

84) Waltke, "Micah," 712-713.

85) Barker and Bailey, *Micah*, 103.

86) 물론 이것이 관계대명사인지 아니면 종속 접속사인지에 대해서는 여러 학자들의 견해가 있다. 앤더슨과 프리드만은 이것을 이유를 나타내는 접속사로 이해했다. Andersen and Freedman, *Micah*, 486.

람을 의지하지 않고 인간을 기다리지(바라지) 않기 위함이라고 말하는 것이다. 이런 점에서 종말에 하나님이 남은 자를 만드시는 목적은 오직 하나님만을 의지하기 위함임을 제시한다.

미가서 1-3장에서 미가 선지자는 불의한 지도자들이 공의와 인애를 행하지 않은 점을 강하게 질타했다. 이런 문맥에서 종말에 남은 자의 목적이 하나님만을 의지하기 위함이라는 것은 좀 의외로 들린다. 하지만 공의와 인애는 본질적으로 하나님을 의지한다는 것이라고 인식한다면 충분히 이해할 수 있는 대목이다. 하박국은 공의와 인애를 성실이라는 시각에서 바라보았다(합 2:4). 공의와 인애는 변함없이 하나님을 믿고 신뢰하는 가운데에서 자연스럽게 흘러나오는 모습이기에 그것들을 성실로 표현한 것이다. 바울은 이 성실을 롬 1:17에서 믿음으로 정의했다. 이런 점에서 공의와 인애를 계속적으로 행한다는 것은 믿음의 본질이라고 말할 수 있다. 그러기에 믿음은 하나님을 계속적으로 의지하는 가운데 자연스럽게 나오는 공의와 인애의 열매로 함축될 수 있다. 이런 믿음의 총체적 모습이 바로 의이다. 이상의 관찰을 종합하면, 공의와 인애와 의는 하나님을 전적으로 의지하는 믿음의 또 다른 표현임을 알 수 있다. 그러므로 미 5:7에서 미가 선지자가 남은 자의 목적을 공의와 인애와 의 대신에 하나님을 의지하기 위함이라고 말한 것은 전혀 놀라운 일이 아니다.

미가 선지자는 7:7에서 "오직 나는 여호와를 우러러 보며 나를 구원하시는 하나님을 바라보나니 나의 하나님이 나를 들으리시로다" 라고 고백했다. 이 구절에서 "바라보다" 라는 뜻의 "야할" (יחל)은 5:7에서 "기다리다" 라고 번역된 낱말과 동일하다. 이렇게 미가 선지자는 하나님의 참된 백성이 수행해야 할 의무를 하나님을 바라보고 의지하는 차원에서 이해했다. 그런 의지함이 있을 때, 앞에서 지적했듯이 자연스럽게 나오는 열매가 공의와 인애와 의이다. 하나님을 의지함이 없이 스스로를 믿고 공의로운 사회를 구현하려고 한다면 그것은 결코 공의와 인애와 의가 될 수 없다.

5:8은 남은 자를 사자로 비유하고 있다. 이것은 4:7에서 남은 자를 강한 나라로 만든다라는 말씀과 연결된다. 또한 남은 자를 "이슬"과 "사자"로 비유한 것은 잠 19:12와 밀접한 관련이 있다. "왕의 노함은 사자의 부르짖음과 같고 그의 은택은 풀 위에 이슬 같으니라"(잠 19:12). 따라서 잠언의 말씀에 비추어볼 때에 남은 자는 열방을 위해서 은혜를 베풀면서 동시에 하나님의 나라를 거부하는 사람들에게 사자와 같이 심판을 행하는 자임을 알 수 있다.[87] 이런 암시는 또한 남은 자들이 왕적 기능을 가지고 있음을 더욱 확인해 준다.

5:8후반부는 남은 자가 사자가 되는 목적을 말한다. 그것은 남은 자가 지나가고 밟고 찢을 때에 아무도 그의 손에서 구원할 자가 없도록 하기 위함이다. 여기서 그 목적을 나타내는 표현이 조건문 형식으로 제시되고 있다는 것은 흥미롭다. 히브리어 조건절 안에 동사가 완료형이면 일반적으로 불가능한 사실을 나타내지만 반드시 꼭 그런 것은 아니다. 5:8후반부에서 조건문 안에 동사들은 모두 완료형으로서 "아바르"(עָבַר, 지나가다), "라마스"(רָמַס, 밟다), 그리고 "따라프"(טָרַף, 찢다)이다. 완료형은 변함없는 특징을 나타낼 때에 사용하기 때문에 미가는 사자의 특징을 말하기 위해서 완료형을 썼던 것이다.[88] 그래서 사자인 남은 자가 지나간다면 그의 전형적인 특징으로 밟고 찢을 것을 강조하는 어법이다. 그래서 변함없는 특징처럼 남은 자의 강인함을 부각시키고 있다.

---

87) Willem A. VanGemeren, *Interpreting the Prophetic Word* (Grand Rapids, Mich.: Zondervan, 1990), 157.

88) Waltke, *Micah*, 312.

지나가다라는 동사 "아바르"(עָבַר)는 2:8에서 부유층 지도자들에 의해서 핍박을 받는 사람들을 표현할 때 사용된 동사이기도 하다. 그래서 과거에 핍박받으며 지나가는 사람들은 억압에 시달렸지만 이제 종말에 남은 자는 더 이상 그런 연약한 모습으로 지나가는 것이 아니라 사자와 같이 지나가게 될 것이라는 이미지의 반전을 보여준다.

5:9에서 2인칭 남성 단수인 "너"는 하나님일 수도 있고 남은 자를 가리킬 수도 있다.[89] 하지만 문맥상 남은 자가 더 신빙성이 있다.[90] 결론적으로 남은 자들이 대적자를 물리칠 것을 말한다. 이런 대적자를 물리치는 모습은 왕적 이미지이기 때문에 앞에서 남은 자가 왕적 역할을 가지고 있다는 힌트와 잘 부합된다.

(2) 메시야의 통치의 성격(5:10-15)

5:7-9가 종말에 메시야의 통치 하에서 남은 자의 특성들에 초점을 맞추었다면, 5:10-15는 메시야의 통치 방식과 그 특성을 다룬다. 5:10-15에서 말씀의 대상인 "너"는 처음에 이스라엘로 향하다가 점차 열방으로 확대되고 있다.[91] 여기서 강조점은 이스라엘이나 열방이 더 이상 말이나 전차와 같은 군사적 힘을 의지하지 않고 우상숭배를 버리며 온전히 여호와를 의지하여 하나님만을 예배할 것이라는 내용이다. 미 5:10-15는 슥 9:9-10과 유사하다.[92] 그래서 시온에서 메시야의 통치를 통해 군사적 뿐만 아니라

---

89) Mays, *Micah*, 123.

90) 이와 반대로 Wolff는 여기서 청자인 너는 여호와를 가리킨다고 주장하고, 여호와께 손을 올려서 대적자들을 쳐달라고 간구하는 내용이라고 본다. Wolff, *Micah*, 157.

91) Wolff, *Micah*, 157.

92) Andersen and Freedman, *Micah*, 493.

종교적으로 온전히 하나님의 주권이 세워질 것을 예언하고 있다.[93] 1장은 언약파기의 원인으로 우상숭배와 군사적 힘을 의지하는 죄를 지목했다. 이런 문맥에서 5:10-15는 종말에 메시야 통치에는 그런 죄들이 더 이상 설 자리가 없을 것을 말한다. 그래서 그로 인한 언약파기도 더 이상 일어나지 않을 것을 강조하고 있는 것이다.

5:10-11은 하나님이 메시야를 통해 유다가 의지했던 군사적 수단들을 제거할 것이라고 말한다. 그 이유는 종말에 메시야를 통해 하나님만을 의뢰하도록 하기 위함이다. 하나님만을 의지하고 바란다는 주제는 5:7에서 남은 자가 이슬과 같은 존재라는 사실에서 이미 언급된 바이기도 하다. 사무엘은 미스바에서 블레셋의 침략 앞에서 먼저 번제를 드렸다. 이 행동은 군사적인 수단을 가지고 싸우기 이전에 하나님을 의지해야 할 것의 중요성을 보여주기 위함이었다(삼상 7장 참조).

5:12-14는 우상숭배가 제거될 것이라고 말한다. 특별히 13절은 새긴 우상과 주상(돌 기둥)을 멸절할 것이라고 말씀한다. 미가 당시에는 많은 주상들이 있었다. 이 주상들은 산당에 세워진 것처럼 보인다. 히스기야는 미가 선지자의 충고에 따라 산당들을 제거하고 주상들을 깨뜨렸다(왕하 18:4). 그리고 요시야도 산당들을 제거했지만 나중에 개혁의 실패로 바벨론으로 포로로 잡혀가기 전에 다시 우상숭배가 성행했다. 그 결과 유다는 우상숭배로 인해 포로로 잡혀가게 되었다. 이런 상황에서 메시야의 통치는 더 이상 우상숭배가 이루어지지 않을 것을 강조하고 있다. 그렇다고 종말에 메시야 통치의 시작점에서 메시야가 직접 우상들을 제거할 것이라는 말은 아니다. 5:12-14에서 우상숭배의 제거는 5:5-6에서 앗수르의 침공처럼 종

93) Barker and Bailey, *Micah*, 105.

말에는 더 이상 우상숭배가 설 자리가 없을 것을 보여주는 메타포의 기능을 한다. 이것은 역으로 메시야의 통치를 통해서 남은 자들이 더 이상 죄를 짓지 않고 하나님만을 섬기게 될 것이라는 힌트이다. 그러면 이것이 어떻게 가능한가? 이 물음에 7:18-19는 죄의 청산을 통해 이루어질 것이라고 말한다.

한편으로 5:12-14에서 우상숭배의 제거가 단순히 메타포로만 기능하는 것은 아니다. 필자의 견해로 열방에서 우상을 제거할 것이라는 힌트는 종말에 하나님의 통치가 완성되기 전에 우상들을 섬기고 순종치 않는 대적자의 위협이 있을 것을 예견해 준다고 생각한다.

5:15에서 순종치 않은 나라를 분노로 갚으신다는 표현에 대해 의견이 분분하다. 이와 같은 보복은 메시야를 대적하는 열국을 하나님이 심판하는 내용이라고 볼 수도 있다.[94] 그래서 시편 2편의 다윗왕권의 이상이 실현되는 것으로 이해할 수 있다. 하지만 필자의 견해로 5:15는 종말의 메시야의 통치는 이스라엘뿐만 아니라 열방까지 확대되어 그들의 우상숭배들을 제거하고 온전히 하나님 나라를 실현할 것이라는 상징으로 이해하는 것이 더 설득력이 있다고 생각한다. 그래서 이스라엘뿐만 아니라 열방에서도 우상을 섬기지 않고 하나님을 진실되게 예배하는 남은 자가 나올 것을 보여주는 기능이다. 이것은 창 49:10에서 모든 백성이 메시야에 복종할 것이라는 예언의 성취라고 할 수 있다.[95]

---

94) Andersen and Freedman, *Micah,* 493.
95) Barker and Bailey, *Micah,* 106.

(3) 본문의 의도

4-5장의 핵심은 열방을 향한 여호와의 통치의 실현이다.[96] 여호와의 통치의 주제는 7장에서 더욱 강조된다. 즉 열방이 여호와의 통치 앞에서 뱀처럼 티끌을 핥을 것이라고 말하며 여호와의 통치를 더욱 극대화시키고 있다(미 7:17). 그럼에도 4-5장은 남은 자에 대한 언급이 핵심적 주제로 등장한다. 그리고 7장은 더 구체적으로 종말에 하나님께서 남은 자의 죄를 사해 주실 것이라는 죄의 청산을 말함으로써 주제적으로 남은 자 사상을 더욱 발전시키고 있다.

미가서는 12개의 소선지서 중에서 중추적 핵심(pivotal center)을 이룬다. 이처럼 핵심적 위치에 있는 미가서가 강조하는 사상은 시온에서 열방을 향한 여호와의 통치, 메시야 사상, 남은 자의 죄 사함, 그리고 과거 언약들의 성취(7:20)라고 말할 수 있다. 하지만 이런 신학적 주제들 중에서 5:7-15에서는 남은 자 사상이 그 중심적 위치에 있다. 이 단락에서 미가 선지자는 남은 자들의 특징을 강력한 은유적 표현으로 제시하고 있다. 그 특징은 다음과 같다. 첫째, 하나님을 전적으로 의지하는 사람들이다. 둘째, 남은 자는 사자와 같은 강력한 자로서 백전백승의 불굴의 신앙인이다. 그러므로 하나님의 은혜로 대적 앞에서 승리할 수 있는 자들로 새롭게 태어난 사람들이다. 마지막으로 남은 자는 5:15에서 암시되듯이 하나님의 말씀을 순종하는 자들이다. 여기서 순종한다라는 말은 미가서의 문맥에서 볼 때에 선악을 구분하여 선을 좇는 지혜의 모습이다(3:1-2; 6:1-8). 이런 점에서 남은 자는 지혜로운 자들이다. 이런 지혜로움은 미 6:6-8에서 잘 보여준다.

---

96) 같은 맥락에서 앤더슨과 프리드만은 미가서 4-5장을 비전의 책이라고 명명했다. Andersen and Freedman, *Micah*, 392.

미 6:8은 사람에게 선한 것이 무엇인지 질문하면서 시작한다. 그리고 하나님이 바라는 선이란 공의를 행하고, 인애를 사랑하고, 겸손히(실수하지 않기 위하여) 하나님과 동행하는 모습(의)임을 가르쳐준다. 미가가 바라보는 남은 자는 바로 이와 같이 공의를 행하고 인애를 사랑하고 하나님과 겸손히 동행하는 자이다. 공의와 인애는 의의 모습으로서 궁극적으로 하나님을 의지하는 모습임을 교훈하고 있다. 공의와 인애와 의의 모습은 다음 단락에서 더욱 구체적으로 설명되고 있다.

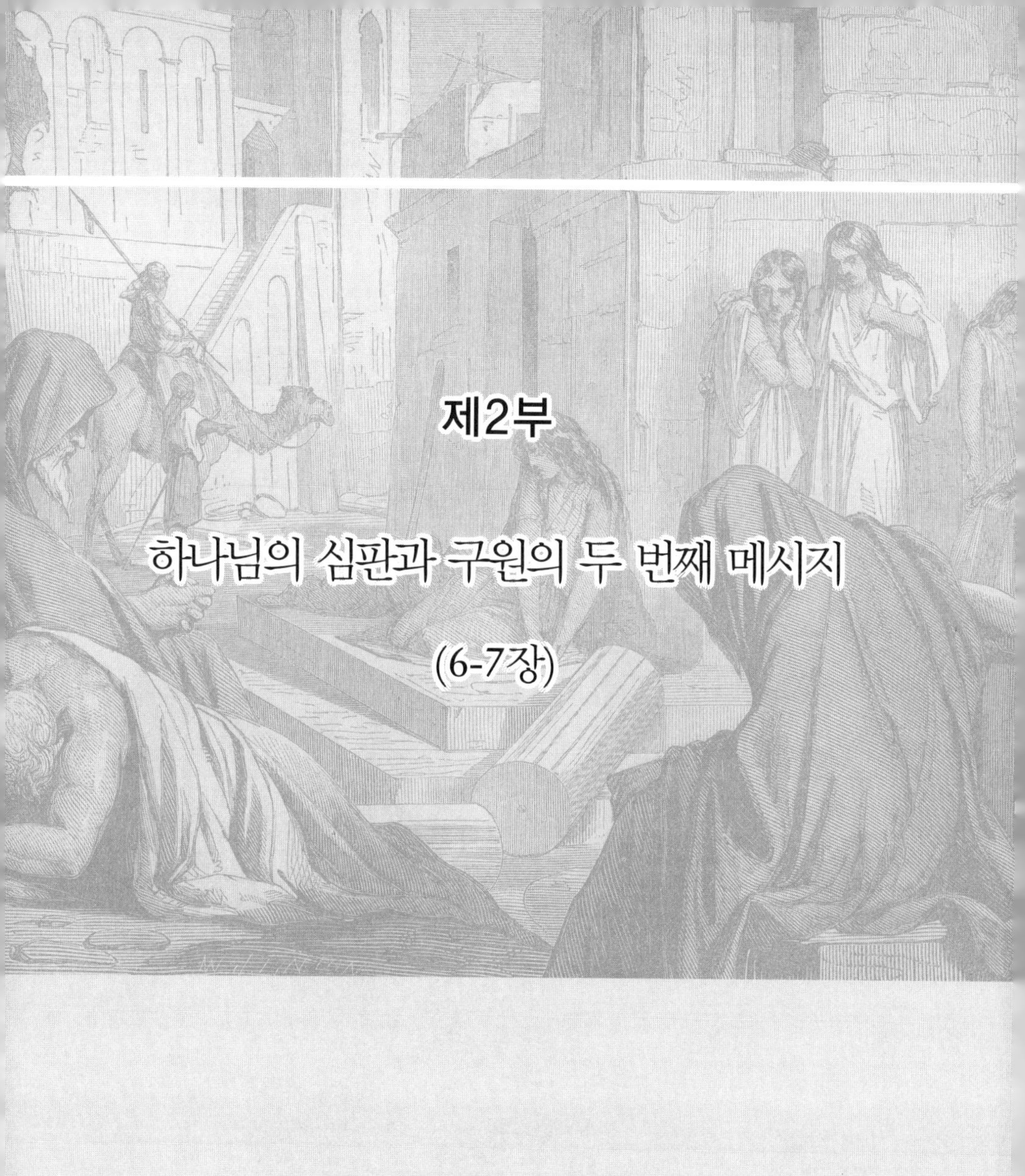

제2부

하나님의 심판과 구원의 두 번째 메시지

(6-7장)

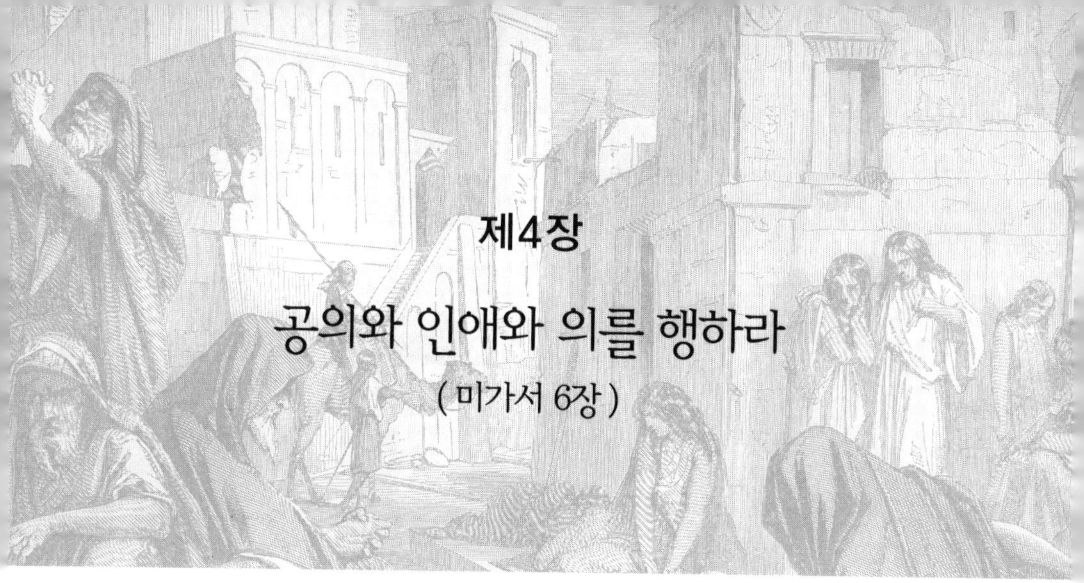

제4장

공의와 인애와 의를 행하라

(미가서 6장)

미가서 6장은 미가서 1장과 평행을 이루어 하나님의 언약고소(6:1-8)와 그에 따른 언약파기(6:9-16)를 다룬다. 그러면서 1장과 달리 언약고소의 원인과 하나님이 원래 원하셨던 것이 무엇인지를 극명하게 드러낸다(6:6-8). 이렇게 해서 1장의 내용을 더욱 발전시킨다. 미가 선지자는 이 단락에서 처음으로 하나님이 구하시는 것은 공의와 인애, 그리고 겸손히 여호와와 동행하는 것이라고 선언한다(6:8). 공의와 인애, 그리고 겸손히 동행하는 것(의의 모습)은 미가서 신학의 핵심이면서 소선지서 전체 메시지의 핵심이다. 결국 종말의 소망은 메시야를 통해서 우리가 공의와 인애와 의의 모습을 갖는다는 데에 있음을 예고한다.

1. 자신의 백성과 논쟁하시는 하나님(6:1-8)

1) 구조

이 단락은 형식적인 종교생활에 맞서서 진정으로 여호와께서 구하는 것이 무엇인지를 선포한다(6:6-8). 하나님이 원하는 것은 형식적인 제사가 아니라 공의(מִשְׁפָּט/ "미쉬파뜨")와 인애(חֶסֶד/ "헤쎄드")를 행하고, 겸손히 여호와와 동행하는 것이다. 이것은 단순히 외형적으로 법률조항을 지키는 것이 아니라 내면적으로 하나님과 교제하는 것을 포함한다.[1] 공의는 외형적인 올바른 행동이라고 한다면 인애는 내면적인 관계의 끈을 말한다. 이런 공의와 인애의 모습이 진정으로 여호와를 의지하는 자의 모습이다. 여호와를 의지한다는 것은 공의와 인애 속에서 모든 순간 하나님의 뜻을 구하며 하나님과 동행하는 일체의 행동이다.

이 단락은 앞에서 지적했듯이 선지서에서 종종 등장하는 언약고소 공식을 가지고 있다.[2] 선지서에서 심판은 언약고소 공식을 통해서 자주 나타난다. 선지자들은 언약의 중재자이면서 동시에 언약 고소자들로서 백성들이 모세언약을 지키지 않을 때 그들을 고소했다. 이 때 언약고소 공식으로 천지를 증인으로 부르는 특징이 있다. 언약공식 구조의 예로는 미가서 6장외에도 이사야 1장, 그리고 예레미야 2장에서 엿볼 수 있다(렘 2:12). 하지만 이 단락은 언약고소 공식에서 심판의 말씀이 생략되어 있다. 이 단락은 다음과 같은 수사적 구조를 가지고 있다.

A. 여호와의 변론을 들으라(6:1-2)
  B. 여호와의 물음: 내가 무엇을 행하였는가?(6:3)
    C. 과거에 여호와가 행하신 의로운 일(6:4-5)
  B'. 백성들의 물음: 여호와께 무엇을 가지고 갈까?(6:6-7)
A'. 여호와가 구하시는 것을 듣고 행하라(6:8)

---

1) Andersen and Freedman, *Micah*, 506-507.
2) Barker and Bailey, *Micah*, 106.

이상의 구조에서 볼 때에 이 단락의 핵심은 과거에 행하신 여호와의 의로운 일에 초점을 두고 있음을 알 수 있다.

2) 석의

6:1-8은 주위의 문맥의 일관된 의미의 흐름을 고려할 때 이 단락은 하나님의 말씀을 듣고 선악을 분변하여 선을 좇는 지혜의 모습이 무엇인지를 강조하는 내용이다(5:15; 6:9). 6:9는 "완전한 지혜는 주의 이름을 경외함이니라"라고 말하면서 지혜의 주제를 더욱 분명히 드러내고 있다. 그래서 6:1-8에서 참된 지혜를 통해 선을 분별한 사람은 공의와 인애를 행할 것이라고 선언한다. 이것은 반대로 공의와 인애를 행하지 않는 것은 지혜가 없다는 것을 뜻하기도 하다.

지혜의 문맥에서 볼 때 6:1에서 여호와의 말씀을 들으라는 명령은 지혜로의 초청이다. 6:2에서 산들과 땅에 대한 언급은 언약고소를 위해 증인을 부르는 행위이다(신 32장 참조). 6:2와 평행을 이루는 6:8에서 공의(미쉬파뜨)와 인애(헤쎄드)는 율법의 지향점을 뜻하며(창 18:19; 26:5; 신 10:12)[3], 아브라함 언약과 모세언약 더 나아가 다윗언약 정신을 요약한 것이다(시 72:1-3). 심지어 창조질서는 공의와 인애와 의의 원리로 세워진 것이기에 공의와 인애는 노아언약의 정신이기도 하다(시 33:5-6; 36:5-6 참조). 따라서 공의와 인애를 행하지 않는다는 것은 모든 언약들을 파기하는 것과 동일하다.

6:1-8은 앞에 1:1-9와 평행을 이룬다. 이런 평행적 구조를 볼 때 하나님

3) 신 10:12는 하나님의 율법을 공의를 행하고, 인애를 사랑하고 성품을 다하여 여호와를 섬기는 것(의)으로 요약하고 있다.

이 땅의 높은 곳을 밟음으로써 심판하시는 원인은 언약파기 때문임을 알 수 있다. 구약에서 언약은 종종 결혼관계로 비유된다(호 2:19). 그러므로 언약파기는 이스라엘이 외형적 행동과 내면적 마음으로 하나님을 배반했다는 것을 뜻한다.

6:4-5에서 하나님은 미가 선지자를 통해 과거에 여호와가 행하셨던 의로운 일을 기억할 것을 촉구한다. 그래서 여호와의 의가 무엇인지를 설명하고, 백성들도 여호와의 의에 합당한 행동을 했어야 했는데 그렇지 못했다는 것을 드러낸다. 여기서 '기억하라'라는 촉구는 어떤 의미에서 다시 하나님의 구원의 행동에 참여할 수 있는 문이 열려 있음을 뜻한다.[4] 언약 고소를 통한 하나님의 심판은 끝이 아니라 하나님의 은혜로 다시 구원으로 연결될 수 있는 관문임을 시사하는 것이다.

6:4에서 "내가 너를 애굽 땅에서 인도해 내어"에서 "너를 인도하다"라는 히브리어 단어는 "헤엘리티카"(הֶעֱלִתִיךָ)이다. 이 단어는 6:3에서 "너를 괴롭게 하였느냐"라는 히브리어 단어 "헬에티카"(הֶלְאֵתִיךָ)와 음성적으로 유사하다. 이런 언어적 유희를 통해서 6:4에서 하나님은 자신은 이스라엘을 괴롭게 하지 않았고 오히려 애굽 땅에서 인도해 냈다는 것을 부각시킨다.[5]

6:5에서 싯딤에서 길갈까지의 일을 기억하라는 말은 이스라엘이 모압 평지에서 가나안 땅에 입성함으로써 하나님의 백성으로 처음 탄생된 사건을 기억하라는 의미이다(민수기 22-24장; 수 3:1-4:9).[6] 이렇게 하여 전적으로 하나님의 의로운 일로 인해서 그들이 가나안 땅에 들어왔음을 상기시

4) Waltke, "Micah," 730.
5) Barker and Bailey, *Micah*, 110.
6) Waltke, "Micah," 731.

키고 있다. 처음 그들의 시작은 하나님이 명하신 선을 좇아 이루어졌다. 하지만 6:6-8에서 증거하듯이, 이후 그들은 하나님이 원하시는 선을 버림으로써 지혜롭지 못하게 언약을 파기했다.

6:5에서 "의롭게 행한 것"에서 "의"(righteousness)는 "쩨다까"(צְדָקָה)의 여성형 복수이다.[7] 그래서 "여호와의 의로운 행동들"이라는 뜻이다. 여기서 여호와의 의는 문맥상 백성들을 위한 구원의 행위를 가리킨다. 여호와의 의가 하나님의 구원의 행동으로 묘사되는 것은 삼상 12:7에서도 등장한다.[8] 삼상 12:7에서 사무엘은 왕을 구한 이스라엘의 행위를 하나님의 의로운 구원 행위를 배반하는 행동으로 비판했다. 마찬가지로 미 6:5에서 여호와의 의는 언약을 성취하기 위해서 모압 평지에서 발람과 발락의 위협에서 가나안 입성까지 이스라엘을 구원했던 행위를 뜻한다. 6:5에서 "싯딤에서부터 길갈까지의 일"이라는 표현은 모압평지에서 가나안 입성까지의 기간을 가리킨다.[9] 이 기간에 하나님은 언약을 지키기 위해 이스라엘의 대적자를 물리치고 요단강 도하라는 구원의 기적을 베풀어 주셨다. 이런 의미에서 여호와의 의는 궁극적으로 백성들과 언약을 지키기 위한 의무 수행 차원에서 이해될 수 있다.[10]

여호와의 의에 대한 언급은 다시 7:9에서 등장한다. 나중에 언급하겠지만 7:8-7:20은 여호와께서 남은 자의 죄를 사하고 열조에게 맹세하신 언약

---

7) 개역개정판 한글 성경에서는 "여호와가 공의롭게 행한 일"이라고 되어 있다. 하지만 공의로 번역하기보다는 이전의 개역 한글판 성경에서처럼 "의롭게 행한 일"로 번역하는 것이 단어의 의미를 더 살리는 번역이라고 생각된다.

8) John Goldingay, *Approaches to Old Testament Interpretation* (Leicester, UK: Apollos, 1990), 86.

9) Andersen and Freedman, *Micah*, 523.

10) E. Achtemeir, "Righteousness in the Old Testament," *IDB*, 82-83.

을 성취할 것이라는 내용이 초점이다. 따라서 7:9에서 여호와의 의는 마찬가지로 언약의 의무를 성취하는 모습과 깊은 연관이 있다. 물론 7:9에서 여호와의 의는 6:6에서 여호와의 의보다 더 발전된 개념이다. 7:9에서는 여호와의 의를 통해서 남은 자들이 더 이상 죄를 짓지 않은 의의 상태가 될 것을 내다보고 있기 때문이다. 그래서 7:9에서 여호와의 의는 과거에 베풀었던 의보다 더 큰 은혜를 뜻한다.

결론적으로 6:5에서 여호와의 의는 과거에 조상들에게 맺었던 언약들을 신실하게 지키려는 하나님의 모습이다. 그러므로 언약을 충실히 이행하는 차원에서 여호와의 의는 이스라엘을 위해서 구원행위로 나타났던 것이다.[11] 구체적으로 여호와의 의는 먼저 이스라엘을 핍박하는 대적자인 애굽을 향한 공의의 심판으로 나타났다. 이것은 또한 이스라엘을 위해서는 이스라엘을 가나안 땅으로 인도하여 온전한 백성으로 삼기 위한 하나님의 사랑의 발로였다. 이런 의미에서 하나님의 공의는 이스라엘을 위해서는 자비의 모습이다. 이 자비의 모습을 성경은 하나님의 인애(히브리어로는 헤쎄드)로 표현한다. 따라서 여호와의 의는 다시 공의와 인애로 요약된다. 미가 선지자는 6:5에서 구원행위로서 여호와의 의가 공의와 인애를 포함하고 있기 때문에 6:8에서 청중들에게 여호와의 의를 닮아서 공의와 인애를 행할 것을 다시 주문했다.

6:6-7에서 "내가 무엇을 가지고 여호와 앞에 나아가며 높으신 하나님께 경배할까" 라고 말한다. 여기서 "나아가다" 와 "경배하다" 라는 히브리어 동사는 미완료형이다. 6:8에서 미가의 대답을 통해서 볼 때 6:6에서 이 미완

11) Barker and Bailey, *Micah*, 111. 여기서 바커와 베일리는 여호와의 의는 구원의 행동을 통해서 드러났다고 설명한다.

료는 모두 "의무"로 해석하는 것이 옳다.[12] 그래서 이 구절은 "내가 무엇을 가지고 여호와 앞에 나아가야 하며 높으신 하나님께 경배해야 하는가"로 번역해야 한다. 이와 같은 말은 거꾸로 이들이 여호와의 신앙에서 진정한 선이 무엇인지를 모르고 있다는 반증이다. 7절에서는 설상가상으로 맏아들을 바칠까라고 묻고 있다. 이것은 몰렉에게 자녀들을 바치는 암몬의 우상숭배이다. 실제로 미가 시대 때에 아하스 왕은 자녀를 불 가운데에 지나가게 해서 몰렉에게 바쳤다(왕하 16:3; 대하 28:3). 여호와의 신앙과 우상숭배가 혼합된 종교 절추주의라고 하지 않을 수 없다.

6:8은 진정으로 선한 것이 무엇인지를 설명한다. 이 구절에서 "여호와께서 네게 구하시는 것"이라는 말 앞에 접속사 와우(וּמָה/ "우마")가 나타난다. 이 접속사 와우는 설명적 와우(epexegetical 와우)로서 선한 것이 구체적으로 무엇인지를 다른 말로 표현하는 기능을 한다. 그래서 선이라는 것은 오지 여호와의 기준에 의해서 여호와가 사람들에게 요구하는 것임을 보여주고 있다. 구한다라고 할 때 히브리어 문장에서는 분사형을 사용하고 있다. 이것은 반복적인 행위가 아니라 단절 없이 행해지는 지속적인 행위를 의미한다.[13] 그래서 인간에게 하나님이 계속적으로 선을 구하고 있다는 사실을 부각시키고 있다. 선을 의미하는 히브리어 단어 "또브"(טוֹב)는 3:2에서 지도자들이 싫어하는 것으로 묘사된다. 3:1-2에서 선은 하나님의 속성을 닮아서 공의를 행하는 것으로 제시된다. 이런 점에서 6:8에 하나님이 요구하시는 선은 3장의 문맥과 연결되어 하나님의 속성을 닮아 행동하는 공의임을 일차적으로 보여준다(암 5:14 참조). 선과 악이라는

---

12) Waltke, "Micah," 732.

13) Waltke and O'Connor, *Biblical Hebrew Syntax*, 624.

단어는 지혜문학의 언어이다.[14] 이런 점에서 하나님이 원하시는 선인 공의는 지혜를 얻어야 분별할 수 있다는 진리를 독자들에게 각인시킨다.

6:8에서 하나님이 구하시는 것은 신 10:12-13에서 하나님이 이미 보여주신 것이었다.[15] "이스라엘아 네 하나님 여호와께서 네게 요구하시는 것이 무엇이냐 곧 네 하나님 여호와를 경외하여 그의 모든 도를 행하고 그를 사랑하며 마음을 다하고 뜻을 다하여 네 하나님 여호와를 섬기고 내가 오늘 네 행복을 위하여 네게 명하는 여호와의 명령과 규례를 지킬 것이 아니냐"(신 10:12-13). 미 6:8에서 하나님이 백성에게 요구하는 것은 구원의 조건은 아니다. 신 10:13에서 말하는 것처럼 백성들이 하나님과의 교제 속에서 기쁨과 행복을 누리기 위해 축복으로 주어진 것이다. 따라서 미 6:8의 내용을 구원받은 사람이 계속 구원에 머무르기 위한 조건으로 이해하는 것은 잘못이다. 물론 미 6:8에서 요구된 공의와 인애와 겸손히 동행하는 것을 실행하지 않는다면 언약파기가 이루어질 것이다. 하지만 공의와 인애와 동행은 어디까지나 하나님을 의지할 때 자연스럽게 백성이 하나님의 속성을 닮아서 자신의 신앙을 드러내는 열매들이다. 그리고 이 열매들은 먼저 하나님이 주도적으로 그 씨앗을 뿌렸기 때문에 결과적으로 하나님의 은혜의 산물들이라고 말할 수 있다. 공의와 인애와 동행함이 결국 하나님의 은혜의 선물임은 종말에 나타나는 구원과 언약에서 더욱 분명하게 드러난다.

6:8은 자연스럽게 하나님이 요구하는 선으로 공의를 제일 먼저 언급한다. 이어서 인애를 행하고 겸손히 하나님과 동행하는 것이라고 말한다. 울

---

14) Andersen and Freedman, *Micah*, 527-528.
15) Barker and Bailey, *Micah*, 113.

프는 미가서에서 핵심 단어는 바로 공의인 "미쉬파뜨"(מִשְׁפָּט)라고 주장한다.[16] 미가서에서 이 단어는 7:9에서 다시 등장한다. 7:9에서 공의라는 단어의 용례를 보면 의, 빛, 죄의 고백의 문제와 함께 언급되는데 이것은 사 59:9-11과 매우 유사하다.[17] 더욱이 사 59:11은 공의(미쉬파뜨)가 구원과 평행을 이루고 있다. 앞에서 6:5에서 우리는 여호와의 의(쩨다까)가 언약의 의무를 수행하기 위한 구원의 행위라고 지적했다. 7:9에서 공의는 여호와의 의를 위한 통로로 제시된다.[18] 따라서 의(쩨다까)는 좁은 의미에서 공의(미쉬파뜨)라고 말할 수 있다.

6:8에서 공의를 행한다라는 것은 하나님이 언약의 의무를 충실히 이행하는 것을 본받아 인간 편에서 하나님을 향해 언약의 의무를 외형적으로 수행하는 모습이다. 언약의 의무는 하나님뿐만 아니라 인간에게도 적용된다. 그래서 공의는 하나님과의 언약에 따라 하나님과 이웃을 향해 하나님의 뜻을 올바로 수행하는 것이라고 말할 수 있다(신 10:12-18 참조). 종종 구약에서 공의는 율법의 형태로 나타나서 율법과 등치된다. 하지만 엄밀한 의미에서 공의는 율법과 다르다. 그것은 율법의 목적이자 지향점이다. 공의는 궁극적으로 하나님의 뜻을 실현하기 위해 자연스럽게 나오는 외형적 행동의 열매라면 율법은 그것을 성문화하고 강요하는 성질의 것이다. 실제로 율법의 내용은 시대적으로 변한다는 특징이 있기 때문에 가변적이다. 바울은 처음부터 이스라엘이 하나님의 방식대로 공의(의식하지 않고 자연스럽게 하나님의 뜻을 수행하는 외형적 모습)를 행했다면 최소한의 율법만

16) Wolff에 의하면 미쉬파뜨는 미가서의 핵심 단어라고 주장한다(3:1, 8, 9). Wolff, *Micah*, 180.

17) Wolff, *Micah*, 222.

18) Waltke, "Micah," 755.

주어졌을 것이라고 말한다. 심지어 바울은 율법은 범법함을 인하여 더하여 진 것이라고 선언한다(갈 3:19).

6:8은 이어서 "인애를 사랑하라"고 말하는데, 인애(חֶסֶד/ "헤쎄드")도 언약관계에서 설명될 수 있다. 구체적으로 인애는 언약을 이루고 언약관계를 맺는 데에 있어서 내면적인 사랑과 정신을 뜻한다. 즉 내면적 관계에 초점을 맞춘 용어이다. 따라서 인애를 사랑하라는 요구는 인간 편에서 여호와의 사랑을 본받아 마음으로 언약을 지킬 것을 뜻한다. 마음으로 언약을 지키는 모습은 여호와를 향한 사랑, 충성, 감사 등을 포함하고, 더 나아가서 이웃에게 사랑과 긍휼함을 보여주는 일체의 모습이다. 인애라는 단어는 호세아서에서 주요한 신학적 주제이다.[19] 호세아서에서 이 단어의 의미는 하나님을 향한 헌신과 충성을 뜻한다.[20] 아무리 외형적인 공의가 있을지라도 마음에 사랑이 동반되지 않으면 그것은 거짓이다. 이스라엘을 향한 하나님의 공의는 인애를 동반했다. 이래서 공의와 인애는 불가분의 관계로서 동전의 양면과 같다.

다시 말하자면, 인간이 행하는 공의와 인애는 여호와의 의로운 구원 행위인 공의와 인애를 닮아서 수행되는 것이다.[21] 출애굽 시 하나님은 애굽을 향한 공의의 심판을 통해서 이스라엘을 구원시켰다. 이런 점에서 하나님의 공의는 가난하고 압제받는 자를 구원하는 은혜의 측면이 강하다. 그리고 이 구원은 하나님의 인애의 표시이기도 했다. 그러므로 하나님의 공의와 인애를 통해 구원받는 이스라엘은 그런 하나님의 성품을 닮아서 공

19) Mays, *Micah*, 142.
20) Mays, *Micah*, 142.
21) 이런 맥락에서 렘 9:24는 여호와의 공의와 인애, 그리고 의를 알아서 그것을 닮을 것을 촉구하고 있다.

의와 인애를 베풀어야 했다. 하지만 이와 같은 모습과 대조적으로 미가가 처한 현실은 제사를 남용하고 형제를 압박하는 잘못된 모습이었다.

6:8의 마지막에서 미가 선지자는 여호와가 구하는 선으로 여호와와 겸손하게 동행할 것을 주문했다. 여기서 겸손으로 번역된 히브리어 단어는 “짜나”(צנע)의 히필형이다. 이 단어의 의미는 신중하게, 또는 지혜롭게 행동한다는 뜻이다.[22] 그래서 지혜롭게 그리고 신중하게 행하기 위해서 여호와와 동행한다는 의미를 가진다.[23] 이 단어는 미 2:7에서 “정직하게 걸어가는 자에게 선을 행한다”라는 말과 밀접한 연관이 있다.[24] 소선지서에서 함께 걸어가다(הָלַךְ עִם/ “할라크 임”)라는 문구는 미가서에서만 나온다(2:7; 6:8). 미 2:7에 비추어 볼 때, 하나님과 걸어간다는 것은 실수하지 않기 위해 정직하게 걸어간다는 뜻이며, 이런 사람에게 하나님은 선(יטב/ “야따브”)을 베풀어 주실 것이다.

그렇다면 인간을 향한 하나님의 선은 무엇인가? 세상적으로 물질적인 축복을 지칭한다고 말할 수도 있다. 하지만 궁극적으로는 겸손히 동행하는 자에게 베푸는 하나님의 선은 하나님으로부터 인간에게 베풀어지는 공의와 인애로 다시 요약될 수 있다. 하나님의 선은 인간으로 하여금 무엇이 선이고 악을 분별할 수 있도록 도와주는 지혜용어이다. 이런 점에서 하나님과 동행하는 사람은 하나님이 베푸시는 선을 통해서 물질적 축복과 함께 하나님으로부터 오는 참된 공의와 인애를 체험하고 자신도 선악을 올

22) Mays, *Micah*, 142.

23) W. J. Dumbrell, “צנע,” *NIDOTTE* 3: 822.

24) 개역개정판 한글 성경에서는 “정직하게 행하는 자에게 유익하지 아니하냐”라고 번역하였다. 이 번역은 선을 행한다라는 히브리어 동사 יטב을 유익하다고 번역한 것이다. 하지만 이런 번역은 미가서에서 키워드 중에 하나인 טוב와의 연관성을 독자들에게 보지 못하게 하는 우를 범한다.

바로 분별하여 참되게 공의와 인애를 실천하고 실수하지 않게 살 수 있게 되는 것이다. 신중하게 행하기 위해 여호와와 함께 걸어가는 사람은 하나님의 선을 좇는 사람이며 그런 사람에게 하나님은 더욱 더 지혜를 주어서 선악을 구분하고 실수하지 않도록 인도하신다는 논리이다. 이런 사실은 다음 구절인 6:9에서 더욱 지지를 얻는다. "여호와께서 성읍을 향하여 외쳐 부르시나니 완전한 지혜는 주의 이름을 경외함이니라"(미 6:9). 겸손히 동행하는 것과 주를 경외하여 지혜를 얻는 것이 서로 연결되고 있다.

한편 신중히 행하기 위해 여호와와 동행하는 것은 단회적인 행동이 아니라 계속적인 행위이다. 그렇다면 왜 계속적으로 여호와와 함께 동행해야 하는가? 그것은 계속적으로 공의와 인애를 실천하기 위함이다. 앞에서 하나님의 선인 공의와 인애는 인간의 지혜로 분별할 수 있는 것이 아니다. 언제 어떻게 누구에게 어느 정도의 수준에서 공의와 인애를 드러낼지는 오직 하나님으로부터 오는 지혜를 통해 알 수 있다. 그러기에 인간은 끊임없이 신중하게 행하기 위해 여호와와 동행해야 하는 것이다. 이렇게 계속적으로 공의와 인애를 변함없이 성실하게 행하는 상태가 바로 의이다. 그래서 의는 성실의 또 다른 말이다. 이 해석은 신약에 예수님의 말씀에서 지지를 얻는다. 마 23:23에서 예수님은 바리새인을 책망하면서 미 6:8을 다음과 같이 인용하셨다. "율법의 더 중한바 정의(공의)와 긍휼(인애)와 믿음(성실)은 버렸도다."[25] 이 마태복음 구절은 여호와와 겸손히 동행하는 것을 성실한 행동으로 간주하고 있다. 이런 신실한 행동의 상태에 있는 것이 바로 의로운 모습이다.

---

25) 개역개정판 한글 성경은 "정의와 긍휼과 믿음은 버렸도다"라고 되어 있지만 이것은 미가서의 말씀을 살리지 못한 번역이다.

결론적으로 의는 공의와 인애를 포함하면서 그런 공의와 인애를 지속적으로 지키는 상태를 뜻한다. 이 상태를 위해서 미가 선지자는 여호와와 계속적으로 동행할 것을 권면했다. 이렇게 겸손히 동행하는 모습이 의이다. 여호와와 동행할 때 인간은 하나님이 베푸는 선에 따라 공의와 인애를 지속적으로 행할 수 있기에 여호와와 함께 동행하는 것은 다른 말로 의와 동일어라고 필자는 생각한다. 이 의는 남은 자의 존재 목적이기도 하다. 미 5:7에서 남은 자의 존재 목적은 하나님을 의지하는 것이라고 말했다. 따라서 5:7의 문맥에서 볼 때 의는 하나님을 의지하는 것이고, 하나님을 의지하는 가운데 자연스럽게 나오는 공의와 인애가 동반되는 모습이라고 정의할 수 있다. 한 마디로 공의와 인애는 하나님을 계속적으로 의지하는 의의 모습의 열매이다.

3) 본문의 의도

6:1-8에서 여호와와 백성들 사이에 논쟁은 미가서의 클라이막스 중에 하나이다.[26] 이 본문에서 미가 선지자는 이스라엘과 유다의 잘못은 여호와의 신앙의 본질에서 벗어난 데에 있다고 지적한다. 가나안 땅에서 초심을 잃고 하나님의 말씀보다 세상적인 것에 현혹된 이스라엘은 하나님의 말씀에서 오는 선을 잊어버리고 그것을 잘못된 제의적 의무로 바꾸었다. 그래서 미가 선지자는 그런 행태를 강하게 질타하고 있다. 그것은 지혜의 부족이었다. 미 6:5에서 언급한 여호와의 의(צְדָקָה, "쩨다까")는 백성을 구원함으로써 언약 의무를 신실하게 이행하는 모습을 가리킨다. 이 의로운 행위는 이스라엘을 위해서 공의와 인애로 나타났다. 또한 하나님의 의

26) Andersen and Freedman, *Micah*, 504.

는 인간 편에서 공의와 인애를 수행하도록 자극한다. 이런 문맥에서 미가 선지자는 하나님의 속성을 닮아 공의와 인애를 수행하는 자가 바로 의인이라는 사실을 독자들에게 제시한다. 호세아서도 이런 의의 모습을 지혜와 밀접하게 연결시켰다(호 14:장 참조).

이스라엘은 하나님의 의(구원의 행위)를 통해서 무엇이 선(공의와 인애)인지를 알았지만 나중에 선을 잊어버리고 말았다. 따라서 선을 잊어버린 것은 전적으로 그들의 책임임을 책망한다. 미가의 요지는 선이란 여호와의 속성을 닮아서 공의와 인애를 행하는 것이다. 그리고 공의와 인애를 계속적으로 수행하기 위해서 여호와와 신중하게 동행해야 한다는 것을 지적한다. 공의는 하나님을 향한 의무이지만 인간을 향한 의무도 포함된다. 그래서 미가 선지자는 미가서 2-3장에서 이웃에게 공의를 행하지 않은 지도자들을 강하게 질책했다.[27] 그는 공의와 인애를 행하기 위해서 신중하게 하나님과 동행할 때 인간은 하나님의 의를 본받아 의로운 자로 인정된다고 독자들에게 설득한다. 인간이 신중하게 살기 위해서 여호와와 동행하게 되면 무엇이 선인지를 깨닫고 되고 상황에 따라 하나님이 원하는 공의와 인애를 실천할 수 있다고 말한다. 이 때 인간은 하나님으로부터 말할 수 없는 선한 축복을 받고 더욱 더 지혜로운 선택을 할 수 있게 됨을 교훈한다.

결국 인간에게서 요구되는 선은 하나님과의 올바른 관계 속에서 공의와 인애를 계속적으로 유지하는 상태이다. 그리고 이런 항구적 상태가 바로 의이다. 그렇다고 이것을 공로주의적으로 해석하면 잘못이다. 이런 상태는 인간의 노력으로 얻어지는 것이 아니다. 이것은 하나님의 은혜의 산

27) Andersen and Freedman, *Micah*, 529.

물로서 하나님의 은혜를 체험할 때 파생되는 자연스런 결과이다. 미가 선지자는 이 점을 7장에서 더욱 분명하게 드러낸다. 종말에 하나님은 남은 자를 의의 빛으로 인도하여 자신의 의를 덧입혀 줄 것을 암시한다. 미가 선지자는 이 사실을 종말에 부어지는 하나님의 크신 은혜라고 설명한다(7:20). 구체적으로 이런 은혜를 받은 사람은 죄 사함을 받게 될 것이다(미 7:9, 19-20 참조).[28)]

2. 심판 예언과 언약파기(6:9-16)

1) 구조

6:9-16은 미가서에서 본문이 가장 심각하게 훼손된 부분이다.[29)] 하지만 내용의 전개에 있어서 어느 정도 일관성을 보이고 있다. 미가 선지자는 6:4-8에서 하나님의 속성인 공의와 인애와 의를 지적했다.[30)] 이 공의와 인애와 의는 언약의 정신이기도 하다. 공의와 인애와 의가 없기에 하나님은 6:1-8에서 언약고소를 했다. 이런 문맥 속에서 6:9-16은 하나님이 언약고소에 이어서 심판을 통한 언약파기를 행하실 것이라고 선언한다. 먼저 백성의 죄목으로 부자의 사회적 부정과 착취(6:10-12)를 언급하고 하나님이 유다를 심판하실 것을 말씀한다(6:13-15). 6:16에서는 다시 앞의 내용을 요약하며 결론을 내린다. 구체적으로 6:16은 6:10-12의 죄악을 오므리 왕조의 죄인 우상숭배로 규정한다. 북 이스라엘에서 오므리 왕조는 바알숭배를 본격적으로 도입한 왕조였다(왕상 16:32 참조). 하나님은 오므리 왕조

28) 개역개정판 한글 성경은 미 7:9에서 의(righteousness)를 공의로 번역하였다.
29) Waltke, "Micah," 737.
30) 공의와 인애와 의는 하나님의 속성이면서 창조세계를 다스리는 하나님의 통치원리이기도 하다(시 33:5; 36:6; 89:14 참조)

의 우상숭배와 같이 전락한 유다의 죄로 인해 그들이 수치를 당하게 될 것을 말씀한다. 수치를 당한다는 것은 언약파기에서 전형적으로 나타나는 문구이다(신 28:37).[31] 따라서 언약파기에 대한 선언이었다. 이미 6:15는 "포도원을 밟으나 술을 마시지 못하리라"라는 말을 통해 언약 파기로 인하여 신명기 28장의 언약의 저주가 이루어질 것을 상기시킨다(신 28:30).[32] 부언컨대, 6:9-16의 핵심은 6:1-8에서의 언약고소로 인한 언약파기가 그 목적이다. 언약파기의 주제는 6:9-16과 짝을 이루는 1:10-16에서도 등장했다(1:11, 16). 그래서 1:16에서는 "네 머리털을 깎아 대머리 같게 할지어다"라고 말함으로써 언약파기로 인하여 수치를 당할 것을 예언했다.

전체적 내용의 흐름을 보면 6:9에서 상대방을 부른 다음에 6:10-12에서 유다의 죄를 지적한다. 그 죄의 결과로 6:13-15에서는 하나님의 심판을 선고한다. 심판 선고 부분에서는 동일한 구문론 패턴을 반복하여 5번이나 심판을 선고하는 특징을 보여준다. 구문론적 평행법의 빈번한 사용을 통해 단락의 클라이막스를 제시한다. 이어서 6:16은 다시 정죄와 심판 선고를 요약형식으로 마무리한다. 이 단락의 구조를 보면 다음과 같다.[33]

A 상대방을 부름: "들어라"(6:9)

B. 정죄의 내용(6:10-12)

C. 하나님의 심판 선고(6:13-15)

D. 결론적 요약: 죄(우상숭배)로 인한 심판과 언약파기(6:16)

---

31) Barker and Bailey, *Micah*, 120.

32) Richard L. Schultz, "The Ties that Bind," 41.

33) 바커와 베일리로 이 단락을 같은 구조로 설명하고 있다. Barker and Bailey, *Micah*, 116.

2) 석의

(1) 서론(6:9)

6:9는 주어와 동사가 도치되어 시작한다. 이런 도치는 새로운 단락을 시작하는 신호이다.[34] 6:9의 초두를 개역개정판 한글 성경은 "여호와께서 성읍을 향해 외쳐 부르신다" 라고 번역했다. 하지만 히브리어 원문으로 보면 "여호와의 소리가 성읍을 향해 부르신다" 이다. 여기서 소리는 6:1에서 "들으라" 라는 말과 같이 청중들에게 주의를 환기키는 기능을 한다. 그러면 이 성읍의 정체는 무엇인가? 6:1-8에서 여호와의 변론은 이스라엘 전체를 대상으로 주어진 것이었다(6:2). 언뜻 성읍에 대한 언급은 6:10에서 "악인의 집" 이라는 말을 통해 왕조와 밀접한 관련이 있는 듯하다. 더욱이 6:16의 관점에서 볼 때 성읍은 아합의 집인 사마리아(1:5참조)를 암시하는 것처럼 보인다.[35] 이스라엘에서 성읍으로의 호칭 전환은 하나님의 심판 예언의 전형적 방식이다.[36]

하지만 3장과 6장의 문맥에서 볼 때, 이 성읍의 정체는 아마도 사마리아보다는 예루살렘인 듯하다.[37] 6:1에서 여호와의 언약고소 장면은 1:2에서 여호와가 성전에서 고소하는 장면과 매우 흡사하다. 앞에서 지적한 대로 미가서의 구조에서 6장과 1장은 서로 평행을 이룬다. 이런 점에서 6:9에서 성읍은 예루살렘에 초점을 맞추고 있다고 보는 해석이 더 신빙성이 있다.[38] 6:16에서 아합의 집을 언급하고 있지만 이것은 사마리아의 죄를

34) Andersen and Freedman, *Micah*, 545.
35) Waltke, *Micah*, 406.
36) Waltke, *Micah*, 406.
37) Allen, *Micah*, 377.
38) Andersen and Freedman, *Micah*, 546.

본받아 예루살렘도 사마리아처럼 바알숭배에 빠지게 되었음을 보여주는 수사적 표현으로 이해할 수 있다.[39]

6:9에서 중간에 접속사 와우를 사용하여 "지혜는 당신의 이름을 경외하는 것입니다"라는 말을 삽입시켰다. 이 접속사 와우는 역접(disjunctive) 와우로서 앞의 내용과 관련된 상황이나 이유 등을 나타낸다.[40] 이런 문법적 요소들을 염두에 두고 해석하면, 여호와의 소리가 성읍을 향해 외친다는 말을 하면서 미가 선지자는 잠시 의미의 흐름을 끊고 분별(지혜)은 여호와를 경외하는 것임을 강조하고 있는 것이다. 구약에서 여호와를 경외한다는 것은 일차적으로 하나님의 언약적 명령들에 순종하는 것과 종종 관련된다(시 119:63 참조).[41] 하지만 본질적으로 여호와 경외는 여호와에 대한 무한 신뢰를 뜻하며, 신약적 용어로 말하면 믿음에 해당된다. 이것은 공의와 인애를 계속적으로 실천하려는 의의 모습과 동일하다. 그래서 독자(청중)들로 하여금 이런 의의 모습을 통해서 지혜를 얻을 수 있다는 것을 강조한다.

지혜로 번역된 히브리어 단어는 "투쉬야"(תּוּשִׁיָּה)이다. 이 단어는 잠언에서 실천적 덕목으로서 "건전한 분별력"을 가리킨다. 잠언은 이런 분별력이 삶을 성공으로 이끈다고 말한다.[42] 따라서 분별력을 미 6:9에서 언

39) 장성길, 『피할 수 없는 하나님의 손길: 미가서 주해』 (서울: 도서출판솔로몬, 2009), 147 참조.

40) Waltke and O'Connor, *Biblical Hebrew Syntax*, 650-652.

41) Barker and Bailey, *Micah*, 117.

42) 잠 3:21은 한글 성경에 "완전한 지혜와 근신"이라고 말하고 있는데, 히브리어 단어를 보면, תֻּשִׁיָּה(분별)과 מְזִמָּה(영리함)이다. 이것은 지혜의 실천적 덕목으로서 이와 같은 지혜의 덕목을 가지고 삶에서 성공적이 삶을 쟁취할 것을 강조하고 있다. William P. Brown, *Character in Crisis: A Fresh Approach to the Wisdom Literature of the Old Testament* (Grand Rapids, Mich.: Eerdmans, 1996), 24-

급하는 이유는 이스라엘의 실패가 결국 하나님 안에서 선악을 분별하지 못한 데서 기인하고 있음을 보여주기 위함이다. "투쉬야"라는 단어는 잠 8:14에서 충고, 또는 계획이라는 의미의 단어인 "에짜"(עֵצָה)와 평행을 이룬다(사 28:29; 욥 6:13 참조).[43] 따라서 "투쉬야"라는 분별력은 구체적인 계획을 가지고 행동하는 모습과 밀접한 연관이 있다.

"투시야"와 의미론적 평행을 이루는 "에짜"와 동일 어근의 낱말인 "모에짜"(מוֹעֵצָה)가 6:16에서 등장한다. 이런 점에서 6:9-16은 초두와 말미에서 분별력과 관련된 단어들이 등장하여 인클루지오를 이룬다. 이런 구조는 예루살렘이 분별력을 잃고 행동한 결과 아합의 집의 계획들을 따랐다는 것을 강조하는 효과가 있다. "모에짜"와 동일한 어근이 또한 6:5에서도 등장한다. 6:5에서는 모압 왕 발락이 꾀한 것을 말할 때 언급된다. 이렇게 해서 유다의 실패는 하나님을 경외하지 않고 분별력을 잃어 하나님의 뜻을 좇기 보다는 이방 나라처럼 자신들의 꾀(계획)를 좇는 상태로 전락했기 때문임을 보여준다.

결국 여호와를 경외하는 것이 지혜라는 말은 거꾸로 유다가 지혜가 없어서 선악을 분별하지 못하고 참된 선인 공의와 인애에서 멀어졌다는 설명이었다. 이것은 공의와 인애를 계속 실천하려는 의의 모습(즉 여호와를 경외하는 것)을 견지한다면 지혜를 얻어 선악을 분별하고 더욱더 올바른 공의와 인애를 행할 수 있다는 진리를 내포한다. 이런 자들에게 하나님은 성공적인 삶과 실수하지 않는 삶을 허락하실 것이다.

6:9의 하반부는 맛소라 히브리어 원문으로 읽으면 "막대기(매)와 그것

25를 참조하라.

43) Wolff, *Micah*, 191.

을 지정하신 분을 들으라" 라고 번역될 수 있다. 70인경(LXX)은 이 부분을 "지파여! 들으라. 누가 여전히 그것을(지파) 지정했는가?" 로 번역했다.[44] 또한 BHS의 본문비평 장치는 이 부분을 "들으라 지파여! 누가 그 도시를 지정했는가?" 로 번역할 것을 제안한다. 여기서 지파로 번역한 이유는 막대기에 해당되는 히브리어 단어 "마떼" (מַטֶּה)가 지파로도 번역될 수 있기 때문이다. 지파는 족장과 그 족장이 가진 지팡이를 통해 통치되기에 지팡이를 뜻하는 막대기는 지파로도 해석될 수 있다. 하지만 필자의 견해로 맛소라 히브리어 본문을 굳이 변경할 필요는 없어 보인다. 맥코미스키에 주장대로 사 10:5에서 앗수르는 유다를 벌하기 위한 "진노의 막대기" 로 비유되고 있기 때문에 미 6:9에서 예루살렘 성읍을 향해 내려질 진노의 막대기에 귀기울이라고 해석하는 것은 어색하지 않다.[45] 이렇게 6:9가 심판어조로 시작되는 것은 이 단락이 언약고소에 이은 언약파기를 선언하는 단락이기 때문이다. 6:9의 하반부는 다시 "들으라" 라는 명령어를 포함하기 때문에 명령어로 시작하는 6:1과 같이 단락의 시작을 보여준다(3:1 참조).

(2) 유다의 죄와 하나님의 심판(6:10-15)

앞에서 지적한 대로 이 단락은 유다의 상업적, 사회적 죄악의 목록들을 제시하고 하나님의 심판을 다룬다.[46] 그래서 이 단락은 유다의 죄를 다룬

44) 앤더슨과 프리드만은 70인경의 번역을 따른다. Andersen and Freedman, *Micah*, 539.

45) T. E. McComiskey, "Micah," in *The Expositor's Bible Commentary*. 12 vols, ed. F. E. Gaebelein et al (Grand Rapid, Mich.: Zondervan, 1985), 438.

46) Barker and Bailey, *Micah*, 117.

6:10-12와 하나님이 심판 선고를 언급한 6:13-15로 나누어진다. 6:10-15는 다음과 같이 패널구조를 이룬다.

A. 불의한 재물(10a절)
  B. 거짓 저울추로 속임(10b-11절)
A'. 부자들의 외형적 강포(12a절)
  B'. 거민들의 거짓(12b절)
A". 하나님의 심판: 외형적 타격과 연약하게 함(낮아지게 함)(13절)
  B". 하나님의 심판: 속임(14-15절)

① 6:10-12

6:10-12는 상업적으로 부정직한 방법을 통해 부를 축적하고 사회적으로 강포와 거짓을 행하는 자들을 정죄하는 부분이다.[47] 10절에 개역개정판 한글 성경은 "악인의 집에 아직도 불의한 재물이 있느냐?"라고 번역하고 있다. 하지만 이 번역은 어색하다. 악인의 집에 불의한 재물이 있는 것은 당연하기 때문에 이것을 굳이 반문할 필요는 없다. 히브리어 원문을 본문비평을 통해 재구성해 볼 때 "오 악한 집이여! 내가 불의의 재물을 잊을 것인가?"라는 수사 의문문으로 해석하는 것이 더 설득력이 있다.[48] 그래서 주어가 불의한 재물이 아니라 여호와가 되어 여호와가 악한 자들에게 반문하는 형식이다. 이 형식은 6:9에서 들으라고 말하는 주어가 여호와이기 때문에 문맥에 잘 어울린다.[49] 10절 후반부는 불의한 재물이 결국

47) Mays, *Micah*, 146.
48) Waltke, "Micah," 738.
49) Barker and Bailey, *Micah*, 117 참조.

축소시킨 가증한 에바라는 거짓을 통해서 축적되었음을 말한다. 이 거짓 모티프는 11절에서 더욱 두드러지게 등장한다.

6:11은 10절과 같이 수사 의문문 형식을 다시 사용하여 여호와를 주어로 삼아 부정한 저울과 거짓 저울추들을 여호와가 깨끗케 할 것인가?라고 또 다시 반문하다. 이런 수사 의문문의 반복은 당시 성읍에서 일어나는 행태가 하나님이 도저히 참을 수 없는 것이었음을 강조하기 위한 문학적 장치이다.[50] 부정한 저울이라고 할 때 부정에 해당되는 히브리어 단어는 "레솨"(רֶשַׁע)이다. 이 단어는 의라는 "쩨데ㄲ"(צֶדֶק)의 반의어이다.[51] 미가 선지자는 부정한 저울과 거짓 저울추라는 평행법을 통해서 의에 반대되는 부정이 거짓임을 명시적으로 독자들에게 지적하고 있다. 앞에 6:4-5에서 보듯이 하나님은 애굽에서 이스라엘을 구원한 자신의 의로운 행동을 본받아 유다도 의를 행하기를 원하셨다. 하지만 유다는 의를 행하기보다는 오히려 부정과 거짓으로 치닫는 형국이었다.

6:12는 "아쉐르"(אֲשֶׁר)라는 단어로 시작한다. 여기서 이 단어는 관계대명사가 아니라 원인의 부사절을 이끄는 접속사이다. 그래서 해석을 "~때문에"로 해야 한다.[52] 그래서 12절은 "왜냐하면 그 성읍의 부자들은 폭력을 채우고, 그 성읍의 거민들은 거짓을 말하기 때문이다"라고 번역하는 것이 옳다. 부자들이 속임수를 통해서 부를 축적하는 원인은 그들이 폭력과 거짓을 추구하기 때문이라는 설명이다.

폭력을 채운다고 할 때 채우다라는 히브리어 동사 "말라"(מָלָא)는 3:8에서 이미 언급된 단어이다. 3:8에서 채운다의 목적어는 공의였다. 하지만

---

50) Allen, *Micah*, 378.
51) Andersen and Freedman, *Micah*, 548.
52) Wolff, *Micah*, 194.

6:12에서는 채우다의 목적어가 폭력으로 변했다. 이런 점에서 공의로 자신의 삶을 채워야 할 지도자들이 오히려 폭력을 채웠다는 아이러니를 보여준다. 6:12에서 언급된 사회적 폭력은 거짓과 평행을 이루고 있는데, 이 폭력(חָמָס / "하마쓰")은 공의와 인애 그리고 의와 대조되는 용어이다(렘 22:3; 겔 45:9). 이렇게 해서 부자들과 백성들이 하나님이 원하시는 공의와 인애와 의에서 멀어졌기 때문에 거짓과 폭력으로 재산을 축적했음을 지적한다.

12절에 거짓이라는 히브리어 단어 "쉐께르"(שֶׁקֶר)는 폭력과 평행을 이루고 있기 때문에 이 낱말도 공의와 인애와 의에 반대되는 용어라고 말할 수 있다. 이 단어는 예레미야 7-10장에서 중요한 키워드 중에 하나이다(렘 7:4; 8:8; 9:5; 10:14 등).[53] 예레미야 7-10장에서 거짓은 하나님의 공의와 인애, 그리고 의와 대조를 이룬다(렘 9:24). 마찬가지로 미 6:10-12도 인간이 하나님이 원하는 공의와 인애와 의를 저버릴 때에 거짓으로 치닫게 됨을 독자들에게 각인시키고 있다. 신학적인 측면에서 앞에 6:1-8의 문맥과 연결시켜 읽으면, 6:10-12는 사람들이 공의와 인애와 의를 행하지 않고 제사라는 형식에 치우칠 때에 선악의 분별력을 잃고 반대인 폭력과 거짓을 추구하여 속임과 부정축재의 삶을 산다는 진리를 교훈한다. 결국 하나님의 기준에서 벗어난 경제는 폭력과 거짓으로 요약된다.[54]

② 6:13-15

53) Louis Stulmann, *Order Amid Chaos: Jeremiah as Symbolic Tapestry* (Sheffield: Sheffield Academic Press, 1998), 43 참조.

54) W. P. Brown, *Obadiah through Malachi*, Westminster Bible Companion (Louisville: Westminster John Knox, 1996), 61.

6:13-15의 초두에서는 새로운 소단락의 시작을 알리기 위해 도치가 일어났다. 이 소단락은 6:10-12에서 열거된 죄의 목록으로 인해 하나님의 심판을 다룬다. 유다는 사회적 폭력으로 인해 공의와 인애와 의에서 멀어진 상황이었다. 이런 유다에게 임할 하나님의 심판은 일차적으로 산헤립의 침공(주전 701년)과 더 나아가서 바벨론에 의한 예루살렘 멸망으로 성취되었다(주전 605-586년).[55] 6:13-15는 다시 6:13과 6:14-15로 나누어진다. 13절은 유다의 죄악의 형태에 따라 하나님의 심판도 그대로 임하게 될 것이라는 아이러니를 보여준다. 즉 폭력으로 재물을 쌓고 우쭐대는 유다에 대해 하나님은 그들에게 폭력을 가하고 그들을 연약하게 하여 낮추실 것이라고 말한다. 이어서 14-15절은 유다가 거짓으로 속였기 때문에 하나님도 그들이 노력의 대가를 얻지 못하도록 그들을 속일 것이라는 아이러니를 보여준다.

6:13에서 개역개정판 한글 성경은 “내가 너를 쳐서 병들게 하였다”라고 번역한다. 하지만 병들게 하다라는 번역보다 연약하게 하다라는 번역이 더 옳다. 이 동사는 완료형으로서 과거의 어떤 행동의 시작점을 강조하는 어법이다.[56] 그래서 이 구절을 좀더 정확하게 번역하면 “실로 내가 너를 연약하게 만들기 시작했다”라고 해야 한다. 이어서 나오는 부정사는 연약하게 하는 방법이다. 이런 관찰을 종합해서 13절을 번역하면 다음과 같다. “내가 너의 죄로 인하여 너를 치고 황폐케 함으로써 (너를) 연약하게 만들기 시작했다.” 이렇게 해서 하나님의 심판이 이미 시작되었음을 알린다.

---

55) Barker and Bailey, *Micah*, 118.
56) Waltke and O'Connor, *Biblical Hebrew Syntax*, 486.

연약하다라는 동사는 치다라는 동사와 자주 함께 사용되는 낱말이다(렘 5:3 참조). 공의와 인애를 행하지 않는 자를 연약하게 한다라는 이미지는 미 4:7에서 하나님이 남은 자를 강한 나라로 만들 것이라는 말과 대조를 이룬다. 또한 황폐하다라는 히브리어 동사는 군사적 행동의 결과로 자주 묘사된다(레 26:31; 렘 10:25; 49:20; 겔 30:12, 14; 시 79:7).[57] 황폐케 하다라는 동사인 "샤멤"(שָׁמֵם)은 6:16에서 같은 어근을 가진 비슷한 낱말로 다시 등장한다. 6:16은 앞에 유다의 죄악으로 인한 심판을 결론적인 요약형식으로 다시 말하고 있기 때문에 이와 같은 반복 현상이 일어났다고 설명할 수 있다.

6:13에서 하나님이 이렇게 치시는 이유는 6:12a에서 부유층 지도자들이 백성들에게 강포(폭력)를 행했기 때문이다. 그들의 강포한 행위로 인해 하나님도 그들에게 강포를 행하신다는 인과응보의 원리이다. 구약에서 치다라는 히브리어 동사인 "나카"(נָכָה)와 폭력이라는 히브리어 명사 "하마쓰"(חָמָס)는 서로 밀접한 관계 속에서 등장한다(겔 7:9-11 참조).

6:14-15는 하나님의 심판으로 그들이 먹고 마시는 데 있어서 속임을 당할 것이라고 말한다. 속임이라는 심판의 주제는 6:12b에서 부유층 지도자들이 백성들을 속였기 때문에 하나님도 그들을 속이실 것이라는 보응의 원리를 내포한다. 그래서 유다의 심판은 일종의 자업자득임을 보여준다. 6:14의 문법적 구조를 통해 번역하면 다음과 같다.

A. 네가 먹어도 만족하지 못할 것이다(14aα)

B. 그 이유는 너의 속이 비게 될 것이기 때문이다(14aβ)

---

57) Wolff, *Micah*, 195.

A'. 네가 (어떤 것을) 뒤로 물러가게 할지라도 너는 피하게 하지 못할 것이다(14bα)

B'. 네가 피하게 만든 것을 내가 칼에 넘겨줄 것이기 때문이다 (14bβ)

14a절에서 개역개정판 한글 성경은 "네가 먹어도 배부르지 못하고 항상 속이 빌 것이다"라고 번역하여 항상 속이 빌 것이라는 문장 앞에 있는 접속사 와우(ו)를 순접 접속사(conjunctive 와우)로 이해했다. 하지만 이 접속사 이후로 어순의 도치가 일어났기 때문에 이 접속사는 역접 접속사(disjunctive 와우)에 속한다. 역접 접속사는 다양한 의미가 있지만 여기서는 앞의 내용에 대한 이유를 뜻한다.[58] 따라서 배부르지 못하는 이유로 그들의 속이 항상 빌 것이기 때문임을 지적한다.

14b절도 역접 접속사를 통해서 앞의 내용에 대해 이유를 설명하는 구조로 되어 있다. 개역개정판 한글 성경은 14절 후반부를 "네가 감추어도 보존되지 못하겠고"라는 번역하고 있다. 감추다라고 번역된 히브리어 동사는 원래 고대 역본들마다 다양하게 읽혀진다. 시리악, 불가타, 아퀼라, 그리고 시마쿠스는 이것의 원형을 "나사그"(נָסַג)로 읽었다. "나사그"의 뜻은 "잡다," 또는 "도달하다"라는 뜻이다. 월키는 본문비평을 통해서 이 부분을 "나사그"로 읽을 것을 제안하고 14절 후반부를 "네가 아이를 낳으려고 무엇을 잡고 애쓸지라도 낳지 못할 것이다"라고 해석한다.[59] 하지만 필자의 생각으로 굳이 맛소라 본문의 독법을 수정할 필요는 없다고 본다. 맛소라 히브리어 본문에서는 "수그"(סוג)의 히필형이다. 그 뜻은 "뒤로

58) Waltke and O'Connor, *Biblical Hebrew Syntax*, 651.

물러나게 하다"라는 의미이다.

그러므로 14절 후반부를 맛소라 본문에 따라 충실히 번역하면 "네가 (적의 침입 앞에서 무엇을) 뒤로 물러가게 할지라도, 너는 도망가게(피하게) 하도록 하지 못할 것이다"라고 번역해야 한다. 적의 침입의 이미지는 13절에서 예루살렘을 쳐서 황폐케 하여 연약하게 한다는 말과 잘 어울린다.

14b절에서 마지막 부분에서 개역개정판 한글 성경은 "보존된 것은 내가 칼에 붙일 것이다"라고 번역되었다. 하지만 이 문장은 역접 접속사 와우로서 이유를 제시한다. 그래서 앞에 예루살렘 사람들이 도망가게 할 수 없는 이유를 말하고 있다. 따라서 이 부분은 "왜냐하면 네가 도망가게(피하게) 한 것을 내가 칼에 붙일 것이기 때문이다"라고 번역하는 것이 옳다.

6:15는 수확을 거둘 수 없고, 감람나무와 포도나무에서 그들이 원하는 것을 얻지 못할 것을 말한다. 하나님의 심판으로 자연질서도 유다를 속일 것이라는 얘기다. 이렇게 해서 그들이 거짓으로 사람들을 속인 대가를 그대로 받게 된다는 아이러니를 다시 보여준다. 자연에게서 소출을 기대할 수 없다는 것은 자연의 황폐함을 또한 의미한다. 이 사실은 13절에 유다가 황폐해진다는 것과 자연스럽게 연결된다. 더욱이 감람나무와 포도나무에서 아무 유익을 얻을 수 없다는 것은 언약의 저주이기도 하다(말 2:2).[60] 이런 점에서 하나님의 심판을 통한 언약파기를 제시하는 대목이다.

결국 6:14-15는 예루살렘의 부유층 지도자들이 백성들을 거짓으로 속여서 불의를 행한 것처럼 하나님도 그들을 속여서 그들이 원하는 바를 얻지 못하고 심판에 붙이실 것을 말한다. 유다의 부유층 지도자들이 공의와

59) Waltke, "Micah," 741.

60) Barker and Bailey, *Micah,* 119.

인애와 의에서 멀어져 거짓과 속임수를 행할 때 그들이 오히려 아이러니의 주인공이 되어 속임을 받고 심판의 대상이 된다는 진리이다.

소선지서의 문맥에서 하나님의 심판은 미 6:15처럼 자연질서의 황폐함을 동반한다(호 2:11; 4:10; 암 4:8; 학 1:6; 말 3:11 등). 하지만 소선지서에서 자연질서의 황폐함은 그 자체로 끝나지 않고 항상 하나님의 회복 프로그램에 의해 원상복귀된다. 이런 점에서 자연의 황폐함은 다시 종말에 하나님의 강권적인 은혜에 의해 자연의 회복으로 나타나게 될 것이다. 역사 안에서 인간의 죄는 창조세계에서 자연과 서로 상호적 관계에 있음을 소선지서는 일관되게 이야기하고 있음을 주목할 필요가 있다.[61)]

15절에서 "유다가 씨를 뿌려도 추수하지 못할 것"이라고 말한다. 이것은 확실히 자연질서의 황폐함을 가리킨다. 그러면서 이 구절은 소선지서 문맥에서 호세아서를 강하게 연상시킨다. 호세아서에서 하나님은 씨 뿌리는 자로 묘사된다. 호세아 선지자는 백성에게 씨를 뿌리는 하나님의 본을 따라 공의의 씨를 뿌려 그에 합당한 열매를 거두라고 촉구했다(호 10:12 참조). 하지만 호세아 선지자 당시 백성들은 공의를 심기보다는 "바람을 심고 광풍을 거두고 있었다"(호 8:7). 공의를 심지 않을 때 그 결과는 헛된 것이다. 이런 맥락에서 미 6:15도 하나님의 백성들이 공의를 행하지 않을 때, 그들의 삶은 결실을 맺지 못하게 된다는 신학을 제공한다.

(3) 결론(6:16)

6:16을 시작하는 접속사 와우에 대해서 여러 의견이 있다. 월키는 이

---

61) 필자는 박사학위논문에서 이 역사와 창조의 상호관계성을 일관되게 지적했다. Changdae Kim, "Jeremiah's New Covenant within the Framework of the Creation Motif," (PhD diss., Trinity International University, 2006)을 참조하라.

와우를 순접을 뜻하는 접속사 와우로 보고 "그리고 그는 오므리의 율례를 지키고 있다"로 해석했다.[62] 앞의 죄목들과 더불어 예루살렘의 죄악을 하나 더 추가하는 내용이라는 주장이다. 하지만 필자는 순접 와우(conjunctive 와우)는 6:9-16의 단락의 결론을 도입하는 기능을 할 수도 있다고 본다.[63] 그래서 필자는 6:16은 앞의 내용을 결론적으로 요약하는 내용으로 이해할 수 있다고 생각한다.[64]

다시 말해서 6:16은 앞에서 6:10-15의 내용을 다시 함축적으로 반복하면서 단락을 끝내는 기능을 한다. 그래서 6:16a에서 오므리의 율례와 아합의 집의 모든 예법에 대한 언급은 6:10-12에서 유다의 폭력과 거짓으로 대변되는 죄를 다시 요약적으로 말하는 것이다. 그리고 6:16b에서 하나님의 심판선고는 6:13-15에서 다루었던 하나님의 심판내용을 다시 요약하는 결론이다.[65]

오므리와 아합의 집은 북 이스라엘에 공식적으로 바알숭배를 도입한 왕조였다. 하지만 남 유다는 르호보암 때부터 바알숭배를 공식적으로 시작했다(왕상 14:23 참조). 따라서 6:16에서 남 유다가 아합의 집의 전통을

62) Waltke, *Micah,* 404.

63) 롱거커(Longacre)는 접속사 와우가 단락의 클라이막스 역할을 한다는 것을 주장한 대표적 학자이다. Robert E. Longacre, "Wegatal Forms in Biblical Hebrew Prose: A Discourse-Modular Approach," in *Biblical Hebrew and Discourse Linguistics*, ed. Robert D. Bergen (Winona Lake, Ind.: Eisenbrauns, 1994), 95. 여기서 Longacre는 접속사 와우와 연결된 완료형에 집중했다. 하지만 필자는 미완료형도 해당될 수 있다고 본다. 한편 Wolff는 이 6:16절이 신명기학파의 사람들이 후대에 추가한 구절이라고 주장한다. 그의 주장을 액면 그대로 받아들일 필요는 없지만 어쨌든 이 구절은 6:15절과 연결되기 보다는 앞의 소단락을 결론짓는 절이라고 본다는 점에서 확실히 16절은 앞의 구절들과 차별화된다고 말할 수 있다. Wolff, *Micah*, 197.

64) Barker and Bailey, *Micah*, 119.

65) Barker and Bailey, *Micah*, 119.

따랐다는 말은 미가 선지자 당시 남 유다가 아합의 바알숭배를 본받았다는 의미가 아니다. 아합의 집의 전통을 따랐다는 것은 오므리와 아합의 왕조의 특징이었던 우상숭배가 이제 남 유다의 특징이 되었다는 말로 이해하는 것이 더 옳다. 더 나아가 오므리와 아합은 나봇의 포도원의 경우처럼 종교뿐만 아니라 사회적으로 불의를 행했다(왕상 21:1-26). 따라서 오므리와 아합의 집의 죄는 우상숭배와 함께 공의가 부재된 사회적 불의라고 말할 수 있다. 6:16은 이러한 북 왕국의 죄악상이 남 유다의 죄들의 본질임을 말하고 있는 것이다. 지혜가 없어 선악을 분별하지 못하고 공의와 인애와 의를 행하지 않을 때, 그 결과는 우상숭배와 사회적 불의라는 교훈이다. 실제로 미가와 같은 시기에 아하스는 바알 우상을 만들고 자녀들을 불가운데에 지나가게 했다(왕하 16;3; 대하 28:2 참조).[66]

6:16b는 하나님의 심판을 다시 강조한다. 오므리와 아합의 집의 끝은 하나님의 철저한 심판이었다. 유다와 예루살렘도 하나님의 공의를 잊어버리고 폭력과 거짓을 행할 때 북 이스라엘처럼 그 결과는 심판이다. 그래서 16절 마지막은 유다가 "수욕을 담당하리라"라고 결론짓고 있다. 수욕은 언약파기로 인한 심판의 형벌이다(신 28:37). 이렇게 해서 유다의 심판은 언약파기로 인한 심판임을 보여준다. 미 6:1-8에서 언약의 정신인 공의와 인애와 의를 강조했다면, 미 6:9-16에서는 공의와 인애와 의를 행하지 않음으로 인해 언약의 파기를 선언하고 있는 셈이다.

한편 유다가 "내 백성의 수욕을 담당한다"라는 말은 이상하게 들린다. 여기서 "내 백성의 수욕"이라는 말의 의미가 무엇인가? 70인경(LXX)은 이것을 "열방의 수욕"이라고 읽고 있다. 하지만 미가서는 주로 유다의 지

66) Andersen and Freedman, *Micah*, 550.

도층에 대해 강한 적대감을 보였다. 따라서 필자는 굳이 맛소라 사본을 변형시키지 않고 여기서 유다를 지도자들로 본다면 본문의 흐름과 잘 어울린다고 생각한다.[67] 그래서 미가 선지자가 유다 지도자들이 수욕을 당할 것을 선언하고 있다고 해석할 수 있다.

한편 6:16은 거친 음(sibilants)의 종류인 "쉰"(שׁ)이라는 자음이 연속적으로 등장하고 있다.[68] 즉, 지키다라는 뜻의 "샤마르"와 황폐함이라는 뜻의 "샤마," 그리고 비웃는 소리라는 뜻의 "쉐레까"가 연속적으로 등장한다. 그래서 유다가 오므리의 율례를 "샤마르"(שָׁמַר, 지키다)할 때, 그 결과는 "샤마"(שַׁמָּה, 황폐함)와 "쉐레까"(שְׁרֵקָה, 비웃는 소리)라는 문자적 기교를 보여주고 있다. 이런 문자적 기교를 통해서 단락의 절정을 이룬다.

3) 본문의 의도

6:9-16에서 하나님이 구하는 공의와 인애를 저버리는 유다의 행태는 선악을 분별하지 못한 어리석은 행동이기에 심판을 당하고 언약이 파기될 것을 강조한다. 하나님은 폭력과 거짓으로 자신들을 채우려는 유다를 막으시고 벌하실 것이다. 그 최후는 적들에 의한 멸망이다. 미가 선지자는 결론부분에서 유다가 하나님의 말씀을 듣기보다 오므리의 율례를 지켰다고 지적함으로써 아이러니를 보여준다. 6:9에서 미가 선지자는 백성들에게 하나님의 막대기에 경청할 것을 요구했다(שְׁמַע, "샤마"). 하지만 실상 그들은 하나님의 말씀을 듣기보다는 오므리의 율례를 지켰다(שָׁמַר, "샤마르")(6:16). 즉 하나님의 말씀을 "샤마"(듣다)하라고 했지만 이들은 오므리

---

67) Andersen and Freedman, *Micah*, 550.
68) 예를 들어 שָׁמַר(지키다), שַׁמָּה(황폐), שְׁרֵקָה(hissing) 등이다.

의 율례를 "샤마르"(지키다)했던 것이다. 이런 청각적 기교를 통해서 유다가 하나님의 원하시는 방향과 정반대로 행동했다는 아이러니를 보여준다. 이런 수사적 장치를 통해 미가 선지자는 독자들로 하여금 유다의 죄의 모습을 극명하게 각인시킨다. 더 나아가 우상숭배를 했던 오므리와 아합의 집에 대한 언급을 통해서 미가는 지혜없이 하나님의 뜻을 분별하지 못하고 행동하는 모습은 우상숭배와 진배없음을 독자들에게 제시한다.

하나님의 뜻을 저버리고 폭력과 거짓을 통해 상대방을 속일 때(6:10-12), 그 결과는 하나님의 인과응보적 심판이다. 그래서 본문에서 6:14-15는 먹지만 배부르지 못하고 씨를 뿌리나 추수하지 못할 것이라고 말함으로써 속임수를 행하는 유다가 동일한 대가로 하나님으로부터 속임을 받게 될 것을 지적한다.[69] 하나님의 말씀과 계명을 듣지 않고(שָׁמַע, "샤마") 다른 율례를 지킬 때(שָׁמַר, "샤마르"), 그 최후는 황폐함(שַׁמָּה, "샤마")이라는 정교한 문자적 기교는 이 단락이 미가서 문맥에서 또 다른 심판의 절정임을 보여주고 있다. 부연설명한다면 이렇다. "너희들이 하나님의 말씀을 '샤마'(듣다)하지 않고 다른 율례를 '샤마르'(지키다)할 때에 그 최후는 '샤마'(황폐함)가 될 것이다."

---

69) Wolff, *Micah*, 198.

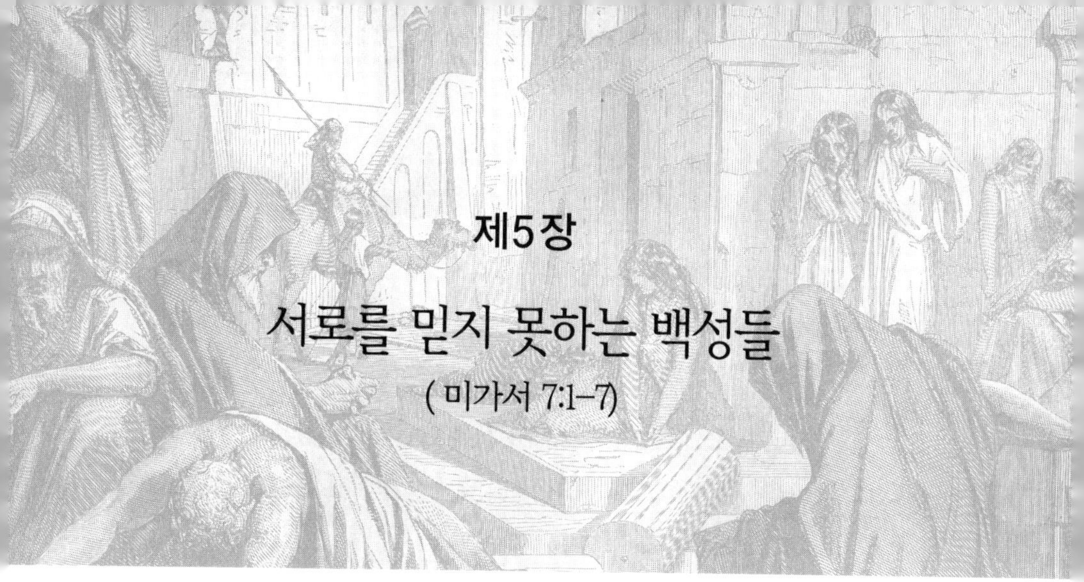

제5장

서로를 믿지 못하는 백성들

(미가서 7:1–7)

이 단락은 현재의 부유층 지도자들의 실상을 다룬다. 더 나아가서 일반 백성들의 타락과 가족의 붕괴를 묘사한다. 현재의 실상을 다루는 2:1은 "화로다"(הוֹי / "호이")라는 말로 시작했는데 마찬가지로 7:1도 "재앙이로다"(אַלְלַי / "알라이")라는 말로 시작하는 공통점이 있다. 이 단락은 현재의 죄악상을 보고, 미가 선지자가 탄식하는 내용이다. 그리고 가족 제도의 붕괴를 언급한다(7:5-6). 그러기에 사람을 의뢰하지 말라고 경고한다. 2-3장에서 미가 선지자는 당시 상황의 실상을 고발했다. 거기서 지도자와 제사장, 그리고 선지자들의 죄악상을 지적했다. 비슷하게 7장에서도 미가는 지도자들의 죄악을 다시 언급한다(7:2-3). 더 나아가 가장 선한 자와 일반 백성들 사이에서 나타나는 죄악상까지도 주목한다(7:4). 하나님보다 사람을 의지하는 사람들의 행태를 꼬집고 있는 것이다(7:5-6). 그 결과 하나님의 심판이 임할 때 서로를 믿지 못하게 될 것을 예언한다.

반면 미가 선지자는 다시 자신의 상황과 현실로 돌아와서 자신은 하나님을 의지할 것이라고 고백한다. 하나님을 신뢰하기 때문에 자신에게 소망이 있다는 주장이다(7:7). 남은 자의 특징이 하나님을 바라며 신뢰하는 자임을 다시 한번 확인시켜 주는 대목이다(5:7 참조). 미가가 자신의 현실로 돌아와서 고백하는 모습은 미가서 전체의 특성상 단락의 끝을 이루는 기능을 한다. 이렇게 해서 7:7이 7:1-7의 단락의 끝임을 알린다.

2-3장에서 미가는 1인칭을 사용하여 자신의 생각과 입장을 간헐적으로 표현했다(2:6; 3:8). 마찬가지로 이 단락에서도 자신의 생각과 고백을 드러내고 있는데, 2-3장보다 그 강도가 점점 높아지고 있다.

1. 구조

월키는 미가서 7장의 구조를 1-6절과 7절, 그리고 8-20절이라는 세 부분으로 나누었다.[1] 하지만 필자의 생각으로는 1-7절과 8-20절로 나누는 것이 더 설득력이 있다고 여겨진다.[2] 무엇보다도 1절과 7절은 미가 자신이 1인칭으로 나온다는 점에서 인클루지오(inclusio)를 이루고 있다. 이 단락의 구조는 다음과 같이 제시될 수 있다.[3]

A. 나의 영혼이 사모하는 무화과가 없음(1절)
  B. 경건한 자와 정직한 자가 끊어짐: 무리가 형제를 해하려고 함(2-3a절)
    C. 지도자들의 타락(3b-4절)
  B'. 서로 사람을 믿지 말 것: 가족이 서로를 해하려고 함(5-6절)
A'. 나는 오직 하나님을 바라볼 것임(7절)

이상의 구조에서 볼 때 이 단락의 핵심은 동심원 구조의 중심에 있는

---

1) Waltke, *Micah*, 415-429.
2) Barker and Bailey, *Micah*, 121. 여기서 바커와 베일리도 미가서 7장은 1-7절과 8-20절로 나누었다.

C단락으로서 지도자들의 타락이다. 여기서 주목할 부분은 B/B'의 평행이다. B단락(2-3a절)에서 경건한 자와 정직한 자는 6장의 문맥에서 읽으면 다름 아닌 공의와 인애와 의를 행하는 자이다. 그래서 이런 자들이 실종될 때에 지도자들이 타락한다는 것을 구조적으로 보여준다. 그리고 그 결과로 B'단락(5-6절)은 서로를 해하고 믿지 못한다는 것을 말한다.

7:5에서 서로를 믿지 못한다고 할 때, 믿는다라고 번역된 히브리어 동사의 원형은 "아만"(אָמַן)이다. 이 단어는 7:20에서 성실로 번역된 히브리어 단어인 "에메트"(אֱמֶת)와 동일어근에서 파생된 낱말이다. 이렇게 해서 7장은 진실되게 지속적으로 믿을 수 있는 성실함의 상태를 핵심적 주제로 제시한다. 그래서 공의와 인애와 의에서 떠날 때 하나님과의 관계뿐만 아니라 인간과의 관계에서도 성실하게 지속되는 믿음의 상태를 이룰 수 없음을 은연 중에 제시한다. 결국 인간은 하나님에게로 돌아와서 하나님으로부터 오는 인애와 성실(지속적인 신뢰의 관계)을 덧입어야 소망이 있음을 보여준다.

2. 석의

1) 7:1

7:1에서 화자가 하나님에게서 미가 선지자로 바뀜으로써 새로운 단락

---

3) 한편 앤더슨과 프리드만은 이 단락을 인칭별로 다음과 같이 동심원 구조로 이해했다. Andersen and Freedman, *Micah*, 563.

A. 1인칭(1절)
  B. 3인칭(2-3절)
    C. 2인칭(5절)
  B'. 3인칭(6절)
A'. 1인칭(7절)

의 시작을 알리고 있다. 이 구절에서 여름 과일과 포도, 그리고 무화과가 등장한다. 여기서 여름 과일은 다름 아닌 무화과를 가리킨다. 성경에서 무화과와 포도는 자주 병치되어 등장한다(미 4:4 참조).[4] 이 과일들의 언급은 다음과 같은 의미있는 패턴을 이룬다.

A. 여름 과일(무화과)
  B. 포도원
  B'. 먹을 포도송이
A'. 나의 영혼이 사모하는 무화과(여름 과일)

이 구절을 개역개정판 한글 성경은 "나는 여름 실과를 딴 후와 포도를 거둔 후 같아서 먹을 포도송이가 없으며 내 마음에 사모하는 처음 익은 무화과가 없도다"라고 번역했다. 하지만 히브리어 원문을 보면 약간 뉘앙스가 다르다. 미가는 초두에 자신에게 재앙이라고 말하면서 그 이유를 접속사 "키"(כִּי)를 사용하여 설명하고 있다. 즉 재앙을 당하는 이유가 자신이 어떤 모습이 되었기 때문이라는 것이다. 여기서 되었다라는 동사는 히브리어로 "하야"(הָיָה)로서 완료형이다. 이 용법은 영어에 현재 완료에 해당하는 것으로 무엇이 되어 지금까지 그런 상태에 있다는 뜻이다(have become). 그러면 무엇이 되었다는 말인가? 그것을 보충해 주는 보어가 그 다음에 나온다. 그 보어를 직역하면 "여름 실과(무화과)를 수확하고, 포도를 거둘 때와 같이 되었다"는 것이다. 여기서 전치사 "케"(כְּ)를 "후에"로 해석하고 "실과를 수확한 후에"로 번역하는 경우도 있다.[5] 그러나 이런

4) Andersen and Freedman, *Micah*, 566.
5) Allen, *Micah*, 385.

식으로 번역하면 “나는 수확을 거둔 후와 같이 되었다”라고 되는데 의미가 잘 통하지 않는다. 수확을 거둔 후에 열매를 구할 수 없다는 것은 당연하기 때문에 이것이 화가 될 수는 없다.

결론적으로 말해 필자는 1절에서 하야 동사 이후에 나오는 모든 말들은 보어절로 이해할 수 있다고 본다. 그리고 하야 동사 다음에 보어절을 이끄는 접속사 “키”(כִּי)가 생략되었다고 생각한다.[6] 이렇게 되면 “나는 여름 실과인 무화과를 수확하고 포도를 거두려고 할 때에 먹을 포도송이가 없고 내 영혼이 바라는 첫 과일(초여름 과일인 무화과)이 없는 그런 비참한 모습이 되었다”라고 번역할 수 있다. 즉 수확물을 기대하였지만 열매가 없는 상태가 되어 곤경에 처한 모습이다.

울프는 이 구절을 수확기에 가난한 자들을 위해 수확물을 남겨야 한다는 모세의 율법(레 19:9-10; 23:22; 신 24:19-22)을 당시 사람들이 실행에 옮기지 않았다는 것을 간접적으로 비판하는 구절로 해석했다.[7] 하지만 수확시기에 수확물을 기대했지만 그렇지 못함으로써 오는 커다란 고통을 일차적으로 보여주는 것으로 이해하는 것이 문맥적으로 더 타당하다. 메이즈는 이 구절을 미가 자신의 주위가 열매 없는 앙상한 나뭇가지처럼 어떤 지원과 격려, 그리고 만족도 주지 못했음을 보여주기 위한 메타포라고 주장한다.[8] “여름 실과를 거둘 때”라는 표현에서 거둔다라는 말은 히브리어로 “거두는 행위”라는 명사 복수형이다(עֹלֵלֹת/ “올렐로트”). 그래서 여름 실과를 거두는 행위들이 여러 번 반복적으로 일어났음을 암시한다.[9] 이런

---

6) 히브리어에서 명사절을 이끄는 접속사 כִּי는 종종 잘 생략이 된다.
7) Wolff, *Micah*, 204. 이런 견해는 월키도 동조하는 것 같다. Waltke, “Micah,” 745.
8) Mays, *Micah*, 151.
9) Waltke, *Micah*, 416.

점에서 반복적으로 수확을 하려고 했지만 실제로 원하는 먹을 것이 없다는 대조를 통해 미가 자신의 고통을 은유적으로 보여주고 있다.

"나의 영혼이 바라던 첫 열매"라고 했을 때에 "바라다"라는 의미의 동사는 "아봐"(אָוָה)의 피엘형 완료이다. 피엘형은 강조형으로 "간절하게 바라다"라는 의미를 가진다.[10] 따라서 간절하게 바랐던 것을 얻을 수 없을 때에 상실감을 강조하고 있다.

한편 이 구절은 주위의 문맥의 관점에서 더 깊은 의미를 독자들에게 제공한다. 바로 앞에 미 6:15에서 "네가 씨를 뿌리나 추수하지 못할 것이며 감람을 밟으나 기름을 네 몸에 바르지 못할 것이며 포도를 밟으나 술을 마시지 못하리라"라는 예언의 관점에서 7:1을 이해할 수 있기 때문이다. 그렇게 되면 미 7:1에서 미가 선지자는 언약파기로 인한 하나님의 심판을 이미 체험하고 있는 셈이 된다. 또한 미 6:15에서 "씨를 뿌리나 거두지 못할 것이다"라는 말은 소선지서의 문맥에서 볼 때 호 2:9-12와 강한 연관성을(intertextuality) 갖는다.[11] 호세아 2장에서도 포도나무와 무화과나무가 똑같이 언급되는데, 포도나무와 무화과나무에서 열매를 거둘 수 없는 모습을 하나님의 심판 예언의 성취로 보고 있다.[12] 이상의 논의를 종합하면 미 7:1에서 포도나무와 무화과나무에서 바라는 열매를 얻을 수 없다는 얘기는 미가 선지자가 현재의 실상 속에서 다가올 하나님의 심판을 미리 경험하고 있다는 것을 보여준다.

이사야 선지자는 하나님이 포도나무인 자신의 백성에게서 열매를 원했

---

10) Wolff, *Micah*, 205.

11) 호세아서에서 주요한 주제 중에 하나는 씨를 뿌리고 거둔다는 주제이다.

12) 포도나무와 무화과나무는 구약성경에서 풍요를 상징하는 말이다. Thomas McComikey, "Hosea," in *The Minor Prophets* (ed. Thomas Edward McComiskey; Grand Rapids, Mich.: Baker, 1992), 39.

지만 열매를 찾을 수 없었기 때문에 분노하는 모습을 보여준다(사 5:1-7 참조). 같은 맥락에서 미 7:1에서 미가 선지자의 모습은 자신의 백성에게 실망하고 괴로워하는 하나님의 모습을 대변해 준다고 말할 수도 있다.[13]

소선지서 전체 문맥에서 하나님의 모습은 자신의 백성에게서 열매를 얻기 원하는 분으로 제시된다. 이 점은 소선지서 초두인 호세아서와 말미인 말라기서에서 잘 보여준다(호 14:4-8; 말 4:1-3). 하지만 인간은 하나님의 뜻대로 열매를 맺지 못했다. 하나님이 원하시는 열매는 공의와 인애와 의로 대변된다(호 2:9, 23; 미 6:8). 백성들이 이와 같은 열매를 맺지 못하자 선지자들은 하나님의 심판을 예언한다. 하지만 심판으로 모든 것이 끝나는 것은 아니다. 종말에 하나님은 자신의 강권적 은혜를 통해 죄를 용서하시고 남은 자들로 하여금 의의 열매를 맺게 하실 것이라는 희망의 메시지를 던져주기 때문이다. 이와 같은 사실을 미가서 7장은 나중에 매우 두드러지게 강조한다. 이런 의미에서 미가서는 소선지서의 중심이라고 할 만하다.

2) 형제를 해하는 무리들(7:2-3a)

7:2에서 미가 선지자는 경건한 자(חָסִיד/ "하씨드")와 정직한 자(יָשָׁר/ "야샤르")가 땅에서 사라졌다고 말한다. 7:1에서 포도와 무화과가 없듯이 경건한 자와 정직한 자를 찾을 수 없다는 설명이다. 여기서 경건한 자와 정직한 자는 7:1에서 각각 포도 열매와 무화과 열매를 상징한다고 말할 수 있다.[14] 7:1-2의 문맥에서 볼 때, 7:1에서 미가 선지자가 없어서 탄식했던 열매란 결국 하나님의 말씀대로 공의와 인애를 행하는 열매임을 알

13) Allen, *Micah*, 385.
14) Barker and Bailey, *Micah*, 121.

수 있다. 7:2에서 미가 선지자가 경건한 자와 정직한 자를 찾을 수 없다는 토로는 2-3장에서 묘사된 지도자들의 타락이 이제는 모든 사람들의 타락으로 확대되어 백성 전체가 하나님 앞에서 선을 구하지 않고 악을 행하고 있음을 뜻한다.

"하씨드"라는 경건한 자는 여러 의미를 가질 수 있다. 이 단어는 히브리어 "헤쎄드"(חֶסֶד, 긍휼, 인애를 뜻함)에서 나온 말로서 헤쎄드를 행하는 자, 헤쎄드를 받은 자, 또는 헤쎄드인 사람을 의미한다.[15] 월키는 맨 마지막 후자의 의미를 지지한다.[16] 하지만 6장의 문맥과 비추어 볼 때에서 하나님의 뜻대로 헤쎄드를 행하는 자로 보는 것이 더 신빙성이 있다.[17] 헤쎄드(인애)는 미 6:8에서 언급되었듯이 하나님이 구하는 선의 목록에 들어있는 덕목이다. 이런 의미에서 헤쎄드를 행하는 사람이 없다는 것은 하나님이 원하시는 선을 행하는 사람이 이 땅에 없다는 뜻이다.[18]

7:2에 땅으로 번역된 히브리어 단어는 "에레쯔"(אֶרֶץ)이다. 이 "에레쯔"는 지역적인 이스라엘의 땅을 가리킬 수도 있고, 아니면 온 땅인 세상을 가리킬 수 있다. 혹자는 이 예언이 유다와 예루살렘을 향한 것이기에 여기서 땅은 팔레스타인에 있는 이스라엘의 땅에 국한된다고 주장한다.[19] 하지만 7장 전체 문맥은 전 세계적인 심판을 염두에 두고 있기 때문에

15) K. Sakenfeld, *The Meaning of Hesed in the Hebrew Bible*, HSM 17 (Missoula, Mont.: Scholars, 1978), 241-245.

16) Waltke, *Micah*, 417.

17) 메이즈도 이런 관점을 지지하면서, 경건한 자(신실한 자)의 의미를 "삶의 방식으로서 헤쎄드(충성, 인애)를 행하는 자"로 보았다. Mays, *Micah*, 151.

18) 구체적으로 헤쎄드를 행한다는 것은 언약의 요구에 마음으로 충성을 다하는 모습이다. Thomas Edward McComiskey, "Exegetical Notes: Micah 7," *TrinJ* 2 (1981): 62-68에서 63.

19) Watlke, *Micah*, 417.

(7:11-13), 이스라엘의 범위를 넘어 범세계적인 영역을 가리킨다는 게 더 설득력 있다. 7:2는 문법적으로 동심원 구조를 이루고 있다.

a. 망했다(서술어)
  b. 경건한 자(주어)
    c. **땅**으로부터(부사구)
  b'. 정직한 자(주어)
    c'. **사람** 중에서(부사구)
a'. 없다(서술어)

이상의 구조에서 볼 때 땅은 사람(אָדָם / "아담")과 짝을 이루고 있다. 경건한 자 다음에 언급되는 정직한 자(יָשָׁר / "야샤르")는 앞에 등위접속사 와우(ו)가 등장한다. 이것은 설명적 와우(epexegetical 와우)로서 앞의 내용을 다시 다른 말로 표현하는 기능을 한다. 주로 시문에서 앞의 내용과 평행을 이룰 때에 사용된다. 여기서는 동의적 평행법(synonymous parallelism)을 이끈다.[20] 이런 점에서 정직한 자는 앞에 언급된 경건한 자를 다시 반복해서 설명하는 용어이다. 하지만 동의적 평행법은 앞의 내용을 그대로 반복하는 것이 아니라 더욱 발전시키는 기능이 있다.[21] 그러므로 정직한 자(바른 자)인 "야샤르"의 의미는 단순히 헤쎄드를 행하는 경건한 자의 의미 그 이상을 뜻한다.

정직한 자로 번역된 히브리어 단어 "야샤르"(יָשָׁר)는 미 3:9에서 "정직한 것을 굽게 하는 자"라는 표현에서 알 수 있듯이, 하나님이 정한 코스

20) Waltke and O'Connor, *Biblical Hebrew Syntax*, 652-653.
21) Craig C. Broyles, ed., *Interpreting the Old Testament*, 117.

에서 이탈하지 않는 모습을 지칭한다(렘 31:9 참조). 따라서 하나님의 정한 규정대로 똑 바로 행동하는 자를 의미한다. 이와 관련해서 울프(Wolff)는 정직이라는 단어는 공의를 행하는 모습과 가깝다고 주장한다.[22] 이것이 옳다면 2절에서 경건한 자(헤쎄드를 행하는 자)와 정직한 자는 각각 6:8에서 언급한 헤쎄드(인애, 충성)와 공의(미쉬파트)을 행하는 자로 대입시킬 수 있다.

7:2의 후반부는 사람들이 하나님의 선한 뜻인 미쉬파뜨(공의)와 헤쎄드(인애)를 추구하지 않는 결과로 서로를 억압하고 해하는 모습을 그리고 있다. 그래서 무리가 피를 위하여 매복하고 형제들을 덫으로 사냥하듯이 잡으려 한다고 말한다.

7:3의 전반부에서 미가 선지자는 이런 모습을 악으로 규정한다. 악이라는 히브리어 단어 "라"(רַע)는 6:8에서 하나님이 원하시는 선(טוֹב / "토브")과 반대되는 말로서, 이미 앞에 3장에서 공의와 인애를 행하지 않은 타락한 지도자들의 행태를 꼬집을 때 사용되었던 단어이다. "너희가 선을 미워하고 악을 사랑하며 내 백성의 가죽을 벗기고 그 뼈에서 살을 뜯어 그들의 살을 먹으며 그 가죽을 벗기며 그 뼈를 꺾어 다지기를 남비와 솥 가운데 담을 고기처럼 하는도다"(3:2-3). 선을 미워하고 악을 사랑할 때 사람들은 타인을 마치 짐승처럼 취급하게 된다는 분석이다. 바로 이점을 7:2는 지적하면서 사람들이 형제를 해하기 위해 마치 그물로 짐승을 사냥하듯 행동하고 있음을 개탄한다.

7:3에서 개역개정판 한글 성경은 "두 손으로 악을 부지런히 행하도다"라고 번역했다. 하지만 히브리어 원문을 보면, "두 손이 악에 대해 매우

---

22) Wolff, *Micah*, 205.

능숙하다"라는 의미이다. 그리고 능숙하다에 해당되는 히브리어 단어는 선이라는 "또브"(טוֹב)와 같은 어근을 가진 동사이다. 이렇게 해서 7:3의 전반부는 사람들이 악에 오히려 선을 행하는 행태를 조소하고 있다.[23]

요컨대 7:1-3a는 임박한 심판 앞에서 미가 선지자의 탄식을 다루면서 동시에 수확기에 열매를 바라듯이 공의와 인애와 의의 열매를 원했지만 열매를 거둘 수 없는 현실을 보여준다. 오히려 사람들은 반대로 하나님뿐만 아니라 사람들에게 악행을 저지르고 있는 형국이었다.

3) 지도자들의 타락(7:3b-4)

이 소단락은 미가서 2-3장에서 언급했듯이 지도자들, 재판장, 그리고 부유층 사람들의 죄악상을 다시 지적한다. 개역개정판 한글 성경에서 지도자로 번역된 히브리어 단어 "샤르"(שַׂר)는 높은 지위에 있는 관료나 두령들을 가리키는 낱말이다. 두령과 재판장과 부유층들이 공의와 인애(충성)보다는 대가를 바라고 자신의 사욕을 위해 행동하고 있다는 것을 보여준다. 3장에서 사욕을 위해 행동하는 지도자들의 행태를 책망했던 미가 선지자는 여기서도 자신들의 욕심과 사리사욕을 위해 행동하는 지도자들의 죄악상을 반복해서 고발하고 있다.

7:3b의 마지막 문장은 지도자들의 죄악을 구체적으로 설명하기 위해 와우계속법 와우로 연결된 미완료형태의 동사를 취했다. 이 와우 계속법의 용법은 설명적 상황을 나타내기에 지도자들의 행태를 요약하는 기능을 한다.[24] 개역개정판 한글 성경은 이 부분을 "그들이 서로 결합하니"라고

---

23) Barker and Bailey, *Micah*, 122.

24) Waltke, *Micah*, 420.

25) 개역개정판은 단순히 "그들이 서로 결합했다"라고 모호하게 번역했다.

번역했다. 하지만 "그들이 결합하다"라는 히브리어 본문의 의미는 "그들이 짰다"라는 뜻이다.25) 그러면 그들이 무엇을 짰다는 말인가? 목적어가 여기서는 생략되었다. 하지만 7:2의 문맥에서 볼 때 아마도 그물을 짰다고 말할 수 있다. 그래서 7:3b의 처음 문장에서 지도자들이 뇌물과 자신의 사욕을 위해서 일했다는 것을 지적한 후에 7:3b의 마지막 문장에서는 그 모습을 타인을 해하려고 덫을 짜는 자의 전형적 모습으로 부연설명하고 있는 것이다. 덫을 짜서 사람들을 잡고 묶는다는 이미지이다.[26]

뇌물을 받는 자는 뇌물을 주는 자와 함께 공생관계를 형성한다. 이런 공생관계는 상호 의존적인 직물적 구조를 이루고 있기 때문에 "짠다"라는 표현을 사용했다고 볼 수도 있다. 이런 직물적 틀 속에서는 제 3자가 피해를 입을 수밖에 없다. 그래서 미가 선지자는 이런 상호 기생적 관계를 함께 짜여진 덫으로 비유했다고 말할 수 있다.[27]

7:4는 지도자들 중에 비록 가장 선한 자(טוֹב/ "또브")와 정직한 자(יָשָׁר/ "야샤르")가 있을지라도 그들은 가시와 같고 찔레 울타리보다 더하다라고 말한다. 그래서 가시와 찔레 울타리처럼 주위 사람들을 해하는 해로운 존재가 되었다는 이미지를 제공한다.[28] 여기서 가시와 찔레 울타리라는 표현은 열매를 맺지 못한 모습을 보여주는 시각적 장치이기도 하다.

7:4에서 "선한 자"와 "정직한 자"는 7:2에서 "경건한 자"와 "정직한 자"를 연상시킨다. 7:2에서 경건한 자와 정직한 자는 문맥상 공의와 인애의 열매를 맺는 자임을 암시한다. 이런 점에서 7:4에서 지도자들 중에 선한 자와 정직한 자들은 그런 열매를 맺어야 했지만 처음부터 그들은 열매

26) Andersen and Freedman, *Micah*, 571.
27) McComiskey, "Exegetical Notes: Micah 7," 64.
28) Barker and Bailey, *Micah,* 123.

를 맺을 수 없는 가시와 찔레 울타리와 같은 존재가 되었음을 보여준다. 비슷하게 호세아 선지자는 호세아 10장에서 이스라엘이 공의와 의를 심지 않을 때에 그 결과로 찔레와 가시가 땅에서 나올 것이라고 지적했다(호 10:8, 12).

4절 후반부는 이런 지도자들에게 "형벌의 날이 임한다"라고 말한다. 임한다라는 동사는 완료형이다. 개정개역판 한글 성경에서는 이 동사를 "임하였다"라는 과거형으로 번역했다 하지만 여기서 완료형은 선지자적 완료로서 미래에 확실한 독립적인 사건을 가리키는 용법이다. 따라서 "형벌의 날이 임하게 될 것이다"라고 번역하는 것이 옳다. 형벌의 날로 인해서 지도자들은 혼란에 빠지게 될 것이다. 개역개정판 한글 성경은 "그들이 요란하리로다"라고 번역하지만 히브리어 본문으로 읽으면 "그들이 혼란에 빠진다"라고 번역하는 것이 더 정확하다. 울타리로 번역된 히브리어 단어는 "메쑤카"(מְסוּכָה)인데 이 단어는 혼란이라는 히브리어 단어인 "메부카"(מְבוּכָה)와 음성학적으로 유사하다. 이런 음성학적 유사성(assonance)을 통해 찔레 울타리와 같은 그들의 행태로 인해 그들이 받게 되는 혼란이 자업자득임을 보여주고 있다. 혼란이라는 "메부카"는 사 22:5에서 볼 때 여호와의 날에 나타나는 전형적인 심판 용어이다.[29] 공의는 하나님의 창조질서의 원리 중에 하나이다(시 33:5-6)[30] 따라서 공의가 무너질 때 여호와의 날을 통한 전 세계적인 심판은 피할 수 없을 것이고 그

29) Wolff, *Micah*, 207.

30) Rolf Knierim, "Cosmos and History in Israel's History," *Horizons in Biblical Theology* 3 (1981): 59-123 참조; idem., "The Task of Old Testament Theology," in *The Flowering of Old Testament Theology*, ed. Ben C. Ollenburger, Elmer A. Martens, and Gerhard F. Hasel, *Sources for Biblical and Theology 1* (Winona Lake, Ind.: Eisenbrauns, 1992), 467-486.

심판을 통해서 사람들은 혼란에 빠지게 될 것이라는 설명이다.

결국 4절 후반부는 "미래에 확실히 하나님의 독립적인 결단으로 파수꾼의 날인 형벌의 날이 임하게 될 것이며, 그 날이 임하게 될 때에 부차적으로 사람들이 혼란에 빠지게 될 것이다"라는 의미이다.[31] 결론적으로 7:3b-4는 7:1-7의 핵심으로서 지도자들의 타락으로 인해 하나님의 형벌의 불가피성을 강조한다. 지도자들의 타락은 일반 평민들까지 확대되어 다음 소단락은 일반 백성도 서로를 믿지 못하게 될 것이라고 말한다.

4) 서로 원수가 되는 가족들(7:5-6)

이 단락에서 빈번한 평행법이 등장한다. 이런 빈번한 평행법은 7:1-7의 단락에서 이 부분이 클라이막스를 이룬다는 힌트이다. 앞에 7:2에서 사람들이 타인들을 해하려고 매복하는 장면을 언급했다면 여기서는 그 정도가 심하여 집안의 식구들이 서로 원수가 될 것을 예언한다. 하나님이 원하시는 선에서 떠난 사람들은 욕심을 추구하고 악을 좇게 된다. 그리고 설상가상으로 더 이상 사람을 믿지 못하는 지경에 이르게 될 것이다. 아들이 아비를 공경하지 않고 오히려 부모를 멸시할 것이라고 말한다(7:6). 부모를 공경하는 것은 십계명 규례이면서 창조질서의 원리이다. 그러므로 공의와 인애라는 창조의 기초가 무너질 때 창조질서의 규례인 가족의 질서도 무너진다는 논리이다. 말라기는 종말의 회복 메시지를 전하면서 그 날에는 하나님의 새로운 창조질서가 서게 될 때에 가족이 회복될 것을 예언했다

---

31) 개역한글판과 개역개정판은 모두 "그들이 요란하리라"라고 번역했다. 하지만 "메부카"라는 혼란의 의미를 살려 "그들이 혼란에 빠지게 될 것이다"라고 번역하는 것이 더 옳다.

32) Barker and Bailey, *Micah*, 124.

(말 3:12; 4:6).[32] 그래서 말라기는 종말에 하나님의 개입으로 다시 창조질서의 원리가 굳건히 세워질 것이라는 신학을 제시한다.

7:5에서 중요한 키워드는 믿다(אמן / "아만")라는 동사이다. 믿다라는 히브리어 동사는 성실함이라는 "에무나"(אֱמוּנָה)라는 단어와 동일어근이다. 따라서 이 동사의 의미는 "변함없이 성실한 신뢰"라는 뉘앙스를 가진다. 이 성실한 신뢰는 6:8에서 "겸손히 여호와와 동행하는 모습"과 짝을 이룬다. 앞에서 언급했듯이 미 6:8을 인용한 마 23:23에서 예수님은 바리새인들이 "정의(공의/ "미쉬파뜨")와 긍휼(인애)과 믿음(성실)"을 잊어버렸다고 질책했다. 여기서 믿음은 성실함(faithfulness)이라는 뜻으로 여호와와 성실하게 동행하는 모습을 가리킨다. 주위의 문맥과 신약의 진술을 통해서 우리는 사람들이 공의와 인애를 도외시할 때 하나님과의 성실한 동행이 무너지게 되고, 더 나아가서 사람들 간의 성실한 관계도 피폐해진다는 진리를 발견할 수 있다.[33] 참고로 호세아서에서 성실은 공의와 인애와 의와 평행을 이룬다(호 2:19-20). 이런 점에서 성실은 공의와 인애와 의를 아우르는 표현임을 알 수 있다.

5) 미가 선지자의 고백(7:7)

이 구절은 역접 접속사 와우(disjunctive 와우)로 시작해서 앞의 내용과 대조를 이룬다.[34] 역접 와우 접속사로 시작할 때에 그 안에 문장은 주어 동사가 도치가 되기 때문에 일반적으로 동사로 시작하는 히브리어 문장과 달리 주어인 나(אֲנִי / "아니")로 시작했다. 그래서 하나님이 원하시는 선을 버리고 악을 도모하는 사람들과 대조해서 미가 선지자 자신은 하나님

33) Mays, *Micah*, 152 참조.
34) Waltke, *Micah*, 429.

을 우러러보고 바랄 것을 천명한다.

여기서 "우러러보다"라는 히브리어 단어는 "짜파"(צָפָה)이다. 이 단어는 상황을 자세히 살핀다라는 뜻이다. 이 동사는 7:4에서 형벌의 날로서 파수꾼의 날을 언급할 때 그 파수꾼을 뜻하는 히브리어 단어와 같은 어근이다. 파수꾼이라는 히브리어 단어는 "메짜페"(מְצַפֶּה)로서 자세히 살피는 사람이라는 뜻이다. 7:4에서 미가 선지자는 하나님의 심판을 파수꾼이 전쟁의 징조를 자세히 살펴 전쟁을 알리는 날로 비유했다. 그런데 7:7에서는 악인에게 적용되었던 이 심판 용어가 의인에게는 소망의 단어로 변하였다. 악인과 의인의 운명이 완전히 달라질 것이라는 예시이다. 파수꾼의 행위가 악인에게는 전쟁을 알리는 수단이 되지만 의인에게는 하나님의 뜻과 구원을 분별하는 수단이 되는 것이다.[35)]

우러러보다라는 뜻의 히브리어 단어 "짜파"는 상황을 살피고 세밀하게 관찰한다는 뜻을 가지고 있다. 때문에 미가 선지자는 자신이 항상 하나님의 뜻을 살펴서 행동할 것이라는 힌트를 주고 있다. 공의와 인애와 의는 결국 하나님의 뜻을 항상 묻고 분별하여 행동할 때 외형적으로 그리고 내면적으로 자연스럽게 나타나는 열매이다. 그러므로 공의와 인애와 의를 행하기 위해서는 무엇보다도 하나님의 뜻에 민감해야 한다. 그래서 6:8에서 신중하게 행하기 위해서 하나님과 동행할 것을 강조했다. 이런 맥락에서 7:7에서 미가 선지자는 자신도 신중하게 행하기 위해서 하나님의 뜻을 세밀하게 살피고 분별할 것이라고 고백하고 있는 것이다. 그 목적은 공의와 인애와 의를 행하는 데에 있다는 것은 두 말할 필요가 없다.

미가 선지자는 "우러러보다"라는 말과 함께 "바라보다"라는 말을 언급

35) Andersen and Freedman, *Micah*, 572.

한다. 바라보다라는 뜻의 히브리어 단어 "야할"은 미 5:7에서 남은 자의 특징을 이야기할 때에 사용된 낱말이다. 5:7에서 이 단어는 남은 자가 하늘에서 내리는 이슬과 같아서 인생을 기다리지 않고 오직 하나님만을 바라본다는 문맥에서 등장한다. 때문에 이 단어는 자신의 존재 목적과 기원을 하나님에게만 둔다는 의미가 강하다. 동일 단어가 시편에서도 등장한다. 이 단어는 시편에서 고난 중에서 하나님의 응답을 기다릴 때 주로 사용된다(시 38:15; 42:5, 11; 43:5).[36] 그러므로 미가 선지자는 "야할"(바라보다)이라는 단어를 사용하여 자신의 상황이 비록 어렵지만 자신의 존재 목적이 하나님에게 있다는 인식 속에서 꿋꿋이 하나님의 도움만을 바랄 것이라는 강한 의지를 보이고 있다. 이런 모습은 미가 선지자가 자신을 하나님을 바라보는 종말에 남은 자와 동일시하고 있다는 증거이기도 하다.[37] 이 남은 자의 모습은 다음 단락인 7:8-20에서 더욱 구체적으로 묘사된다.

"우러러보다"와 "바라보다"(기다리다)라는 단어가 연속적으로 사용된 것은 의미하는 바가 크다. 결론적으로 말해 우러러보는 것은 하나님의 뜻을 살피고 분별해서 행동하겠다는 의미가 묻어 있다. 이에 비해 바라보다라는 말은 하나님의 뜻을 살피고 행동하기 위한 전제조건을 가리킨다. 하나님의 도움을 받기를 원하고, 자신의 존재 목적을 하나님에게만 두는 사람만이 하나님의 뜻을 살피고 행동할 수 있기 때문이다.

7절 후반부에서 미가 선지자는 구원의 확신으로 하나님이 자신에게 귀기울여서 응답하실 것이라고 말한다. "나의 구원"이라는 히브리어 단어는 "이쉬이"(יִשְׁעִי)이고, "여호와가 들으실 것이다"라는 히브리어 표현은

36) Wolff, *Micah*, 209.
37) Waltke, "Micah," 751.

"이쉬메에니"(יִשְׁמָעֵנִי)이다. 그래서 음성학적으로 유사성을 보인다. 이런 문자적 기교는 구원의 본질은 하나님과의 교제 속에서 응답을 받는 데에 있다는 것을 부각시키는 효과가 있다. 미가 선지자는 부패한 지도자들과 달리 자신의 부르짖음에 하나님이 반응하실 것이라는 확신을 가졌다. 하나님을 우러러보고 바라봄으로써 하나님의 뜻을 행하여 공의와 인애와 의를 실천할 때 그런 사람에게 하나님도 세밀하게 관찰하시고 그의 요구와 뜻에 민감하게 반응하실 것이다. 이것이 바로 구원이다. 그렇다고 구원에 우리의 노력이 어느 정도 작용한다고 생각하는 것은 잘못이다. 자신의 존재 목적이 하나님에서 기원한다는 사실을 깨닫고 공의와 인애와 의를 행하는 모습은 전적으로 하나님의 은혜를 체험한 사람이 자연스럽게 맺는 열매이기에 궁극적으로 그것은 하나님의 은혜의 산물이다.

6) 본문의 의도

7:1-7은 하나님의 심판이 임하는 상황에서 지도자와 백성들의 타락을 적나라하게 드러내주고 있다. 미가는 자신의 처한 상황이 재앙임을 진술한다. 그 이유는 종말의 심판이 이미 시작되었기 때문이다. 하나님이 구하시는 선인 공의와 인애를 저버릴 때 그 상황은 서로에 대한 압제이며 사리사욕과 성실치 못함(신뢰치 못함)으로 귀결된다는 진리를 독자들에게 각인시킨다.

하나님이 요구하시는 공의와 인애를 추구하지 않고 마음의 욕심과 악을 따라갈 때, 사람들 간에 성실한 관계는 사라지고 적대감만 남게 된다. 심지어 가족 구성원들 사이에도 신뢰가 무너진다. 하나님과의 성실한 동행 관계인 신뢰가 무너질 때에 사람들과의 신뢰 관계도 무너진다는 교훈이다. 이런 상황에서 남은 자는 누구인가? 암담한 현실 속에서도 끝까지 하나님의 응답을 바라고 하나님을 기다리는 자이다. 앞서 6:9-16은 유다 백성들이 하나님의 말씀을 듣지 않고 오므리의 율례를 따랐기에 황폐하게 될 것이라고 예언했다. 그러므로 유일한 희망은 오직 하나님의 말씀을 바라보고 따라가는 길밖에 없다. 이런 맥락에서 미가 선지자는 7:7에서 자신은 하나님을 바라볼 것이라고 고백한다. 여기서 '바라보다'라는 히브리어 단어는 "짜파"(צָפָה)로서 파수꾼이 세밀하게 상황을 살피는 동작을 뜻한다. 이렇게 해서 세밀하게 하나님의 뜻을 살피는 자세가 종말을 사는 사람들에게 요구된다는 진리를 제공한다. 공의와 인애와 의의 삶은 바로 세밀하게 하나님의 뜻을 살피는 자세에서 자연스럽게 나오는 열매들이다.

이 진리를 오늘날 우리의 현실 속에 적용한다면 우리는 어떻게 공의와 인애와 의를 실천할 수 있는가 하는 문제에 부딪히게 된다. 거시적인 차원에서 우리에게 요구되는 하나님의 뜻은 변함이 없다. 그러기에 하나님의 뜻을 행하고자 한다면 자연스럽게 하나님은 우리에게 예측가능한 길로 인도하실 것이다. 하지만 세밀한 차원에서 하나님이 우리에게 요구하는 선은 우리의 예측을 벗어날 수 있다. 궁극적으로 공의와 인애와 의는 하나님을 뜻을 추구하는 자세이기 때문에 우리는 하나님의 뜻을 계속적으로 물어야 한다. 왜 우리는 이렇게 계속적으로 하나님의 뜻을 물어야 하는가? 이 물음에 대해 예레미야는 공의와 인애와 의를 다루는 예레미야 7-10장의 문맥에서 다음과 같이 고백했다. "여호와여 내가 알거니와 사람의 길이 자신에게 있지 아니하니 걸음을 지도함이 걷는 자에게 있지 아니하니이다"(렘 10:23).

다시 말해 인생의 길이 우리에게 있지 않기 때문이다. 그래서 우리는 계속적으로 우리의 현실 속에서 하나님이 우리가 행하기를 원하는 뜻이 무엇인지를 물어야 한다. 이런 모습에서 자연스럽게 공의와 인애와 의의 열매를 맺을 수 있다. 그렇게 진지하게 묻고 행하려는 모습 자체가 공의와 인애와 의이다. 그리고 신약의 용어를 빌린다면 이것이 바로 믿음이다.

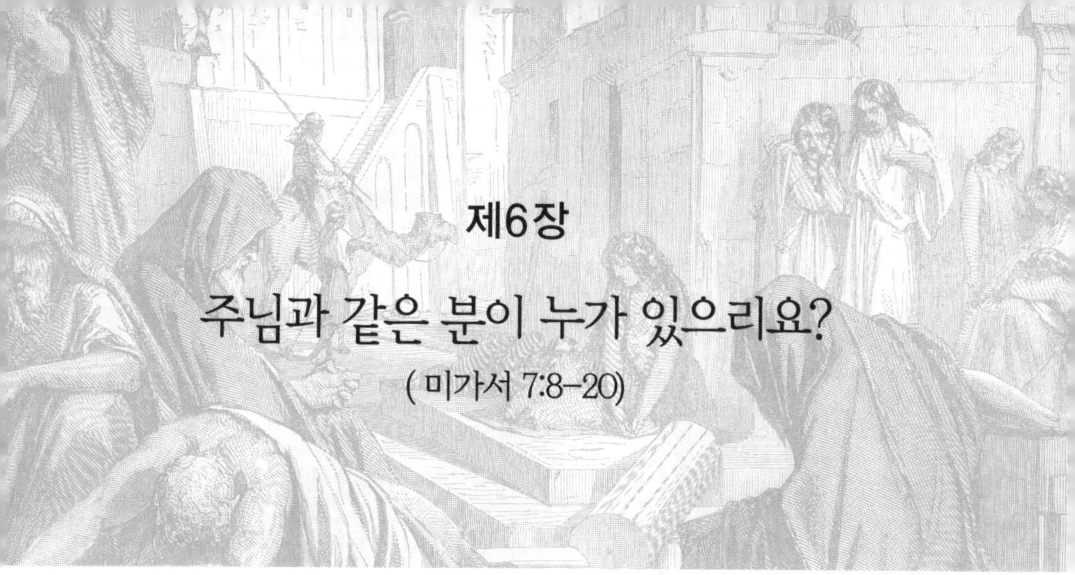

제6장

주님과 같은 분이 누가 있으리요?

(미가서 7:8-20)

이 단락은 미래의 소망과 찬양을 담고 있다. 내용적으로 미래의 남은 자는 하나님의 심판을 통해서 하나님의 공의를 체험하는 자라는 사실에 초점을 맞추고 있다. 하나님의 공의는 뒤집어 보면 하나님의 인애이다(미 7:9). 그래서 공의와 인애는 동전의 양면과 같다. 하나님의 공의와 인애를 통해 남은 자들은 열국을 밟게 되는 왕적 지위를 얻게 될 것이다(미 7:10, 17). 이런 점에서 이 단락은 남은 자를 다룬 미가서 4-5장과 평행을 이룬다(특별히 미 4:12; 5:8 참조).

미가서 6장과 비교할 때 이 본문(7:8-20)은 새롭게 공의와 인애를 체험한 남은 자들이 공의와 인애를 종말에 올바로 수행하게 될 것을 말한다. 종말에 다시 하나님의 새로운 공의와 인애를 통해 구원받은 남은 자들은 하나님의 성품을 본받아 확실히 공의와 인애를 행하게 됨으로써 하나님의 뜻을 성취할 것이라는 암시다(미 7:9, 18-20 참조). 인간 편에서 요구되는 공의와 인애는 하나님이 먼저 행하신 공의와 인애를 모델로 한다는 사실은 변함없다.

그렇지만 인간 속성이 여전히 죄악 속에 있는데 어떻게 인간이 공의와 인애를 실천할 수 있는가? 과거에 공의와 인애를 체험했을지라도 이스라엘은 죄를 지었다. 그렇다면 종말의 남은 자들도 다시 죄를 지어 공의와 인애에서 실패할 가능성이 있지 않은가? 이런 물음 앞에서 이 단락은 종말에 하나님이 남은 자를 광명으로 인도하여 하나님의 의(צְדָקָה/ "쩨다까")를 보게 하실 것이고(7:9), 더 나아가 그들의 모든 죄를 깊은 바다에 던지실 것이라고 선언한다(7:19). 이렇게 해서 종말에 남은 자의 공의와 인애는 전적으로 하나님의 강권적인 은혜와 죄의 청산을 통해서 이루어질 것을 바라본다.

1. 구조

이 단락은 앞의 단락들과 달리 미가 선지자를 포함해서 우리라는 공동체의 소리가 두드러지게 나타난다(7:17, 19, 20).[1] 미 7:17은 "우리"라는 1인칭 복수를 사용하여 공동체를 지칭하고 있다. 그러면 우리는 누구를 가리키는가? "우리"라는 표현은 미가와 동시대 사람인 이사야의 글에서도 발견된다(사 1:9; 59:9 참조). 콘라드(Conrad)는 사 1:9에서 우리의 정체를 외부세력의 침략과 그 세력을 향한 하나님의 심판을 경험하고 살아남은 자들을 일차적으로 가리킨다고 주장했다.[2] 어쨌든 미 7:8-20에서 "우리"라는 공동체는 일차적으로 산헤립의 침공으로 대변되는 종말의 심판의 심각성을 체험하고 하나님의 구원의 손길을 바라는 자들이다.[3] 더 나아가

1) Wolff, *Micah*, 215.
2) Edgar W. Conrad, *Reading Isaiah* (Eugene, Oreg.: Wipf and Stock Publishers, 1991), 91,
3) 일차적으로 산헤립의 침공에서 유다는 살아날 수 있었지만 그것은 종말의 최종적 심판을 잠시 유예한 것이었다.

우리는 미래에 극심한 환난을 경험하고 거기서 하나님의 공의와 인애를 체험한 후에 하나님의 의속으로 들어오는 모든 사람들로 확대된다고 말할 수 있다. 이런 점에서 우리는 미가 자신을 포함해서 미래에 하나님의 은혜로 공의와 인애를 체험하는 남은 자들을 모두 총칭한다. 이 마지막 단락은 미가서의 다른 단락들보다 매우 종말론적이다. 이 단락의 구조는 다음과 같다.[4)]

A. 하나님의 공의를 통해 구원의 의를 보게 될 것(7:8-9)

B. 대적자들의 패배: 진흙같이 밟히게 될 것(7:10)

C. 사람들이 시온으로 돌아옴(7:11-13)

D. 주의 기업: 하나님이 지팡이로 그들을 통치해 달라는 간구(7:14)

A'. 제 2의 출애굽을 통해 하나님이 구원의 의를 베풀 것(7:15)

B'. 열방의 패배: 티끌을 핥을 것임(7:16-17a)

C'. 열방이 여호와께로 돌아옴(7:17b)

D'. 주의 기업의 남은 자: 하나님의 인애로 죄의 청산과 언약 회복(7:18-20)

이것은 패널구조이다.[5)] 패널구조의 핵심은 D/D'이다. 그래서 이 마지

---

4) 한편 월키는 7:8-20을 다음 네 개의 연(stanza)으로 나누었다. Waltke, "Micah," 754.

A. 여호와를 향한 신뢰의 고백(8-10)

B. 종말의 시온이 구원의 장소가 될 것임(11-13)

C. 미가의 기도와 여호와의 응답(14-17)

D. 사람들의 찬양(18-20).

5) 이 단락은 다음과 같이 동심원 구조를 이룬다고 말할 수도 있다.

막 단락은 종말의 하나님의 강권적 개입을 통해 남은 자를 통치하고 그들의 죄를 사하시는 하나님의 인애에 의미론적 초점을 맞추고 있다.

2. 석의

1) 하나님의 구원과 대적자의 패배(7:8-10)

7:8-10은 4:13과 내용상 매우 유사하다.[6] 이 단락의 구조는 다음과 같다.[7]

A 나의 대적자: 기뻐하지 말라(8a절)
  B. 나(남은 자)의 운명이 역전됨: 엎드러지나 일어날 것(8b절)
    C. 여호와가 어두움에 있는 나에게 빛이 되실 것임(8c절)
  B'. 나(남은 자)의 운명이 역전됨: 범죄했지만 주께서 변론과 공의를 베풀 것(9a절)
    C'. 여호와가 나를 광명으로 인도: 주의 구원의 의를 보게 될 것 (9b절)
A'. 나의 대적자: 밟히게 될 것(10절)

A. 죄를 인정하는 자들을 향한 하나님의 구원의 의(7:8-9)
  B. 대적자들이 밟히게 될 것(7:10)
    C. 하나님의 개입으로 시온의 회복(7:11-13)
      D. 주의 기업의 떼를 먹여달라는 기도(7:14)
    C.' 하나님의 개입으로 다시 제 2의 출애굽(7:15)
  B'. 대적자들이 티끌을 핥을 것임(7:16-17)
A'. 죄를 사하시는 하나님의 성실과 인애(7:18-20)

6) Andersen and Freedman, *Micah*, 577.
7) 바커와 베일리는 7:8-10을 신뢰의 시로 이해했다. Barker and Bailey, *Micah*, 125.

7:8에서 미가 선지자는 어두운 역사적 상황에 처한 자신과 예루살렘의 모습을 상정하고 있다. 하지만 대적자들에게 그런 모습을 기뻐하지 말라고 말한다. 확실히 7:8의 배후에 있는 역사적 상황은 심각한 재난의 경험을 전제하고 있다.[8] 아마도 산헤립의 침공으로 인해 백척간두에 서 있는 예루살렘의 모습을 반영하는 것처럼 보인다(렘 26:18-19).[9] 하지만 미 5:10에서 예루살렘이 바벨론에 의해 최종적으로 멸망될 것을 예언하고 있기 때문에 아마도 이 어두운 역사적 상황은 바벨론에 의한 예루살렘의 멸망까지 확대될 수 있다. 그렇게 되면 산헤립 침공이 시발점이 되어 하나님의 종말론적 심판을 미리 예표적으로 경험하고 있는 미가 선지자는 미래에 바벨론에 의해 예루살렘의 멸망과 더 나아가 종말의 심판을 목도하게 될 남은 자들과 자신을 동일시하고 있는 셈이다.[10] 하나님의 백성의 죄로 인한 심판들(산헤립의 침공을 통한 심판을 포함해서 최종적으로 종말에 이루어질 심판 모두를 가리킴)을 경험하게 될 남은 자들을 향해서 미가 선지자는 하나님의 궁극적인 계획이 무엇인지를 고백 형식으로 말하기 위해 이 단락을 시작하고 있다.

7:8에서 "나의 대적이여"라고 시작하는 데, 여기서 대적은 앞에서 지적한 대로 산헤립을 포함한 종말에 하나님의 심판의 도구로 사용되는 모든 대적자들을 가리킨다.[11] 많은 주석가들이 여기서 "나"라는 1인칭 단수의

8) Wolff, *Micah*, 220.

9) Waltke, "Micah," 754.

10) 콘라드는 이사야서에서 선지자 이사야도 미래의 독자들과 자신을 동일시하여 "우리"라는 말을 사용했다는 뉘앙스를 보여준다고 주장한다. 물론 그는 함축적 독자(implied audience)라는 애매한 말을 사용하여 후대의 독자들이 이사야를 읽으면서 거기에 나오는 "우리"라는 정체와 자신들을 동일시했다고 말하지만, 그것을 바꾸어 말한다면 선지자 이사야가 미래에 심판을 경험하게 될 남은 자들과 자신을 동일시했다고 볼 수도 있다. Conrad, *Reading Isaiah* (1991) 참조.

정체를 여성으로 의인화된 예루살렘(lady Jerusalem)이라고 주장한다. 실제로 7:10에서 "그는(대적은) 내게 말하기를 너의 하나님 여호와가 어디에 있느냐?" 라는 말에서 "너의 하나님" 의 너는 여성형 2인칭 단수이다(יְהוָה אֱלֹהָיִךְ / "야훼, 엘로하이크"). 이런 점에서 이 단락에서 "나" 는 여성화된 시온, 또는 예루살렘을 가리킨다고 말할 수 있다.[12] 그렇지만 다른 한편으로 미가 선지자를 포함하여 미래에 하나님의 심판의 재난을 경험하게 될 남은 자의 공동체를 총칭하는 말로 이해할 수 있다.[13] 7:15에서 "네가 애굽 땅에서 나오던 날과 같이 내가 그들에게 기사를 보이리라" 라는 말에서 "너" 라는 2인칭은 히브리어 원문에 단수로 되어 있지만, 문맥상 단순히 한 사람을 가리키는 말이 아니라 집단적 공동체를 가리키는 용어이기 때문이다. 더욱이 "나" 라는 말은 7:17에서 "우리" 라는 말과 호환되는 것을 볼 때 집단적인 공동체의 의미가 강하다. 그래서 맥코미스키(McComiskey)는 이 문맥에서 "나" 는 종말에 남은 자를 가리킨다고 주장했다.[14] 실제로 미 7:18은 남은 자라는 말을 명시적으로 언급한다.

7:8의 중반부에 "나는 엎드러질지라도 일어날 것이다" 라는 부분에서 동사형태는 미완료형이 아니라 완료형이다. 이것은 미래에 극적으로 일어날 독립적인 행동을 가리킨다.[15] 그래서 극심한 역사적 재난을 경험한 미가 자신을 포함한 신실한 남은 자들이 다시 일어서는 것은 전적으로 하나

---

11) 메이즈는 여기서 대적의 정체를 예루살렘 멸망시 예루살렘을 약탈한 에돔이라고 주장한다. Mays, *Micah*, 159. 반면에 월키는 앗수르의 니느웨의 성을 가리킨다고 주장했다. Waltke, *Micah*, 433.

12) Allen, *Micah*, 394.

13) Waltke, "Micah," 754.

14) McComiskey, "Micah 7," 65, 68.

15) Waltke and O'Connor, *Biblical Hebrew Syntax*, 490.

님의 독단적인 행동임을 문법적으로 표시하고 있다. 일어나다라는 히브리어 동사는 "꿈"(קוּם)이다. 이 단어는 미 4:13에서 남은 자가 대적자와 싸우기 위해 일어나라고 할 때 사용된 낱말이다. 또한 4:13에서 남은 자는 일어나서 대적자를 타작하듯이 밟을 것이라는 이미지를 준다. 이런 맥락에서 7:8에서 미가 선지자는 자신이 일어나게 될 것이라고 말함으로써 자신을 남은 자와 동일시하고 있다. 그리고 7:10에서 대적자가 밟히게 될 것을 말하고 있기 때문에 미 4:13의 관점에서 볼 때 7:8에서 미가 선지자로 대표되는 남은 자는 일어나서 대적자를 밟을 것이라는 힌트를 제공한다. 이어서 7:8의 후반부는 어둠과 빛의 모티프를 사용해서 상황의 역전을 말하고 있다. 어둠과 빛의 모티프는 이사야서에 하나님의 구원과 관련된 중요한 주제이다(사 2:5; 8:23-9:1; 42:6; 49:6; 60:1-3).

7:9에서 미가 선지자를 포함한 남은 자들인 미래의 공동체는 여호와께 자신들이 범죄하였음을 고백한다. 미가를 포함하는 남은 자들에게 임할 재앙은 공동체로 하여금 자신들의 죄를 돌아보는 계기가 된다. 이런 점에서 미가도 예외가 아니어서 자신의 죄를 고백한다. 9절 전반부에서 미가 선지자는 죄로 인해서 하나님의 진노를 받게 될 것을 인정한다. 심판자로서 하나님의 모습이 크게 부각되는 부분이다. 하지만 이 진노는 일시적이다.

7:9의 중반부에서 개역개정판 한글 성경은 "마침내 주께서 나를 위하여 논쟁하시고 심판하시며"라고 번역했다.[16] 하지만 논쟁하다라는 히브리어 동사는 "리브"(רִיב)로서 공의로운 판결을 제대로 받지 못한 사람들을 위해서 공정하게 변론한다는 의미이다.[17] 그래서 의미상으로는 남은 자가

16) 개역 한글판에는 "주께서 나를 위하여 심판하사 신원하시기까지는 그의 노를 당하려니와"와 번역되어 있다.

17) Wolff, *Micah*, 221.

될 공동체가 지금 죄로 인해 하나님의 진노를 받지만 나중에 하나님이 그들을 위한 변호자가 되어 변론해 주실 것이라는 표현이다. 변론의 목적은 공의를 이루기 위함이다.[18] 그렇다면 하나님은 남은 자를 누구로부터 변론하는가 하는 의문이 생긴다. 그 답은 7:10에서 알 수 있듯이 남은 자를 핍박하는 대적자들이다.[19]

"나를 위하여 논쟁하시고 심판하다"라고 할 때 심판하다라고 번역한 부분은 히브리어 원문으로 직역하면 하나님이 공의("미쉬파뜨)를 행하실 것이라는 뜻이다. 그러므로 7:9의 중반부를 히브리어 원문에 충실히 번역하면 "그가 나에게 변론을 베풀어 나의 공의를 행하실 것이다"이다. "나의 공의를 행하실 것이다"라는 말은 여러 가지로 해석할 수 있다.[20] 혹자는 남은 자의 공의로움을 증명해 줄 것이라고 이해한다. 하지만 고완(Gowan)의 주장처럼 구약에서는 종말에 성도의 공의로움을 증명해 주는 차원(신원하는 차원, vindication)에서 공의 사상은 나오지 않는다.[21] 더욱이 문맥상 이 구절에서 미가 선지자는 죄를 고백하는 사람이기에 그가 갑자기 자신의 공의로움을 주장한다는 것은 어불성설이다. 그래서 이 부분은 "나의 공의를 행한다"라고 번역하기보다 "나에게 (하나님이) 공의를 행하실 것이다"라고 번역하는 것이 옳다. "나에게 공의를 행한다"라는 말은 와우계속법 와우로 연결되어 있다. 이 용법은 앞에 상황에 대한 논리적인 결과를 뜻한다.[22] 따라서 변론의 결과로 미가를 포함한 남은 자를 위하여 하나님이 공의(미쉬파뜨)를 행하실 것이라는 확신을 보여준다.

---

18) Waltke, "Micah," 755.
19) Andersen and Freedman, *Micah*, 583.
20) Andersen and Freedman, *Micah*, 583.
21) Gowan, *Eschatology in the Old Testament*, x.
22) Waltke and O'Connor, *Biblical Hebrew Syntax*, 547-550.

그러면 미가를 포함한 남은 자를 위해 하나님이 공의를 행한다라는 뜻은 무엇인가? 공의를 행하다(עָשָׂה מִשְׁפָּט/ "아사 미쉬파뜨")라는 말은 앞에서 6:8에서 하나님이 백성들에게 "공의를 행하라"고 요구하셨던 덕목에서 등장하는 같은 표현이다. 하지만 7:9에서 공의를 행하는 주체는 하나님이시기에 우선적으로 하나님 편에서 공의의 속성이 무엇인지 주목할 필요가 있다. 하나님이 종말에 자신의 백성들을 위하여 몸소 공의를 행하신다는 것은 신학적으로 큰 의미가 있다. 혹자는 여기서 공의를 행한다는 것은 하나님이 남은 자를 위해서 상황을 올바르게 만들 것이라는 의미로 해석한다.[23] 하지만 상황을 올바르게 한다면 남은 자도 여전히 정죄의 대상이 될 수 있기 때문에 이 해석은 어색하다.

필자의 견해로는 대적자들이 과도하게 남은 자들을 핍박하는 상황에서 하나님이 남은 자를 위해 대적자들을 공의로 징벌하신다는 의미로 이해하는 것이 최선이라고 생각한다. 하나님의 공의는 불의를 행하는 자들에게 벌을 내리는 심판의 성격이 강하다. 비록 남은 자가 죄인이지만 그 남은 자를 필요 이상으로 억압하고 핍박하는 대적자들에게 하나님이 공의의 심판을 하시는 것은 남은 자의 편에서 보면 구원의 행위이다. 그러므로 이 대목에서 하나님의 공의는 백성을 구원하는 도구로 제시된다.

미 6:4-5에서 언급했듯이 출애굽 시에 하나님은 이스라엘을 위해서 대적자인 애굽을 향해 공의의 징벌을 하시고 이스라엘을 구원하셨다. 더 나아가 하나님의 공의는 거기서 끝나지 않고 이스라엘을 애굽에서 구원하여 언약백성의 특권을 부여하셨다. 그러므로 백성을 위한 하나님의 공의는 자연스럽게 인애의 모습으로 옮겨졌다. 같은 맥락에서 7:9에서 미가 선지

---

23) Barker and Bailey, *Micah*, 127.

자는 고난 가운데 자신을 포함한 남은 자가 핍박받을 때 출애굽 모티프를 사용하여 하나님이 남은 자를 위해 대적자를 공의로 심판하고 다시 남은 자에게 인애를 베풀어 줄 것이라는 사상을 보여준다. 이런 사상은 7:9와 평행을 이루는 7:15에서 제 2의 출애굽 모티프를 명시적으로 드러낸다는 사실에서 더욱 무게를 얻는다.

7:9에서 남은 자가 제 2의 출애굽을 통해서 하나님의 공의와 인애로 구원을 얻는다면 다시 남은 자에게 하나님의 성품을 닮아서 공의와 인애를 수행해야 하는 의무가 있다는 것은 당연하다. 더욱이 제 2의 출애굽 모티프를 통해서 하나님이 베푸시는 공의와 인애는 처음 출애굽 때에 베푸신 하나님의 공의와 인애에 비교할 때 더욱 큰 것이다. 첫 출애굽과 달리 제 2의 출애굽에서 구원받는 대상들은 하나님을 배반하고 죄를 지은 사람들이기 때문이다. 그러므로 이런 자들이 하나님의 공의와 인애를 통해 다시 구원을 얻는다는 것은 더 큰 은혜를 받는 셈이다. 그러므로 제 2의 출애굽을 통해 구원을 받은 자들은 하나님의 공의와 인애를 실천해야 할 책임이 더욱 크다.

7:9의 후반부에서는 하나님 편에서 공의(미쉬파뜨)를 행한 결과로 미가를 포함한 남은 자가 하나님의 의(צְדָקָה / "쩨다까")를 보게 될 것이라고 말한다. 개역개정판 한글 성경에서는 "내가 그의 공의를 보리로다"라고 되어 있어 어휘의 혼동이 있다. 하지만 여기서 공의로 번역된 히브리어는 "쩨다까"로서 의로 번역하는 것이 더 좋다. 미 6:5에서 이 단어가 처음 사용되었다. 미 6:5에서 "쩨다까"(의)는 구원을 통해서 언약의 의무를 수행한다는 의미를 가진다.[24] 또한 언약적 관계를 위한 모든 요구들을 충족시

24) Barker and Bailey, *Micah*, 128.

킨다는 의미와 함께 관계적인 용어를 뜻한다.[25] 이런 시각에서 7:9에서 "하나님의 의를 보게 된다"라는 말은 일차적으로 하나님이 다시 구원을 통해 자신의 언약적 의무를 수행하여 남은 자와 올바른 관계를 맺는다는 것을 보게 될 것이라는 의미이다. 이것은 남은 자 편에서는 하나님과 다시 언약 관계 속에 들어간다는 것을 함의한다. 구원을 통해 언약 관계 속에 들어가 하나님과 올바른 관계인 의의 상태에 있게 되는 것이다.

앞에서 언급한 대로 구약에서 의는 공의와 인애를 포괄하는 상위개념이다. 더욱이 의는 공의와 인애의 모습이 계속적으로 지속되는 상태를 가리킨다. 즉 그 특징은 단회성이 아니라 항구성이다. 이렇게 공의와 인애를 지속적으로 수행해서 하나님과 올바른 관계를 맺는 총체적 모습이 바로 의(צְדָקָה / "쩨다까")인 것이다. 하지만 인간은 죄인이기 때문에 공의와 인애가 지속되는 올바른 관계인 의를 스스로 가질 수 없다. 과거에 이스라엘의 경험을 비추어볼 때, 인간의 노력으로 공의와 인애를 지속적으로 수행할 가능성은 없다. 그러기에 하나님은 자신의 의를 사람들에게 보여주고, 사람들로 하여금 공의와 인애를 지속적으로 행하는 항구적인 의의 상태가 되도록 그분의 의를 덧입혀 주신다는 사상을 여기서 읽을 수 있다. 즉 하나님이 자신의 의를 미래의 남은 자에게 보여주고, 그들을 그분의 의 속으로 들어오게 하여 자신의 의를 덧입혀 준다는 신학이다.

이제 이런 신학적 사상을 뒷받침할 증거들을 구체적으로 살펴보자. 먼저 7:9의 마지막 문장에서 "하나님의 의를 보게 될 것이다"라고 표현은 남은 자가 하나님의 의의 영향 아래에 있게 된다는 것을 암시하다. 7:8-20의 문맥상 하나님의 의를 본다는 것은 단회적인 사건이 아니라 영구적인

25) Waltke, "Micah," 755.

상태를 가리킨다. 그렇다면 의롭지 못한 인간이 어떻게 하나님의 의를 계속적으로 보고 그 안에 머무를 수 있는가? 그 해답은 인간이 하나님의 의로 덧입혀지기 때문이라는 설명밖에는 없다. 7:9에서 남은 자가 하나님의 의로 덧입혀져서 계속적으로 의롭게 될 것이라는 주장은 소선지서의 문맥과 이사야서의 정경적 문맥에 비추어 볼 때 더욱 지지를 얻는다. 구체적으로 7:9-10의 어휘는 말 4:2-3과 이사야 58:8과 60:1-61:1의 어휘와 매우 유사하다. 이것을 도표로 그리면 다음과 같다.

미 7:9-10	말 4:2-3	사 58:8	사 60:1-61:1
(1) 광명	해	빛	빛(60:1)
(2) 의("쩨다까")	의("쩨다까")	의("쩨데끄")	백성이 영원히 의롭게 됨(60:21)
(3) 대적자	악인	-	열왕(60:10)
(4) 대적자가 밟힘	의인이 밟음	-	열왕들이 섬김(60:10-12)
(5) -	치료	치유	치유(61:1)

미 7:9-10과 평행을 이루는 말 4:2-3과 사 60:1-61:1은 구체적으로 종말에 남은 자가 의롭게 되는 것은 하나님의 치유의 역사를 통해서 하나님이 그들을 의롭게 만든 결과임을 보여준다. 여기서 남은 자들은 공통적으로 치유를 받아서 악인과 열왕들을 밟고 지배하는 왕적 이미지로 묘사된다. 따라서 남은 자의 의는 하나님의 은혜의 결과로 그려진다. 이런 묘사는 미 7:9-10에서 우리가 제시한 주장과 그 궤를 같이 한다.

더욱이 7:18-20에서 죄를 제거하시는 하나님의 모습은 종말에 남은 자가 갖는 의가 인간의 공로가 아니라 하나님의 은혜 덕분임을 직접적으로 보여준다. 7:18-20에서 죄의 제거에 대한 언급은 남은 자가 하나님의 의를 덧입는다는 주장에 더욱 무게를 실어준다. 남은 자는 자격이 없지만 하나님의 의를 보고 그분의 의속에서 의롭게 되어 지속적으로 의로운 관계 속으로 들어오게 될 것이다.[26] 이런 지속적인 의의 관계는 죄의 청산을 통해서 가능해질 것이다.

종말에 남은 자는 전적으로 하나님의 공의(מִשְׁפָּט/ "미쉬파뜨")와 인애(חֶסֶד/ "헤쎄드")를 통해서 하나님의 구원이라는 의를 경험하게 될 것이고, 공동체는 하나님의 의를 통해서 지속적인 의의 모습(더 이상 죄를 짓지 않음)으로 변하게 될 것이다. 종말에 남은 자의 공동체는 죄 청산의 은혜를 통해 다시 언약의 의로운 백성이 된다는 얘기이다. 이런 맥락에서 볼 때에 종말에 공동체의 의는 전적으로 하나님의 의이다.[27] 신약은 성도의 의는 전적으로 하나님의 의라고 선언한다. 구체적으로 바울은 성도는 그리스도와 연합을 통해서 그리스도의 옷을 입어 그리스도처럼 의롭다함을 받는다고 진술했다(롬 6:5; 13:14 참조). 여기서 칭의교리가 등장한다.[28]

7:10은 종말에 대적자들이 남은 자들의 놀라운 영적 변형을 보고 부끄러워할 것이라고 말한다. 더욱이 대적자들은 부끄러움 속에서 밟히게 될 것이다. 7:8-20의 단락은 미가서 4-5장에서 제시된 미래의 구원과 밀접한

---

26) 이사야 60장은 종말의 백성들에게 빛이 임했음을 말하고(사 60:1) 그 빛을 통해서 백성이 다 의롭게 될 것을 예언하고 있다(사 60:21). 이런 의미에서 미가서 7장에서 공동체가 하나님의 구원의 행위를 통해서 빛으로 나아가 하나님의 의안에서 본다는 것은 그들이 하나님의 의로 인해서 의롭게 되었음을 뜻하는 것이라고 충분히 이해할 수 있다.

27) 미가서 6-7장에서는 공의와 인애라는 말이 주요한 신학적 주제가 된다. 6장에서 하나님은 처음 자신의 공의와 인애로 백성들과 언약을 맺고 그들에게 공의와 인애를 요구했지만 이스라엘은 실패하고 말았다. 이런 상황에서 미래에 하나님은 다시 새롭게 자신의 공의와 인애를 통해서 죄용서와 함께 구원의 의를 백성들에게 주실 것이라고 7장은 강조하고 있다.

28) Herman Ridderbos, *Paul: An Outline of His Theology*, trans. John Richard de Witt (Grand Rapids, Mich.: Eerdmans, 1975), 166-169 참조.

관련이 있다. 4-5장에서 미래에 남은 자들이 대적자를 밟을 것이라고 말하였는데(미 4:12; 5:8 참조), 마찬가지로 7:10에서도 대적들이 밟히게 될 것을 언급한다. 7:10은 7:16-17과 짝을 이룬다. 7:16-17에서는 7:10에서 사용되었던 부끄럽다는 히브리어 단어가 다시 반복되어 나타난다(16절). 그리고 7:10에서 진흙이라는 말과 비슷하게 티끌(עָפָר/ "아파르")이 언급된다(17절). 이렇게 이중적인 반복을 통해서 대적자들이 완전히 패배하게 되고 의인의 상황이 역전될 것을 보여준다. 밟는다는 이미지는 왕적 이미지이다. 구약에서 왕의 주 임무는 공의와 의를 행하는 일이다(시 72편 참조). 이런 점에서 남은 자가 대적자를 밟는 것은 인생역전뿐만 아니라 왕으로서 공의와 의를 행하는 차원에서 이해할 수 있다. 남은 자가 왕적 이미지를 갖는다는 주제는 이미 미 5:5에서 제시되었다.

2) 시온의 회복과 하나님의 통치(7:11-14)

7:11에 "네 성벽을 건축하는 날"에서 성벽은 예루살렘을 가리킨다. 이 성벽은 종말에 그 지경이 넓어지게 될 것이다. 그리고 사방에서 사람들이 예루살렘으로 올라올 것이다(7:12). 사방에서 사람들이 몰려오는 모습은 미 4:1-3을 연상시킨다. 따라서 이 구절은 민족적 이스라엘뿐만 아니라 이방인들도 종말에 하나님의 자녀로 몰려올 것을 예언한다. 11절에 "날"(day)이라는 히브리어 단어 "욤"(יוֹם)은 미가서 7장에서 집중적으로 나타난다(7:4, 11, 12). 이 단어는 종말에 여호와의 날의 모습을 보여준다. 따라서 7:8-20은 종말에 하나님의 구원의 완성을 제시한다고 말할 수 있다.

7:12은 "애굽에서 하수까지"에서 사람들이 몰려온다고 말하고 있다. 여기서 애굽을 가리키는 히브리어 단어는 "마쪼르"(מָצוֹר)이다. 일반적으로 애굽은 히브리어로 "미쯔라임"(מִצְרַיִם)이다. 하지만 "마쪼르"를 애굽으

로 번역한 이유는 종종 "마쪼르"가 애굽을 가리킬 수 있기 때문이다(왕하 19:24; 사 37:25).[29] 앗수르와 애굽을 지적한 것은 이 두 나라가 이스라엘의 남쪽과 북쪽에 위치하여 이스라엘을 위협했던 대표적인 나라들이기 때문이다. 바벨론 대신에 앗수르를 언급한 것은 아마도 미가 선지자가 처한 상황을 좀더 반영하기 위한 흔적으로 여겨진다. 혹자는 앗수르에서 애굽까지 사람들이 온다는 것은 디아스포라에 있는 이스라엘인을 지칭한다고 주장하기도 한다.[30] 하지만 7:12는 미가서 전체 구조상 4:1-3과 평행을 이루고 있기 때문에 앞에서 지적한 대로 여기서 오는 사람들은 이스라엘뿐만 아니라 이방인도 포한된다.[31]

7:13에 개역개정판 한글 성경은 "그 땅은 그 주민의 행위의 열매로 말미암아 황폐하리로다"라고 번역했다. 13절은 접속사 와우로 시작하는데, 여기서 문제는 이 접속사 와우가 등위접속사 와우인지 아니면 와우계속법 와우인지 하는 판단이다. 만약 후자라면 개역개정판 한글 성경의 번역처럼 사람들이 예루살렘으로 몰려 올 것이고, 그 후에 그 땅은 황무하게 될 것이라는 뜻이 된다.[32] 하지만 6:16의 예언에 따라 예루살렘이 죄악으로 황무하게 된 다음에 나중에 다시 회복되는 상황에서 땅이 황무하게 될 것이라는 해석은 문맥상 어색하다.[33] 예레미야 선지자는 예루살렘의 멸망으

29) Waltke, "Micah," 757.

30) Allen, *Micah*, 397-398.

31) McComiskey, "Micah, in *EBC* 7: 443.

32) Waltke, *Micah*, 438. 여기서 월키는 미래에 결과적으로 일어나는 상황을 가리킨다고 주석하고 있다.

33) 비슷하게 맥코미스키도 이것을 동시적인 상황으로 해석해서 예루살렘 성벽이 중건되고 많은 사람들이 돌아올 때에 땅이 황폐할 것으로 해석하였다. 그는 여기서 접속사 와우를 순접 와우(conjunctive 와우)로 이해했던 것이다. McComiskey, "Micah 7," 66.

로 인해 모든 세상이 황폐하게 될 것을 예언했다(렘 4:23-26 참조).[34] 이런 점을 고려할 때 미래의 회복은 황폐함이 없는 상황으로 전개되는 것이 더 자연스럽다.

따라서 7:13에서 초두에 나오는 접속사 와우는 와우계속법 와우라기보다 등위접속사 와우로서 앞의 상황에 대한 보충적 설명을 제시하는 용법으로 이해할 수 있다.[35] 그러므로 필자는 7:13에서 등위접속사 와우는 앞의 상황을 보충 설명하는 역접 접속사 와우라고 생각한다. 그래서 앞의 상황에 대한 이전의 상황을 말하고 있다. 이상의 관찰을 통해 7:13을 7:12의 말미와 함께 해석하면 "사람들이 네게로 돌아올 것이다. 그런데 그 이전에 이 땅은 그 주민의 행위의 열매로 말미암아 황무했었다"라고 번역할 수 있다.[36] 그러므로 13절은 종말에 새 예루살렘이 중건되기 전에 황무했던 땅의 상황을 보충적으로 설명하는 기능을 한다.[37] 여기서 땅은 히브리어 단어로 "에레쯔"(אֶרֶץ)인데 이것은 팔레스타인의 땅(land)이 아니라 온 세상(earth)을 가리킨다. 세상에 대한 암시는 7:16-17에서 열방에 대한 언급으로 자연스럽게 연결된다. 그래서 예루살렘의 멸망은 온 세상의 황무

---

34) 월터 브르구만은 렘 4:23-26은 "이스라엘이 의지했던 선한 창조세계가 한 단계씩 무너지는 장면을 보여준다"라고 해석한다. Walter Brueggemann, "Jeremiah: Creatio in Extremis," in *God Who Creates: Essays in Honor of W. Sibley Towner*, ed. William P. Brown and S. Dean McBride Jr. (Grand Rapids, Mich.: Eerdmans, 2000), 156.

35) 등위접속사 와우에는 순접 와우(conjunctive 와우), 역접 와우(disjunctive 와우), 그리고 설명적 와우(epexegetical 와우)가 있다.

36) 이런 문법적 특징은 삼하 19:17-18에서도 찾아볼 수 있다.
וְאֶלֶף אִישׁ עִמּוֹ מִבִּנְיָמִן...וְצָלְחוּ הַיַּרְדֵּן לִפְנֵי הַמֶּלֶךְ(삼하 19:17-18): There were with him one thousand Benjaminites . . and they had rushed to the Jordan before the king.

37) Andersen and Freedman, *Micah*, 592.

함을 동반했지만, 미래에 세상의 중심으로 예루살렘이 회복되면 다시 온 세상도 새롭게 회복될 것을 말한다. 이사야는 이것을 새 하늘과 새 땅으로 예언했다(사 65:17).

7:14는 7:8-20의 전반부(7:8-14)의 신학적 주제들의 절정을 이룬다. 내용상 하나님께 삼림에 거하는 백성을 지팡이로 통치하여 옛날과 같이 바산과 길르앗에서 그들을 먹여달라는 기도이다. 14절은 앞의 13절과 달리 미가 선지자가 자신의 현실로 돌아와서 드리는 공동체의 기도이다. 미가서의 특징은 앞에서 지적한 대로 단락이나 소단락의 끝에 미가 선지자가 현실로 돌아온다는 데에 있다. 그래서 7:14는 전반부인 7:8-14의 끝을 알린다.

7:14는 "주의 지팡이로 주의 기업의 양떼를 치소서"라는 명령형 간구로 시작한다. 14절 초두에 "주의 지팡이"는 양떼를 이끄는 목자로서 하나님의 모습을 보여준다(미 2:12; 4:6-8; 5:4). 이 지팡이는 목자이자 왕이신 하나님의 통치의 지팡이(scepter)라는 이미지를 제공한다. 그러므로 지팡이의 언급은 하나님이 왕이 되시어 백성을 보호하고 통치해 달라는 간구의 목적을 가진다.[38] 왕이신 하나님의 통치를 통해서 백성들의 운명이 역전되기를 호소하고 있음을 엿볼 수 있다.

이어서 개역개정판 한글 성경은 "갈멜 속 삼림에 홀로 거주하는 주의 기업의 양떼를 먹이시되"라고 번역하였다. 여기서 "갈멜"은 삼림(숲)과 평행을 이룬다. 갈멜은 단순히 지명일 수도 있고 아니면 목초지를 뜻할 수도 있다.[39] 문맥상 후자가 더 신빙성이 있는 듯하다. 삼림에 대한 언급에 대

38) Barker and Bailey, *Micah*, 131.
39) Waltke, "Micah," 759.

해서도 여러 가지 견해가 있다. 혹자는 예루살렘 성벽이 다시 건축되기 전에 남은 자들이 삼림으로 암시되는 광야에서 거주하고 있음을 지적하는 내용이라고 본다. 한편 월키는 이와 반대로 동산과 같은 수풀로 해석하고 미래에 긍정적인 상황을 나타내는 것으로 보았다.[40)]

하지만 7:14에서 구원은 여전히 미래에 있다. 삼림을 가리키는 히브리어 단어인 "야아르"(יַעַר)는 미 3:12에서 예루살렘이 수풀로 변하다고 할 때 그 수풀을 뜻하는 히브리어 단어와 동일하다.[41)] 미가서에서 삼림과 수풀은 매우 부정적이다. 따라서 실상 수풀 속에 있는 것처럼 곤경을 당하는 현실세계를 묘사한다고 보는 것이 더 정확하다.

미가 선지자 당시는 앗수르가 좋은 땅을 차지한 상황이었고, 유다는 마치 수풀 속에 거하는 것처럼 어려운 처지에 놓여 있었다.[42)] 그러므로 7:14는 현실로 돌아와서 수풀과 같이 어려운 상황에 처한 미가 선지자가 자신을 포함한 남은 자들을 위해서 하나님이 옛적에 바산과 길르앗에서 이스라엘을 풍요롭게 먹여주신 것처럼 미래에 자신들을 먹여달라고 기도하는 내용으로 보는 것이 올바른 이해이다. 즉 미래에 하나님의 통치의 지팡이로 상황을 역전시켜 달라는 호소인 것이다.

바산과 길르앗은 요단강 동편에 위치한 고산지역의 비옥한 땅이다. 길르앗은 요단강 동편에 북쪽으로 야르무크 강(Yarmuk River)과 남쪽으로는 헤스본 성읍을 경계로 둔 고산지역을 가리킨다. 이곳에 다메섹에서 아카바 만까지 연결되는 왕의 대로(King's Highway)가 통과했다. 바산은 길르

---

40) Waltke, "Micah," 759. 하지만 메이즈는 이것을 부정적인 현실상황으로 이해했다. Mays, *Micah*, 164.
41) Wolff, *Micah*, 226.
42) Barker and Bailey, *Micah*, 131.

앗 북쪽에 위치한, 남북으로 길게 늘어진 고원지역을 가리킨다. 바산과 길르앗은 원래 가나안 정복 때에 이스라엘 땅이었고 다윗과 솔로몬 시대에 확실한 이스라엘의 영토였지만 이후 아람과의 전쟁을 통해 분쟁지역이 되었다(왕상 22:3 참조). 주전 734년에 앗수르 왕인 티글랏빌레셀 3세가 북이스라엘 왕 베가를 치면서 이 지역을 빼앗었다(왕하 15:29). 그 이후로 이스라엘은 이 땅을 완전히 상실하고 말았다. 이상의 역사적 고찰을 통해서 바산과 길르앗의 회복은 이스라엘이 원래 가진 권리를 회복한다는 상징성이 있다.[43] 이런 점에서 바산과 길르앗에 대한 언급은 이스라엘을 위해 하나님이 원래 세우셨던 계획과 축복들을 종말에 다시 회복시켜 달라는 기원을 담고 있다.

7:14에서 남은 자들은 주의 기업으로 정의된다. 주의 기업이 된다는 것은 하나님과의 언약관계를 전제로 한다. 그리고 하나님을 왕으로 삼고 그의 통치를 받는다는 뜻을 내포한다. 주의 기업이라고 할 때, 기업에 해당되는 히브리어 단어 "나할라"(נַחֲלָה)는 렘 10:16에서도 등장한다. 렘 10:16에서 하나님의 기업의 지파인 이스라엘은 하나님을 왕으로 따르는 백성의 모습으로 그려진다(렘 10:10). 그리고 예레미야 7-10장의 문맥에서 하나님의 기업인 백성은 하나님을 왕으로 모시고 지혜롭게 공의와 인애의 의를 수행하는 무리들이다(렘 9:24). 그 반대는 어리석음이고 거짓이다. 이런 맥락에서 마찬가지로 미가 선지자도 7:14에서 "주의 기업"을 언급하면서 하나님이 남은 자를 직접 왕으로 통치하여 종말의 구원과 회복을 성취해달라고 기도하고 있다. 종말에 남은 자가 구원을 받고 언약관계 속으로 들어가 다시 의인으로 거듭나는 것은 전적으로 하나님의 왕적 권위와 통

---

43) Andersen and Freedman, *Micah*, 592.

치에 달려 있다는 사실을 엿볼 수 있는 대목이다.

3) 하나님의 구원과 열방의 회개(7:15-17)

7:15는 14절의 기도에 대한 하나님의 응답이다. 하나님의 응답의 요지는 옛날에 이스라엘을 애굽에서 인도하셨던 것처럼 종말에 제 2의 출애굽을 통해서 남은 자들을 억압으로부터 구원해 내실 것이라는 선언이다(미 4:10 참조). 15절 하반부에는 "내가 그에게(그들에게) 이적을 보이리라"라고 되어 있다.[44] 여기서 이적으로 번역된 히브리어 단어는 인간의 능력으로 할 수 없는 놀라운 것을 뜻한다.[45] 따라서 종말에 하나님의 구원은 인간의 상상을 초월하는 하나님의 개입을 통해 놀라운 변형을 가져오게 될 것을 말하고 있다. 처음 출애굽 사건을 통해 공의와 인애로 이스라엘을 구원하고 의로운 백성으로 삼으셨듯이, 종말에 하나님은 다시 제 2의 출애굽의 은혜를 베풀어 자신의 백성을 공의와 인애를 통해서 의의 백성으로 만드실 것이라는 내용이다. 물론 7:15에서는 직접적으로 의가 언급되지 않는다. 하지만 6:6에서 출애굽의 구원을 하나님의 의의 관점에서 보았기 때문에 7:15에서 제시되는 종말에 제 2의 출애굽의 구원도 하나님의 의의 표출이고 하나님의 의속으로 백성들을 들어오게 한다는 사상을 함의한다.

7:16-17은 앞에서 지적했듯이 7:10과 같이 대적들인 열방이 부끄러워하고 뱀처럼 티끌을 핥을 것이라고 말한다. 7:16은 제 2의 출애굽을 통해서 남은 자가 구원을 받을 때 여러 나라인 열방이 그것을 보고 자신의 세력

44) BHS의 본문비평은 "우리에게 보여주소서"로 읽기를 제안한다. 하지만 모든 사본들은 한결같이 맛소라 사본과 같이 "내가 그에게 보여줄 것이다"라고 읽는다.

45) Wolff, *Micah*, 227.

46) Andersen and Freedman, *Micah*, 593.

을 부끄러워한다고 말한다. 여기서 자신의 세력이란 군사적 세력을 지칭한다.[46] 흥미롭게도 7:16-17은 초두에 "그들이 보다"라는 히브리어 동사 "이르우"(יִרְאוּ)가 나오고 말미에 "그들이 두려워할 것이다"라는 히브리어 동사 "이레우"(יִירְאוּ)가 등장하여 음성학적 기교를 이룬다.[47] 이런 기교를 통해서 열방이 보고 두려워할 것임을 강조하고 있다.

7:16은 열방이 보게 되어 부끄러워할 것이라고 말한다. 이 표현은 7:15에서 하나님이 자신이 구원의 백성에게 이적을 보여주실 것이라는 말과 대조를 이룬다. 구원의 백성은 보고 기뻐하지만 열방은 보고 부끄러워한다는 문자적 기교이다. 이렇게 해서 종말에 상황이 역전될 것을 제시한다.[48]

7:17에서 뱀처럼 티끌을 핥는다는 말은 창 3:7을 연상시킨다.[49] 티끌을 핥는다는 것은 패배를 뜻한다(시 72:9; 사 49:23; 창 3:14). 제 2의 출애굽을 통해 남은 자가 구원을 받을 때 그들을 괴롭혔던 열방은 패배한다는 지적이다. 열방의 패배는 7:10에서 남은 자가 그들을 밟을 것이라는 말과 자연스럽게 연결된다. 열방의 패배는 남은 자가 그들을 다스린다는 왕적 이미지를 거꾸로 보여준다. 확실히 미가서에서 남은 자는 대적자를 밟는 왕적 이미지를 갖고 있다(미 3:8). 이사야 49장도 제 2의 출애굽을 통해 구원받는 남은 자들에게 열왕이 경배하고 그들을 섬길 것이라고 말한다(사 49:7). 앞에서 지적한 대로 왕의 역할에서 가장 중요한 것은 공의와 의를 행하는 것이다. 그러므로 미래에 남은 자는 열방을 다스리는 왕적 지위를 가지고 공의와 인애와 의를 수행할 것이라는 힌트를 제공한다. 물론 미래에 남은

---

47) Barker and Bailey, *Micah*, 132.
48) Barker and Bailey, *Micah*, 132.
49) Andersen and Freedman, *Micah*, 593.

자가 문자적으로 열방을 다스린다고 이해하는 것은 잘못이다. 이것은 어디까지나 남은 자들이 열방을 다스리는 것처럼 왕적 역할을 가지고 있다는 것을 강조하는 메타포이다.[50] 더 나아가 열방으로 대변되는 대적자들(죄의 세력을 포함)이 남은 자에게 더 이상 힘을 발휘하지 못할 것이라는 뜻이기도 하다.

7:17의 후반부에서는 대적자들이었던 열방이 오히려 두려워하고 여호와께로 돌아온다고 말한다(미 4:2 참조). 열방이 어떻게 여호와의 구원을 보고 돌아올 것인가? 미 4:2에서는 하나님이 "많은 민족 중에 심판하시며 먼 곳 강한 이방을 판결하실 것이다"라고 말한다. 이런 맥락에서 종말에 하나님의 구원행위는 범세계적인 사건임을 알 수 있다.

4) 결론(7:18-20)

7:18-20은 결론부분으로 남은 자의 찬양이다.[51] 이 소단락은 "주와 같은 신이 어디 있으리이까?"라는 수사의문문으로 시작한다. 수사의문문은 새로운 단락의 시작을 알리기 때문에 7:18은 미가서 전체의 결론을 이끄는 단락의 시작이라고 말할 수 있다. 이 소단락의 구조는 다음과 같다.

A. 여호와의 독특성: 주와 같은 신이 어디 있으리이까?(18a절)
　B. 죄를 용서하심(18b절)
　　C. 허물을 넘기심(18c절)

---

50) 이에 대한 자세한 논의는 Williamson, *Variations on a Theme: King, Messiah and Servant in the Book of Isaiah* (Carlisle, UK: Paternoster, 1998)을 참조하라.

51) Allen, *Micah*, 401.

D. 하나님의 인애: 진노를 오래 품지 않음(18d절)

D'. 하나님의 인애: 불쌍히 여김(19a절)

C'. 죄악을 발로 밟음(19b절)

B'. 죄를 깊은 바다에 던짐(19c절)

A'. 여호와의 독특성: 언약의 맹세를 끝까지 지키는 성실과 인애(20절)

이 소단락의 강조점은 D/D'에 있는 하나님의 인애이다. 더욱이 20절은 옛적에 조상들에게 맹세한 언약을 지키기 위해 성실과 인애를 통해 남은 자를 하나님의 백성으로 삼는 하나님의 은혜를 부각시킨다. 7:18-20은 하나님의 자비를 강조한 출 34:6-7의 어휘와 많은 공통점이 있다.[52] 구체적으로 이 소단락에서 하나님의 인애는 남은 자로 하여금 더 이상 죄를 짓지 못하도록 죄를 사하시고 죄를 바다에 던지시는 모습으로 드러난다. 이렇게 해서 종말에 남은 자는 온전히 공의와 인애와 의를 행하게 될 것을 보여준다. 결국 남은 자의 공의와 인애와 의는 하나님의 작품인 셈이다.

또한 이 소단락은 앞에 7:8-9에서 사용된 어휘와 비슷한 단어들을 사용하여 마무리한다는 특징이 있다. 7:8-9에서는 공의(מִשְׁפָּט / "미쉬파뜨")라는 낱말과 의(צְדָקָה/ "쩨다까")가 키워드였다면 이 마지막 소단락에서는 진리(성실로 번역됨)(אֱמֶת / "에메트")와 인애(חֶסֶד / "헤쎄드")가 키워드 역할을 하고 있다.[53] 앞에서 지적한 대로 공의는 인애는 동전의 양면과 같음으로 7:20에서 인애는 7:9에서 공의라는 말과 짝을 이룬다. 또한 7:20에서 진리(성실로 번역됨)는 7:9에서 언급된 의와 짝을 이룬다고 볼 수 있다. 호세아 선지자는 공의와 인애와 의를 성실(אֱמוּנָה/ "에무나")과 병치

52) Andersen and Freedman, *Micah*, 598.

53) 개역개정판 한글 성경에서는 미 7:20에서 "에메트"(진리)를 성실로 번역했다.

시켰다(호 2:19-20). 더욱이 "에무나"(אֱמוּנָה)는 진리(성실)로 번역되는 "에메트"(אֱמֶת)와 같은 어근에서 나온 말이다.[54] 따라서 7:20에서 성실로 번역된 "에메트"는 "에무나"와 같이 의를 아우르는 표현으로 볼 수 있다. 이 낱말들의 언급은 다음과 같은 구조를 이룬다.

a. 공의(7:9)
  b. 의(7:9)
  b'. 성실(7:20)
a'. 인애(7:20)

이상의 구조를 통해서 7:8-20은 초두와 말미에 비슷한 어휘의 반복을 통해 인클루지오를 이루고 있음을 알 수 있다.

7:18-20은 구조상 7:14와도 평행을 이룬다. 7:14에서 "당신의 기업"이라는 말이 7:18에서 "그의 기업"이라는 말로 다시 등장한다. 7:14는 주의 기업인 남은 자를 위한 하나님의 통치를 묘사했다면, 7:18-20에서는 하나님의 기업인 남은 자를 위한 하나님의 인애를 부각시킨다.

7:18에서 미가 선지자는 "주와 같은 신이 누가 있습니까?"라는 말로 시작한다. 앞에서 언급한 대로 미가라는 이름은 바로 "여호와와 같은 분이 누가 있으리요?"라는 뜻이다. 7:18-20의 문맥에서 여호와의 독특성은 인애를 통해 남은 자를 구원하고 그들의 죄를 청산하여 영원히 그들과 언약 관계를 맺는 성실로 제시된다.[55] 그래서 18절 후반부는 인애를 강조한다. 결국 남은 자가 구원받는 이유는 하나님의 인애 때문이다. 18절은 하

---

54) R. W. Moberly, "אמן" *NIDOTTE 1* : 428.
55) Barker and Bailey, *Micah*, 134.

나님이 인애를 기뻐하신다고 말한다. 따라서 하나님이 인애를 베푸시는 것은 남은 자의 공로 때문이 아니라 인애를 베풀기를 기뻐하시는 하나님의 전적인 속성 때문임을 강조한다. 미가서 초두는 하나님의 분노로 시작했지만 미가서 말미는 하나님의 인애에 초점을 맞추며 끝난다. 이렇게 해서 하나님은 분노의 하나님이 아니라 결국 사랑의 하나님이라는 사실을 잘 보여준다.[56)]

7:19는 "다시 우리를 불쌍히 여기셔서" 라는 말로 시작한다. 여기서 "다시" 라는 표현에 주목할 필요가 있다. 이 말은 종말의 구원행위가 이전에도 있었다는 것을 뜻한다. 그것은 다름 아닌 출애굽 사건이었다. 출애굽은 하나님이 인애로 이스라엘을 하나님 백성으로 삼았던 사건이었다. 그런데 종말에 다시 하나님은 남은 자를 불쌍히 여겨서 인애를 베푸실 것이라고 설명한다. 종말에 베푸는 인애가 제 2의 출애굽을 통한 구원임을 암시하는 대목이다. 이런 암시는 7:15에서 명시적으로 언급한 출애굽 모티프를 통해 지지를 얻는다.

19절은 18절처럼 하나님의 인애로 남은 자를 위한 죄의 청산을 언급하면서 죄를 깊은 바다에 던진다고 말한다. 여기서 깊은 바다는 스올과 같은 장소로 이해할 수 있다.[57)] 구약의 종말론 사상에서 핵심은 세상의 끝(end of the world)이라기보다는 죄의 끝, 또는 죄의 청산이다.[58)] 따라서 미가서의 종말론은 하나님 편에서 주도적으로 자신의 백성들의 죄를 제거함으로써 하나님의 통치가 완성된다는 사상을 내포한다.[59)]

---

56) Mays, *Micah*, 166.
57) Andersen and Freedman, *Micah*, 598.
58) Gowan, *Eschatology in the Old Testament*, 2.
59) 미 5:7에서 남은 자를 이슬로 비유한 사실을 참조하라.

7:20은 하나님이 옛적에 조상들과 맺은 언약을 상기시킨다. 7:20에서 "옛적에"라는 표현은 미가서에서 비슷한 형태로 종종 등장한다(5:1; 7:14).[60] 이렇게 해서 종말에 남은 자를 향한 하나님의 행동이 즉흥적인 것이 아니라 과거 처음부터 계획되어 나왔다는 것을 보여준다. 7:20은 특별히 7:18의 초두에서 제기되었던 "주와 같은 신이 어디 있으리이까"라는 물음에 구체적으로 답을 준다. 즉 하나님은 다른 신들과 달리 사람들과의 언약을 성실히 이행하고 이를 위해 인애를 베푸시는 분이라는 응답이다. 미가서 전체 문맥에서 볼 때 하나님의 인애는 여호와의 가장 독특한 특징이다. 인애를 통해서 하나님은 종말에 남은 자를 구원하시고, 그들에게 공의와 인애와 의를 실행할 수 있도록 죄를 청산하신다.

더 나아가 남은 자는 여호와의 의로 덧입게 될 것이다. 이렇게 해서 하나님은 무조건적인 사랑(인애)을 통해서 변함없이 약속을 지키시는 분임을 드러낸다. 이런 변함없는 모습으로 인해 7:20의 후반부는 그것을 성실로 표현했다. 따라서 미가서에서 여호와의 속성은 인애와 성실로 요약된다. 7:20에서 성실로 번역된 히브리어 단어는 "에메트"(אֱמֶת)이다. 앞에서 언급한 바와 같이, 이 단어는 호 2:20에서 진실함으로 번역된 낱말인 "에무나"(אֱמוּנָה)와 같은 어근이다. 호 2:20에서 "에무나"(성실, 진실)는 호 2:19에서 공의와 인애와 의와 평행을 이룬다. 이렇게 해서 성실을 뜻하는 "에무나"는 공의와 인애를 아우르는 의임을 알 수 있다. 호세아서 문맥에서 "에무나"는 호 4:1에서 "에메트"(성실, 또는 진리)라는 말로 다시 등장한다. 이렇게 해서 "에무나"는 "에메트"와 같은 의미를 가진다. 이 "에메트"라는 단어가 다시 미 7:20에 등장하기 때문에 이 단어는 하나님의 공의와 인애와 의를 표현하는 낱말로 이해할 수 있다. 하박국 선지자는 공의와 인애와 의를 "에무나"라는 성실로 새롭게 강조하였다(합 2:4). 그리고 바울은 이 성실을 롬 1:17에서 믿음에 대입시켰다. 그러므로 믿음은 공의와 인애와 의라는 하나님과의 올바른 관계에 놓여 있는 상태를 지칭한다고 이해할 수 있다.

결국 7:20에서 하나님의 속성으로 제시되는 인애와 성실은 다른 말로 말하면 하나님의 공의와 인애, 그리고 의를 뜻하는 모습이다. 즉 자신의 공의와 인애를 끝까지 변함없이 지켜서 의로움을 드러내는 하나님의 독특성을 가리킨다. 인애와 성실은 종말에 남은 자가 본받아야 할 모습이기도 하다. 인애와 성실은 신약에서 예수 그리스도를 통해 성취되었다. 신약에서 요한은 율법은 모세로부터 주어졌지만 은혜와 진리는 예수 그리스도로 말미암아 왔다고 선언했다(요 1:17).[61] 요 1:17에서 은혜와 진리는 히브리어로 헤쎄드와 에메트를 달리 표현한 것으로 자신의 백성을 공의와 인애를 통해서 변함없이 언약관계를 맺으려는 하나님의 속성을 뜻한다. 많은 주석가들이 여기서 진리를 어떤 지적인 요소로 생각한다. 그렇게 되면 진리는 율법과 대조되어 마치 율법은 진리밖에 있는 요소로 비춰질 수 있다. 하지만 율법도 진리를 가지고 있기 때문에 이것은 잘못된 해석이다.

사도요한이 요 1:17에서 율법과 구별해서 말한 진리는 그런 지적인 의미의 진리가 아니라 진실함, 또는 성실함으로 이해되어야 한다. 율법에도 은혜와 진리의 측면이 없는 것은 아니다.[62] 하지만 율법 자체에는 하나님의 은혜(인애)와 성실함이 상대적으로 드러나기가 쉽지 않다. 율법은 사람들로 하여금 순종이라는 행위를 통해 하나님의 은혜(인애)와 진리(성실)를

60) Andersen and Freedman, *Micah*, 599.

61) Barker and Bailey, *Micah*, 134.

62) D. A. Carson, *The Gospel According to John* (Grand Rapids, Mich.: Eerdmans, 1991), 132.

보게 하고 하나님의 인애와 성실을 닮도록 유도한다. 하지만 사도요한은 예수 그리스도가 율법의 목표인 은혜(인애)와 진리(성실함)를 우리에게 직접 베풀어 주고 우리로 하여금 그분의 인애와 성실함을 닮아 공의와 인애와 의를 실천하게 하는 분이라고 선언하고 있다.

구약에서 성도의 의도 궁극적으로 하나님의 의였다. 이스라엘은 제의법을 포함한 율법의 순종을 통해 하나님의 인애와 성실을 깨닫고 공의와 인애와 의의 자리로 나갈 수 있었다. 이것은 그들의 의가 그들의 공로 덕분이 아니라는 반증이다. 하지만 구약에서 성도들의 의는 죄 지을 가능성으로 인해 실패할 수 있었다. 이에 반해 종말에 남은 자의 의는 결코 실패할 수 없다. 그것은 예수 그리스도로 인한 죄의 청산을 통해 하나님의 강력한 의(구체적으로 공의와 인애와 의)가 그들에게 덧입혀지기기 때문이다. 따라서 종말의 남은 자인 신약의 성도는 구약보다 더 큰 은혜를 입은 자들이다. 그러므로 예수 그리스도를 통해 부어지는 공의와 인애와 의를 저버린다는 것은 우리의 부르심의 목적에 크게 위배되는 것임을 명심해야 한다.

5) 본문의 의도

7:8-20은 미가서에서 등장하는 예언을 종합하는 성격이 강하다.[63] 7:8-20에서 미래의 구원은 4-5장에서 제시되는 구원의 메시지보다 한층 더 진전된다. 4-5장에서는 주로 메시아의 사역을 통해서 남은 자가 구원을 받을 것이고 여호와께서 시온에서 그 남은 자를 통치하실 것이라고 말한다. 반면 7:8-20은 그 남은 자의 죄가 어떻게 제거되는지를 보여준다. 결론적으로 하나님의 주도적인 공의와 인애와 의를 통해서 남은 자는 구원을 받고

63) Andersen and Freedman, *Micah*, 600. s

죄사함을 받게 되고 하나님과 의로운 관계 속으로 들어오게 될 것이다. 물론 7:8-20에서 미래에 구원은 시온이 세워지고 열방이 여호와께 돌아온다는 사실을 포함한다(7:12, 17). 이런 점에서 7장에서 미래의 구원은 4-5장의 미래의 구원과 매우 유사하다.[64] 4-5장에서도 미래에 시온이 세워지고 시온에서 여호와께서 열방을 멸하시고 열방은 시온으로 순례할 것을 강조하고 있기 때문이다. 하지만 시온의 회복과 열방의 순례는 전적으로 남은 자의 회복을 전제로 하고 있다. 이런 의미에서 7장에서 남은 자의 변형은 가장 큰 주제이다.

그러면 죄 용서함을 받은 남은 자는 어떤 변화를 경험하게 될 것인가? 미 3:2는 이스라엘과 유다의 죄가 선을 미워하고 악을 사랑하는 데에 있었다고 지적했다(미 3:8 참조). 따라서 종말에 죄의 청산은 남은 자들이 더 이상 악을 좇지 않고 선을 추구한다는 것을 암시한다. 선이라는 것은 미 6:8에 비추어 볼 때에 공의와 인애를 행하고 여호와와 겸손하게 계속적으로 동행하는 것(즉 의로운 관계)으로 요약된다. 그러므로 남은 자들은 죄 청산을 통해서 공의와 인애, 그리고 의를 행하게 될 것이다. 남은 자들이 행하는 공의와 인애와 의의 모습은 하나님이 그들에게 베푸시는 공의와 인애와 의를 본받은 것이다(미 7:9, 10; 렘 9:23-24 참조). 더불어 죄 청산은 인간의 공로가 아니라 하나님의 강권적인 은혜의 선물이기 때문에 인간 편에서 공의와 인애와 의의 모습은 하나님의 은혜의 선물임을 미가 선지자는 독자들에게 보여주고 있다.

---

64) Burkard M. Zapff, "The Perspective on the Nations in the Book of Micah," 303.

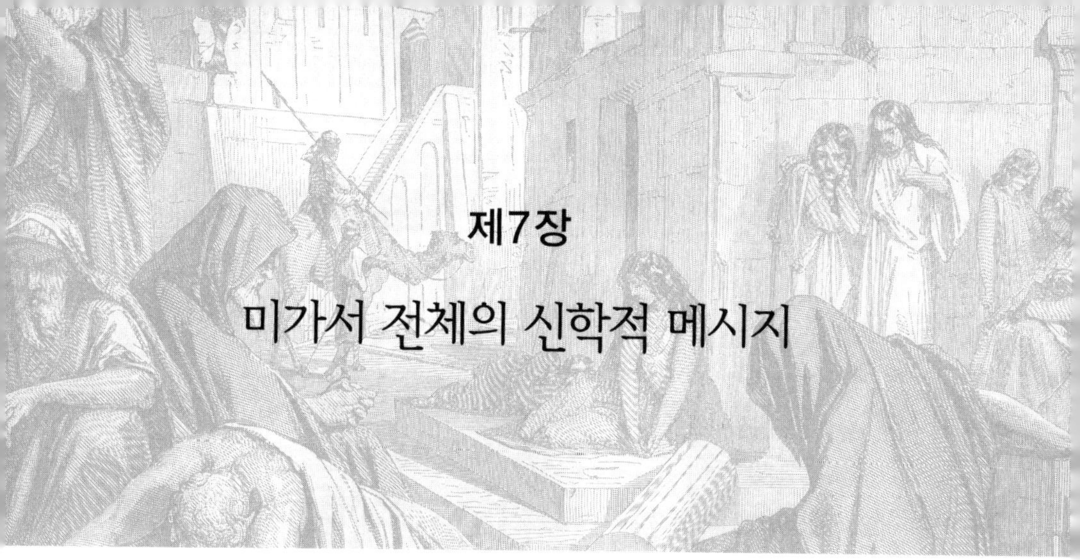

제7장

미가서 전체의 신학적 메시지

1. 심판의 원인

미가서에서 하나님의 심판의 원인은 백성들의 종교적, 사회적 죄악 때문이다. 특별히 부자, 정치 지도자, 제사장, 그리고 선지자와 같은 지도자들의 타락이 큰 원인으로 작용한다(미 3:11). 이들은 하나님이 원하시는 공의와 인애, 그리고 의를 행하기보다 자신들의 이익을 위해 하나님을 섬기는 자들의 전형이었다. 그렇다고 이들이 하나님의 신앙을 저버렸다는 것은 아니다. 나름대로 제사를 통해 하나님을 섬기는 외형적인 모습은 있었다. 하지만 그들의 신앙은 제사를 통해 하나님의 축복을 추구하는 기계적인 신앙이었기에 신앙의 핵심이 빠져있었다. 설상가상으로 이런 신앙적 타락을 부추킨 자들이 소위 선지자들이었다. 이들은 백성을 유혹하고 자신들의 입을 채우기에 종교적 위선을 자행했다(미 3:5). 이런 상황에서 미가서는 우리에게 죄의 심각성을 생생하게 보여준다. 죄는 하나님과의 올바른 관계에서 떠난 모습이다. 아무리 종교 지도자라고 할지라도 하나님이 원하는 선, 즉 공의와 인애, 그리고 의를 행하지 않는다면 외형은 그럴듯할지라도 그것은 공허한 신기루이다. 결국 죄의 원인은 하나님과의 관계에서 찾을 수 있다. 우리와 하나님과의 관계가 인격적인 관계인가? 아니면 형식적인 기계적인 관계인가? 하나님과의 올바른 교제의 관계에서 벗어난 신앙은 종국에 가서 형식적 외식으로 흐를 수밖에 없음을 미가서는 우리에게 교훈하고 있다.

2. 공의와 인애와 의

미가서는 하나님의 의(צְדָקָה / "쩨다까")를 6:5와 7:9에서 직접적으로 언급한다. 미가 선지자가 말하는 하나님의 의는 무엇인가? 6:4-5와 7:9의 문맥에서 볼 때 그것은 하나님이 궁극적으로 자신의 백성들을 구원시키는 의를 가리킨다.[1] 하나님의 의에는 공의(מִשְׁפָּט/ "미쉬파뜨")와 인애(חֶסֶד/ "헤쎄드")의 의미가 포함된다.[2] 이것을 잘 보여주는 것이 출애굽 사건이다. 그래서 미가 선지자는 6:4에서 공의와 인애를 설명하기 위해서 출애굽 사건을 먼저 언급한다. 출애굽 사건은 이스라엘을 핍박하는 애굽을 징벌하심으로써 공의를 드러낸 사건이었다. 더 나아가서 하나님은 공의로 해방된 이스라엘을 자신의 백성으로 삼으시는 사랑을 보이셨다. 이것이 바로 인애이다. 하나님에게서 공의와 인애는 동전의 양면과 같다. 이것을 굳이 나눈다면 공의는 하나님이 인간과의 관계에서 행하는 외형적 행위라면 인애는 그 내면에 깔려 있는 정신으로서 마음의 끈이라고 말할 수 있다. 하나님은 이와 같은 공의와 인애를 바탕으로 이스라엘과 계속적인 관계를 맺기를 원하셨다. 공의와 인애를 기초로 한 계속적인 관계가 바로 의이다. 하나님의 의는 인간 편에서 보면 하나님이 인간과 계속적인 관

---

1) Waltke, "Micah," 755.

2) 개역개정판 한글 성경에서는 "미쉬파뜨"인 공의를 모두 정의로 번역하고, "쩨다까"인 의를 공의로 번역하여 혼란을 주고 있다.

계를 맺기 위한 것이기에 구원의 모습으로 나타난다.

하나님은 인간도 하나님의 공의와 인애와 의의 속성을 닮아 실천하기를 원하신다. 하지만 인간이 수행하는 공의와 인애와 의는 하나님이 행하시는 공의와 인애와 의와는 약간 다르다. 공의의 경우 하나님은 심판을 통해 공의를 드러낼 수 있지만 인간은 개인적으로 원수를 심판할 수 없다. 개인적으로 원수를 갚는 것은 잘못이라고 규정하고 있기 때문이다(잠 24:29). 하지만 많은 부분 공유하는 점들도 있다. 세상에서 공의는 크게 분배의 공의(공정성)와 보상과 징벌의 공의(공평성)로 나눌 수 있다.[3] 이에 반해 성경에서 하나님이 우리에게 요구하시는 공의는 공정성과 공평성 외에도 하나님께 받은 것에 걸맞게 하나님과 이웃에게 실천하는 모습이다. 예를 들어 하나님은 나그네 되었던 이스라엘을 애굽에서 구원하셨기에 이스라엘에게 나그네를 선대하라고 명령하신다(출 22:21). 그러므로 나그네와 가난한 자를 선대하는 것은 인애의 차원 이전에 공의의 차원으로 이스라엘이 실천해야 할 부분이었다. 더 나아가 하나님이 인간에게 요구하시는 공의는 하나님이 인간을 향해 원하시는 모든 뜻을 총칭한다. 그러므로 단순히 공정성과 공평성으로 환원될 수는 없다.

이와 같은 공의의 행위는 또한 인애가 함께 동반된다. 하나님을 향해 인간이 행하는 인애는 무엇인가? 그것은 하나님을 향한 뜨거운 사랑과 충성, 감사, 헌신 등이 될 것이다. 무엇보다 의식하지 않고 자발적으로 나오는 무조건적인 사랑이다. 하나님이 인간을 향해 베푸는 인애도 자발적이고 무조건적인 사랑이기 때문이다.

결국 공의와 인애는 순간순간 인간이 행하기를 원하는 하나님의 뜻으

3) Clark and Rakestraw, *Readings in Christian Ethics*, vol. 1, 214.

로 요약된다. 이런 점에서 공의와 인애는 정적인 것이 아니라 항상 동적이다. 인간은 어떻게 공의와 인애를 실천해야 할지, 그리고 언제 공의와 인애를 드러내야 할지 항상 신중할 필요가 있다. 이런 문제 앞에서 6:8에서 미가 선지자는 하나님은 겸손히 동행하기를 원한다고 말한다. 겸손히 동행한다라는 말은 앞에서 지적한 대로 신중하게 행동하기 위해 하나님의 뜻을 묻는다는 것을 말한다. 이러한 동행이 있을 때 인간은 공의와 인애를 지속적으로 실천하여 하나님과 올바른 관계를 계속 유지할 수 있다. 이렇게 지속적으로 공의와 인애를 유지하는 상태가 의이다. 계속적으로 공의와 인애를 유지하기 위해서는 겸손히 동행해야 한다. 따라서 겸손히 동행하는 것은 공의와 인애를 계속적으로 수행하기 위한 의의 모습이라고 말할 수 있다. 따라서 의에는 공의와 인애가 포함된다. 의에는 공의와 인애가 포함되기 때문에 성경에서는 공의와 인애와 의라고 말하는 경우도 있지만 생략해서 공의와 의라고 말하는 경우도 있고, 의만을 말하는 경우도 있다. 아니면 공의와 인애를 단순히 언급하는 경우도 있다.

더 나아가 하나님이 원하시는 공의와 인애와 의(또는 공의와 의)는 하나님을 계속적으로 의지하는 일체의 모습이라고 말한다(7:7). 미가 선지자는 5:7에서 하나님이 남은 자를 만드시는 목적을 그분을 의지하고 바라보도록 하기 위함이라고 선언한다. 공의와 인애와 의가 궁극적으로 하나님을 의지하는 모습이라는 것은 언뜻 이해가 가지 않는다. 하지만 하나님을 의지하는 가운데 자연스럽게 나오는 행동이 공의와 인애이고 그런 공의와 인애가 계속적으로 이어질 때 그것을 의로 이해한다면 충분히 수긍할 수 있다. 하박국은 공의와 인애를 계속적으로 성실하게 수행하는 의를 성실("에무나")로 이해했고(합 2:4), 바울은 그것을 믿음으로 정의했다(롬 1:17). 이런 점에서 공의와 인애와 의는 궁극적으로 하나님을 의지하는 믿음의 또 다른 표현이다. 이런 믿음은 다시 자연스럽게 공의와 인애와 의의 열매를 맺게 될 것이다. 공의와 인애와 의의 열매로 특징짓는 믿음은 율법과 같을 수 없다. 오히려 이 믿음은 율법이 지향하는 목표이다. 보통 율법은 공의와 등치된다. 하지만 율법과 공의는 엄밀히 말해서 차별화된다. 그래서 예수님은 다음과 같이 말씀하셨다. "화 있을진저 외식하는 서기관들과 바리새인들이여 너희가 율법의 더 중한 바 공의(미쉬파뜨)와 인애(긍휼)와 성실(의)을 버렸도다"(마 23:23).

신약에서 복음이 왜 복음인가? 과거에 율법은 그것을 지키는 사람에게 결과적으로 하나님의 은혜를 체험케 하여 하나님의 공의와 인애와 의를 닮도록 유도했다. 이런 점에서 율법은 순종을 매개로 하나님의 은혜를 체험케 하는 매개체이다. 율법에 순종할 때 이스라엘은 하나님의 복을 받고 그분의 은혜를 체험했다. 또한 제의법을 통해 죄 사함의 은혜를 경험할 수 있었다. 그러기에 율법은 백성들로 하여금 하나님의 은혜를 보게하고 그분의 속성을 닮아 공의와 인애와 의를 행하도록 하는 데 그 지향점이 있었다. 사실 처음부터 이스라엘이 공의와 인애와 의를 행했다면 복잡한 율법은 주어지지 않았을 것이다. 이런 점에서 바울은 율법은 범법함을 인하여 더하여 진 것이라고 선언했다(갈 3:19).

반면에 신약에서 복음이 복음인 이유는 바울의 말처럼 십자가의 부활의 능력을 통해 바로 믿음의 의(공의와 인애와 의)에 이르도록 하기 때문이다(롬 1:17). 그러기에 이것이 복음이 되는 것이다. 믿음의 의를 가졌다고 처음부터 공의와 인애와 의를 온전히 드러내는 것은 아니다. 오히려 그것을 처음에는 잘 드러내지 못할 수도 있다. 하지만 바울은 믿음에서 믿음으로 이른다고 말한다. 믿음의 의를 가진 사람은 결국 공의와 인애와 의의 열매를 계속적으로 드러내게 된다는 설명이다. 이런 신약의 믿음의 의는 전적으로 하나님의 은혜의 선물이기 때문에 이것이 복음이 되는 것이다.

한편 인간은 역사적으로 계속적으로 공의와 인애와 의를 실패해 왔고, 이렇게 해서 하나님을 향한 믿음을 저버렸다. 이런 상황에서 어떻게 신약의 성도가 공의와 인애와 의를 실천할 수 있단 말인가? 결론적으로 하나님은 종말에 자신의 백성을 의를 행하는 사람으로 바꾸실 것이라는 주장이 미가서의 종말론의 핵심이다(7:9-10). 종말에 백성들이 얻게 될 의(공의와 인애가 포함됨)는 하나님으로부터 덧붙여진 것이다. 미 7:9에서 미가 선지자는 자신이 광명으로 인도되어 하나님의 의를 보게 될 것이라고 말한다. 이것은 하나님의 의로 우리가 의의 사람으로 변화될 것을 암시한다(말 4:2-3 참조). 이를 뒷받침하기 위해 미 7:19에서는 하나님의 긍휼하심으로 우리의 죄를 깊은 바다에 던지실 것이라고 말씀함으로써 우리의 죄가 속해지고 의로운 사람으로 거듭날 것을 보여준다.

3. 소망의 메시지(메시야 사상)

미가는 하나님의 심판을 이야기하면서 다른 선지자들과 마찬가지로 소망의 메시지를 전달한다(2:12-13; 4-5장, 7장). 무엇보다도 하나님은 메시야를 통해 다윗 언약과 아브라함 언약을 미래에 성취하실 것이다(5:1-2; 7:20). 그래서 미가서의 주요 주제는 심판과 함께 정화와 소망, 그리고 하나님과 그의 메시야 왕국의 확립이다. 앞에서 지적했듯이, 특별히 소망의 메시지의 절정은 죄의 청산이다(미 7:18-20). 이러한 소망은 그러나 고난을 전제로 한다. 그래서 미가 선지자는 미래의 소망을 해산하는 여인의 이미지와 대입시킨다(미 4:10). 해산하는 여자가 아이를 낳기까지 고통을 겪어야 하지만 아이를 낳게 되면 기뻐하는 것처럼, 지금은 고통과 역경이 있지만 반드시 기쁨의 소망의 날이 올 것을 강조한다.

소망의 메시지 중심에는 메시야의 출현이 있다(5:2). 5:3은 메시야가 구원하는 대상을 그의 형제 가운데 남은 자라고 지칭한다. 그러므로 미래의 백성은 메시야의 형제가 되어 왕과 같은 존재가 될 것이다. 그러기에 미래에 하나님의 백성은 어떤 외부 세력이 침입해도 그들을 충분히 이길 수 있는 강력한 나라가 될 것이라고 말한다. 이어서 5:10-15는 메시야의 통치를 통해서 우상숭배가 제거되고, 사람들이 하나님의 말씀을 청종하게 될 것을 말한다. 여기서도 메시야 통치에 있는 백성들이 공의와 인애와 의를 행하게 될 것이라는 힌트를 제공한다.

4. 남은 자

미가서에서 남은 자에 대한 언급은 크게 4번 이루어진다(미 2:12-13; 4:6-7; 5:6-7; 7:18-20). 2장에서는 남은 자가 땅으로 돌아올 것이라고 말한다. 그리고 4장에서는 여호와께서 남은 자들의 왕이 되어 그들을 다스릴 것을 약속한다. 다음으로 5장은 종말에 남은 자들이 메시야를 통해서 대적자들에게 승리할 것을 말씀한다. 대적자를 향한 승리의 약속은 말라기에서 다시 언급된다. "또 너희가 악인을 밟을 것이니 그들이 나의 정한 날에 너희 발바닥 밑에 재와 같으리라"(말 4:3). 마지막으로 7장은 남은 자의 죄를 청산할 것이라는 사죄의 은총을 예언한다. 이처럼 남은 자에 관련된 주제는 미가서 전체에서 점진적으로 발전한다. 다시 말해서 외형적인 관심사에서 내적이고 영적인 영역으로 그 강조점이 옮겨지고 있는 것이다.[4]

---

4) Kenneth H. Cuffey, "Remnant, Redactor, and Biblical Theologian," 191-192.

미가서에서 남은 자의 묘사는 한 마디로 하나님의 은혜로 다시 회복되어 공의와 인애의 의를 행하는 자로 정의된다(6:8).

하지만 어떻게 남은 자가 공의와 인애와 의를 행할 수 있는가? 인간의 속성상 다시 죄를 지을 가능성이 있기 때문에 남은 자가 인간적인 힘으로 계속적으로 하나님이 바라는 선인 공의와 인애와 의를 행할 수 있다는 것은 불가능하다. 이에 대해 미가서는 앞에서 지적한 대로 메시야의 통치와 죄 청산을 통해서 그것이 가능하다고 말한다. 심지어 남은 자의 의는 하나님의 의가 덧입혀지는 것이라고 제시한다.

그렇다면 남은 자는 공의와 인애와 의를 행하는 데에 있어서 아무런 책임이 없는가? 여기서 하나님의 주권(divine sovereignty)과 인간의 책임(human responsibility) 사이에 충돌이 있다. 이 충돌 사이에서 하나님의 주권을 너무나 강조하다 보면 결정론적 운명주의가 된다. 반대로 인간의 책임을 너무 강조하면 마치 어느 정도 인간의 공로와 노력으로 의로운 행위와 구원에 우리가 기여할 수 있다는 반펠라기우스주의의 오류를 범할 수 있다. 여기서 개혁주의 입장에서 균형을 유지할 필요가 있다. 개혁주의의 특징은 어느 한쪽으로도 치우치지 않는다는 특성이 있다. 필자는 하나님의 주권을 강조하면서 운명주의자가 되지 않기 위해서 어느 정도 인간의 책임의 측면을 고려해야 한다고 생각한다. 구원뿐만 아니라 공의와 인애와 의를 행하는 데에 있어서 사람들로 하여금 그것들을 행할 수 있도록 하나님의 주권적 개입이 있지만 공의와 인애와 의를 행하는 과정에서 인간적인 편에서도 어느 정도 책임은 있다. 그렇다고 반펠라기우스주의를 조장하는 것은 금물이다. 이런 인간의 책임이 우리의 구원과 우리의 공의와 인애와 의의 모습에 어느 정도 기여할 수 있다고 생각하는 것은 오산이기 때문이다. 여기서 말하는 인간의 책임은 운명론주의를 피하기 위한 최소한의 인간의 의무를 말하는 것이다.

미가서는 인간에게 요구되는 책임으로서 우선적으로 여호와를 의지해야 함을 지적한다(4:5; 5:7). 인간적인 측면에서 남은 자의 특징은 하나님을 바라는 태도에 있다. 5:7에서는 남은 자를 하늘에서 내리는 이슬로 비유한다. 이슬이 사람을 기다리지 않는 것처럼 남은 자는 자신의 존재 목적이 하늘에 있다는 인식론적 깨달음 속에서 철저하게 하나님을 바라는 자이다. 남은 자가 하나님만을 바라보는 자라는 사상은 7:7에서도 반복된다. 특별히 7:7에서는 미가 선지자로 대변되는 남은 자는 여호와를 우러러본다라고 말한다. 여기서 우러러본다라는 히브리어 동사는 파수꾼이 상황을 살필 때에 쓰는 동사이다. 이렇게 해서 남은 자는 하나님의 뜻이 무엇인지 알기 위해 상황을 항상 자세히 살피는 자로 묘사된다. 남은 자에게 요구되는 인간적 책임은 우선적으로 하나님을 전적으로 의지하고 하나님의 뜻에 민감한 태도를 항상 견지하는 모습이다.

더욱이 4:6-7은 남은 자는 환난을 경험한 자로 제시된다. 그리고 7:8-9는 하나님의 진노를 경험하고 공의를 체험하는 자로 그려진다. 남은 자가 궁극적으로 공의와 인애와 의를 행하게 되는 것은 환난을 통해서 하나님의 공의와 인애와 의를 체험하기 때문이다. 좀더 구체적으로 말하면 환난을 통해 철저하게 자신을 회개하고 하나님의 공의와 인애와 의를 체험하여 그것들을 닮으려는 사람이다. 물론 환난을 경험했다고 모두가 회개하는 것은 아니다. 이 점은 이사야서가 잘 지적하고 있다. 이사야 65-66장은 환난을 통과한 후에도 두 부류의 사람이 있다는 것을 말해준다. 즉 진정으로 회개한 사람과 그렇지 않은 사람이다.[5] 어쨌든 미가서에서 남은 자는

5) David M. Carr, "Reading Isaiah from Beginning (Isaiah 1) to End (Isaiah 65-

환난을 통해서 자신의 부족함을 철저하게 자각하고 환난을 통해 하나님의 공의와 인애와 의를 경험하면서 자신도 하나님의 속성을 닮아 공의와 인애와 의를 행하기 위해 갈망하는 자이다.

또한 남은 자는 4:7과 5:7에서처럼 자신에게는 소망이 없다는 것을 철저하게 지각한다. 그래서 하나님이 없다면 자신은 절뚝발이 양과 아무런 힘도 없는 이슬과 같은 존재임을 고백한다. 특별히 양의 이미지는 7:14에서 "주의 기업의 떼"라는 말에서도 등장한다. 양은 비록 우둔하지만 목자의 음성을 알고 행동하는 것처럼 남은 자는 항상 하나님의 음성을 들으려고 애쓰는 자세를 보인다. 물론 남은 자가 하나님의 음성을 듣고자 하는 것이 인간의 책임에서 나오는 노력 때문인가 하나님의 주권적 은혜 때문인가는 애매하다. 하지만 적어도 남은 자에게 요구되는 외형적 자세는 하나님의 음성에 민감하려는 태도이다.

이상과 같은 특징을 가진 남은 자에게 하나님은 주권적 은혜를 통해 죄를 청산하고 공의와 인애와 의를 행하도록 만드실 것이다(7:18-20). 더욱이 미가 선지자는 성령을 통해 하나님과 동행함으로써 종말에 우리가 계속적으로 공의와 인애와 의의 삶을 실현할 수 있을 것이라는 힌트를 제공한다(미 3:8). 또한 미가서 5장은 메시야의 사역을 통해 종말에 남은 자가 왕적인 존재가 되어 대적자를 물리칠 뿐만 아니라 공의와 인애와 의를 행하는 자가 될 것을 내다본다. 즉 메시야의 의로운 통치로 인해 백성들이 공의와 인애와 의를 행할 것이라는 사상이다. 남은 자를 위한 하나님의 주권적 은혜와 남은 자의 인간적 책임을 도표로 그리면 다음과 같다.

---

66): Multiple Modern Possibilities," in *New Visions of Isaiah*, ed. Roy R. Melugin and Marvin A. Sweeney (Atlanta: Society of Biblical Literature, 2006), 203-204.

인간의 책임	하나님의 주권
(1) 하나님의 음성을 따르려고 애씀(2:12)	(1) 성령을 통해 공의를 행하게 함(3:8)
(2) 자신의 존재 목적이 하나님께 있다는 철저한 고백(5:7)	(2) 메시야의 통치: 백성을 왕적 존재로 만들고 우상숭배를 제거함 (5:2-15)
(3) 여호와를 바라봄(5:7; 7:7)	(3) 의를 보게 함(7:9)
(4) 여호와의 뜻을 살피려고 함(7:7)	(4) 죄의 청산(7:18-20)
(5) 환난을 통해 자신의 부족함을 철저히 인식하고 하나님의 속성을 닮으려고 함(4:6-7; 6:4-5; 7:8-9)	(5) 궁극적으로 하나님의 속성인 공의와 인애와 의를 행하게 함(6:8 참조)

물론 이상에서 인간의 책임으로 제시된 목록도 하나님의 은혜가 없이는 실천이 불가능한 것이다. 이런 의미에서 인간의 책임도 결국 하나님의 은혜의 협력을 통해서만 가능하다고 말할 수 있다.

종말의 남은 자들 안에 이방인들도 포함된다(5:7, "야곱의 남은 자는 많은 백성 중에 있으리니"). 미래에 남은 자는 이전의 연약한 모습이 역전된다는 특징이 있다. 그래서 이전에 약하고 핍박받았던 자들이 하나님을 의지한 결과로 미래에 매우 강력한 자들로 그려지고 있다. 그래서 강력한 철과 놋으로 치장된 소처럼 대적을 밟을 것이다(미 4:13). 그리고 젊은 사자와 같아서 대적자와 싸우면 백전백승하는 강한 자가 될 것을 말씀한다(미 5:8). 연약함에서 강인함으로의 전환은 이사야서에서도 발견된다(사 41:14-15).

남은 자 사상은 소선지서의 여러 곳에서 발견된다. 대표적인 책은 요엘서, 아모스서, 그리고 스바냐서이다. 하지만 이 책들은 미래에 남은 자가 되기 위해서 회개를 전제한다(욜 2:12-13; 암 5:14-15; 습 2:3). 하지만 미가서에서는 회개의 촉구가 등장하지 않는다. 그 이유는 아마도 종말에 남은 자들이 결정적으로 하나님의 주권적 은혜를 입어 죄 청산을 통해 나타난다는 사실을 강조하려고 했기 때문인 듯하다.

5. 주위 문맥에서 본 신학

요나서는 앗수르라는 이방 나라를 용서하고 구원하시는 하나님의 모습을 그리고 있다. 이이서 미가서는 열방이 깨달음을 받고 시온으로 순례할 것을(미 4:1-3; 7:12) 말함으로써 요나서의 신학을 더욱 구체적으로 발전시키고 있다.[6] 그러면서 동시에 미가서는 하나님의 말씀을 듣지 않는 열방은 황무해질 것을 강조한다(7:13). 하나님의 말씀을 대적하는 이방나라를 향한 심판의 주제는 미가서 뒤에 나오는 나훔서에서 계속 언급된다. 이렇게 해서 미가서는 앞에 요나서와 뒤에 나훔서 사이에서 자연스런 연결고리를 만들어 준다.

소선지서 전체의 구조에서 볼 때에 미가서는 중심축을 차지한다.[7] 미가서는 소선지서에서 등장하는 모든 신학적 주제들을 집대성한 것 같은 착각을 불러일으킬 정도로 모든 주제들을 망라하고 있다. 예를 들어, 종말의 성전에서 하나님의 통치(미 4:1-3), 메시야 예언(미 5:2-5), 남은 자 사상(미 2:12-13; 5:7), 언약 성취(미 7:19-20), 대적자의 최후 멸망(미 7:17), 그리고 공의와 인애와 의에 대한 강조(미 6:6-8)가 그러하다. 그렇지만 주위 문맥과 비교할 때 미가서에서 두드러진 신학적 주제는 하나님이 죄 청산을 통해 하나님 나라를 완성한다는 사상이다. 구약의 종말론은 세상의 끝이

---

6) Burkard M. Zapff, "The Perspective on the Nations," 304.
7) 김창대, "소선지서의 통일성 관점에서 호 14:4와 말 4:2의 치료(רפא)에 대한 고찰," 「성경과 신학」 56권 (2010): 291-292 참조.

아니라 죄 용서를 통한 회복이 그 핵심이다.[8]

죄의 용서, 또는 죄의 청산을 통한 회복의 결과는 무엇인가? 하나님의 강권적 은혜로 백성들이 선을 추구하여 공의와 인애와 의를 행하는 모습으로 귀결된다. 죄의 용서와 처리의 문제는 스가랴서에서 다시 절정에 이른다(슥 13:1).

---

8) Gowan, *Eschatology in the Old Testament*, 2.

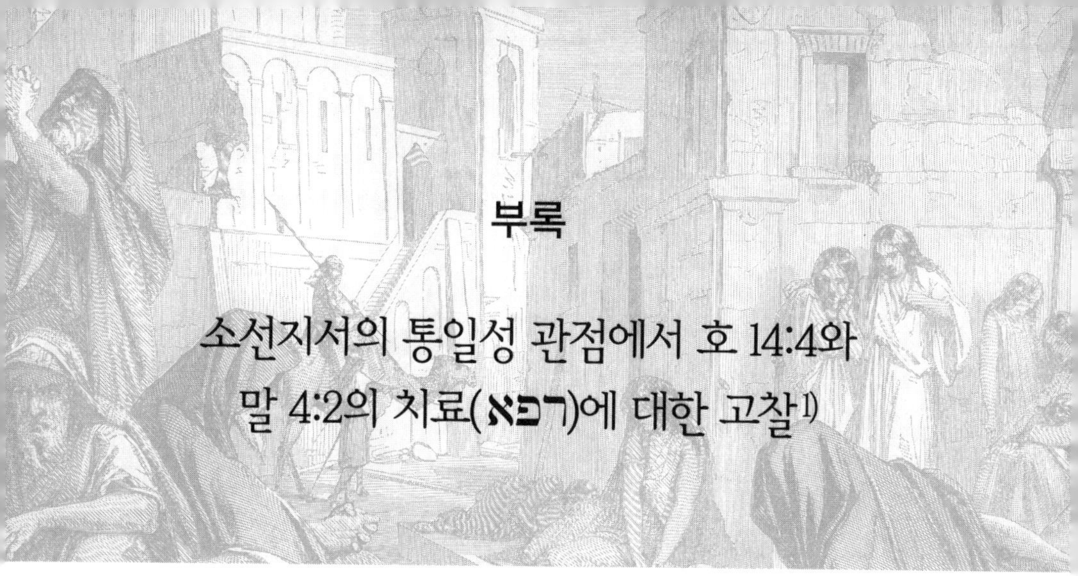

부록

소선지서의 통일성 관점에서 호 14:4와 말 4:2의 치료(רפא)에 대한 고찰[1]

1. 들어가는 말

1990년 초반부터 소선지서의 연구는 12개의 소선지서들이 단순히 여러 개의 짧은 책들을 모은 문선집(anthology)이 아니라 통일된 하나의 책으로 읽혀지기 위해 배열되었다는 주장에 관심을 갖기 시작했다.[2] 이후 점차적으로 12개의 소선지서를 하나의 책으로 읽으려는 시도들이 눈에 띄게 증가하였다. 물론 소선지가 통일적인 하나의 책으로 배열되었다는 주장에 모든 학자들이 동의하는 것은 아니다. 통일성을 반대하는 대표적인 학자는 벤 즈비(ben Zvi)이다.[3] 소선지서라는 말을 처음 사용한 사람은 어거스

1) 본 논문은 필자가 학술지인 「성경과 신학」 56권 (2010)에 기고한 논문임을 밝힌다.

2) David W. Baker and Bill T. Arnold ed., *The Face of Old Testament Studies: A Survey of Contemporary Approaches* (Grand Rapids, Mich.: Baker, 1999), 290; Richard L. Schultz, "The Ties that Bind: Intertextuality, the Identification of Verbal Parallels, and Reading Strategies in the Book of the Twelve," in *Thematic Threads in the Book of the Twelve*, ed. Paul L. Redditt and Aaron Schart (New York: Walter de Gruyter, 2003), 27.

틴이었다. 이보다 앞서 12명의 선지자들이라는 명칭이 처음으로 벤 시락의 집회서(Ecclesiasticus) 49장 10절에서 언급되고 있다. 이 집회서는 주전 2세기경의 저작이기에 이런 사실은 적어도 주전 2세기에 12개의 소선지서가 하나의 묶음으로 불려졌다는 증거로 볼 수 있다.[4]

사본학적으로 12개 소선지서는 하나의 두루마리에 기록되었다는 것을 알 수 있다. 그리고 배열 순서에 있어서도 무작위로 이루어지기보다 의미 있는 기준에 의해 의도적으로 배열되어 있다는 것을 볼 수 있다. 하지만 소선지서의 형성과 그 배열 기준은 학자들 간에 뜨거운 논쟁의 대상이다.[5] 배열 순서의 기준에 대해서 다음과 같은 견해가 있다.

첫째, 연대기적인 배열이다.[6] 실제로 소선지서를 보면 연대기적으로 대략 주전 8세기 경에서 시작해서 포로후기의 책인 말라기로 끝난다. 하지만 엄밀하게 연대기 순서를 따르는 것도 아니다. 전통적으로 요나가 아모스와 호세아서보다는 앞서는 선지자라고 한다면 요나서는 이들 선지서보다 앞에 나와야 한다. 하지만 성경에서는 미가서 바로 앞에 나온다.

---

3) Ehud ben Zvi, "Twelve Prophetic Books or 'The Twelve': A Few Preliminary Considerations," in *Forming Prophetic Literature: Essays on Isaiah and the Twelve in Honor of John D. W. Watts*, ed. James W. Watts and Paul R. House, JOTSup. 234 (Sheffield: Sheffield Academic Press, 1996), 125-156.

4) 소선지서가 하나의 묶음으로 불려진 증거들에 대한 논의를 위해서 다음의 책을 참고하라. James D. Nogalski & Marvin A Sweeney, eds., *Reading and Hearing the Book of the Twelve* (Atlanta, Georgia: SBL, 2002), viii-ix.

5) 소선지서의 형성에 관한 자세한 논의를 위해서 다음의 글을 참조하라. Paul L. Redditt, "The Formation of the Book of the Twelve: A Review of Research," in *Thematic Threads in the Book of the Twelve*, ed. Paul L. Redditt and Aaron Schart (New York: de Gruyter, 2003), 1-26.

6) Rolf Rendtorff는 12개 소선지서의 배열은 정경 안으로 배열할 당시에 사람들이 생각했던 연대기 순서를 반영한다고 주장했다. Rolf Rendtorff, *The Old Testament: An Introduction*, trans. John Bowden (Philadelphia: Fortress, 1985), 215.

둘째, 노갈스키(Nogalski)의 주장처럼 소선지서의 구조는 책의 말미에 나타나는 중요한 낱말이나 어구(catchword)가 그 다음 책에 다시 등장하는 방식으로 연결되었다는 설명이다.[7] 예를 들어 요엘서 다음에 아모스가 나오는 이유는 욜 3:16에 "시온에서 부르짖는다"라는 말이 다시 암 1:2에 등장하기 때문에 아모스 앞에 요엘서가 배치되었다는 논리이다. 비슷하게 합 2:20과 습 1:7에서 "잠잠하다"라는 말은 일종의 연결낱말(catchword) 역할을 한다.8) 소선지서 안에서 발견될 수 있는 연결낱말(catchword) 중에 중요한 것은 다음과 같다. 호 14:2 /욜 2:12; 욜 4:16 /암 1:2; 암 9:12 /옵 19절; 옵 1절 /요나서; 욘 4:2 /미 7:18-19 /나 1:2-3; 나 1:1 /합 1:1("마사," מַשָּׂא); 합 2:20/습 1:7 등이다.[9] 한편 노갈스키(Nogalski)는 연결구를 다음과 같이 제시했다. 호 14:5-10과 욜 1:1-12, 암 9:1-15와 옵 1-10, 옵 15-21과 미 1:1-7, 옵 11-14, 15b와 욘 1:1-8, 욘 2:2-10과 미 1:1-7, 미 7:8-20과 나 1:1-18, 나 3:1-19와 합 1:1-17, 합 3:1-19와 습 1:1-18, 습 3:18-20과 학 1:1-6, 학 2:20-23과 슥 1:1-11, 슥 8:9-23과 말 1:1-14 등이다.[10]

하지만 이 견해에도 문제가 없는 것은 아니다. 요엘서 마지막은 에돔의

---

7) 노갈스키는 소선지서의 배열은 연결낱말(catchword) 외에도 인용(quotation), 인유(allusion), 모티프, 그리고 뼈대를 이루는 틀(framing device)에 의해서 통일적으로 이루어졌다고 주장한다. Cf. James D. Nogalski, "Intertextuality and the Twelve," in *Forming Prophetic Literature*, 103.

8) 더 자세한 설명은 Nogalski의 다음의 책들을 참조하라. James D. Nogalski, *Literary Precursors to the Book of the Twelve* (BZAW 217; Berlin: de Gruyter, 1993).

9) Aaron Schart, "The Redactional History of the Twelve Prophets: Problems and Models," in *Reading and Hearing the Book of the Twelve*, ed. James D. Nogalski and Marvin A. Sweeney (Atlanta, Georgia: SBL, 2000), 35.

10) Nogalski, *Literary Precursors to the Book of the Twelve*, 20-57.

멸망을 언급하고 있기 때문에(욜 3:19), 그 다음으로 에돔의 멸망을 언급하는 오바댜가 바로 나오는 게 더 자연스러울 수 있다. 실제로 70인경(LXX)에서는 요엘서 다음에 오바댜서가 나온다. 결론적으로 연결낱말(catchword)로 배열의 기준을 삼는다면 다른 방식으로 소선지가의 순서가 정해질 수도 있기 때문에 이에 대한 주장은 신중을 요한다. 연결낱말은 또한 단지 우연히 나온 현상일 수도 있기 때문에 그것을 통해서 무조건 의도적으로 배열했다고 볼 수도 없다.11)

앞에서 언급했듯이 사본마다 소선지서의 순서가 다르다는 사실은 어떤 의미에서 소선지서의 통일적 배열에 큰 장애물이라고 할 수 있다. 구체적으로 맛소라 사본(MT)은 개역 한글판에서 볼 수 있듯이 요엘서가 호세아서 다음에 나온다.[12] 하지만 70인경의 순서는 호세아, 아모스, 미가, 요엘, 오바댜, 요나, 나훔, 하박국, 스바냐, 학개, 스가랴, 말라기 순으로 되어 있다. 한편 쿰란 사본 중에 하나인 4QXII^{a}에서는 요나서가 소선지서 맨 뒤에 등장한다.[13] 이렇게 해서 사본학적으로 소선지서의 순서는 크게 3가지로 나뉘어진다.[14]

---

11) Paul L. Redditt, "The Formation of the Book of the Twelve: A Review of Research," in *Thematic Threads in the Book of the Twelve*, 13.

12) 유다 지역에서 발굴된 와디 무라바아트 사본(주전 2세기 경)과 헬라어로 기록된 나할 헤버 사본(Nahal Hever Greek manuscript)(주전 1세기 중반)은 모두 맛소라 사본의 소선지서 순서를 따른다.

13) Barry. A. Jones는 원래 소선지서의 순서는 요나서가 맨 뒤에 왔다고 주장한다. Barry. A. Jones, *The Formation of the Book of the Twelve* (SBLDS 149; Atlanta, Georgia: Scholars, 1995), 7.

14) Barry A. Jones는 고대에 소선지서의 순서는 고정되지 않았고, 따라서 다양하게 해석되었다고 주장한다. Barry A. Jones, "The Book of the Twelve as a Witness to Ancient Biblical Interpretation," in *Reading and Hearing the Book of the Twelve*, 65-74.

이런 사본학적 증거 앞에서 대부분의 학자들은 맛소라 사본의 소선지서 순서가 원본의 순서라고 동의하는 것처럼 보인다.[15] 맛소라 사본과 70인경에서 소선지서 배열은 모두 연대기 순서를 엄격하게 지키지 않는다. 하지만 70인경이 좀더 맛소라 사본보다 연대기 순서를 어느 정도 더 반영하려는 흔적을 보인다. 그리고 70인경은 공통된 표제를 가진 책들을 함께 묶으려는 의도가 있다(호세아, 아모스, 미가서는 비슷한 표제로 시작된다). 이런 점은 오히려 70인경의 소선지서 순서가 맛소라 사본의 순서보다 더 후대의 산물이라는 방증이 될 수도 있다.[16] 70인경의 순서가 더 논리적이고 맛소라 사본에서 소선지서의 순서가 비교적 더 난해하기 때문에 난해한 것을 후대에서 논리적으로 더 이해할 수 있는 순서로 재배열했다고 말할 수 있기 때문이다.[17] 하지만 이것도 정확한 근거를 통해 확정적으로 말할

15) Aaron Schart, "Reconstructing the Redactional History of the Twelve Propehts," in *Reading and Hearing the Book of the Twelve*, 37.

16) 이와 다른 견해로 Marvin A. Sweeney는 70인경에서 소선지서의 순서가 원래의 순서(적어도 포로후기 초기)이고 맛소라 사본의 순서는 후기 페르시아 시대에 나온 후대의 산물이라고 주장한다. 그 근거로 Sweeney는 맛소라 사본의 배열은 성전을 이스라엘과 열방의 관점에서 처음부터 제시하고 있는데 이것은 페르시아 시대의 성전신학을 반영한 것이라고 본다. 또한 그는 요엘서의 끝과 오바댜의 처음이 더 자연스럽게 연결되기 때문이라고 말한다. 하지만 요엘서는 맛소라 사본에서 보여주는 것과 같이 아모스의 처음과도 잘 어울린다. Marvin A. Sweeney, *The Twelve Prophets*, vol. 1, Berit Olam (Collegeville Min.: Liturgical Press, 2000), xxxii-xxxvii.

17) 실로 맛소라 사본의 순서는 외형상 70인경의 순서보다 더 난해하다. 단적인 예가 요나와 나훔서의 위치이다. 70인경에서는 요나서 다음에 같은 주제를 다루는 나훔서를 바로 뒤에 위치시켰다. Burkard M. Zapff는 맛소라 사본이 더 난해하다는 이유로 70인경보다 맛소라 사본의 순서가 원본이라고 주장한다. Burkard M. Zapff, "The Perspective on the Nations in the Book of Micah as a 'Systematization' of the Nations' Role in Joel, Jonah and Nahum?: Reflections on a Context-Oriented Exegesis in the Book of the Twelve," in *Thematic Threads in the Book of the Twelve*, 295.

수 있는 성질은 아니다.

결론적으로 맛소라 사본과 70인경은 신학적인 관점에서 나름대로 소선지서를 배열했다고 말하는 것이 최선인 듯 하다.[18] 구체적으로 맛소라 사본의 경우는 요엘서를 아모스서 앞에 배치시킴으로써 아모스에 나타난 이스라엘을 향한 심판이 요엘서에서 언급한 열국의 심판의 차원에서 이해할 것을 독자들에게 유도한다.[19] 반면 70인경의 경우에는 먼저 호세아, 아모스, 미가를 나란히 배열시켜 이스라엘과 유다에 내려질 하나님의 심판의 말씀을 선포한 후에 이어서 요엘, 오바댜, 요나, 나훔 등을 통해 열국을 향한 심판을 그 다음 차례로 선포하여 심판의 정도와 범위가 점점 우주적으로 확대된다는 사실을 부각시키려는 의도를 가졌다고 말할 수 있다.[20]

마빈 스위니(Marvin Sweeney)의 주장처럼 요엘서에서 열방의 심판은 특정한 나라를 염두에 두지 않고 열국을 향해 일반적인 심판을 선포하고 있다. 이런 점에서 70인경에서 요엘, 오바댜, 요나, 나훔의 순서에서 요엘서가 맨 앞에 나오는 이유가 설명된다. 그렇게 되면 열방에 대한 심판과 관련해서 요엘서가 먼저 애매하게 열방의 심판을 말함으로써 전체적 표제 역할(programmatic role)을 하게 되는 것이다.[21] 이에 반해 맛소라 사본의 순서에서는 열방의 심판을 직접적으로 말하는 요나서가 이스라엘과 유다의 심판을 이야기하는 미가서 앞에 위치한다. 미가서는 분명하게 예루살

18) Marvin Sweeney, "Sequence and Interpretation in the Book of the Twelve," in *Reading and Hearing the Book of the Twelve*, 62.

19) Marvin A. Sweeney, "The Place and Function of Joel in the Book of the Twelve," in *Thematic Threads in the Book of the Twelve*, 148.

20) 하지만 아모스와 미가서에서도 열방에 대한 관심이 나오기 때문에 엄밀히 말해서 이런 도식은 약간 수정될 필요가 있다.

21) Sweeney, "Sequence and Interpretation in the Book of the Twelve," 59.

렘의 멸망을 언급하고 있다(미 3:12). 하지만 예루살렘 멸망은 또한 앗수르의 침공에 의해 어느 정도 예표적으로 이루어졌다고 본다면, 앗수르의 침공 전에 니느웨의 회개를 촉구하기 위해 요나서가 미가서 앞에 나왔다고 주장할 수 있다.[22] 결국 순서를 정하는 문제에서 맛소라 사본과 70인경의 차이는 어떤 것이 원본이냐 하는 진위를 떠나 당시 배열 순서를 정할 때 당시 포로후기에 서로 다른 상황(팔레스타인 상황과 애굽의 상황)을 반영하려는 노력에서 나온 차이라고 보여진다.

소선지서가 하나의 일관된 책으로 통일성을 가진다고 할 때 역사적으로 어떻게 그런 통일성을 가지게 되었는지 묻지 않을 수 없다. 이에 대한 답으로 첫째, 소선지서의 통일성은 주로 후대 편집자들이(redactors) 인위적인 삽입과 조작을 통해 이루어진 결과라고 주장할 수 있다.[23] 두 번째로 예레미아스(Jörg Jeremiah)처럼 소선지서가 통일성을 갖게 된 것은 소선지서 안에 저자들이 서로의 글에 영향을 받았기 때문이라고 말할 수 있다.[24] 셋째로 소선지서 안의 저자들은 비록 시기적으로 차이는 있지만 같은 선지자적 전통(tradition) 안에 있었기 때문에 이전의 선지자들의 글에 익숙하여 자연스럽게 통일성을 이루었고, 정경 속으로 들어오는 과정에서

---

22) Marvin Sweeney, "Sequence and Interpretation in the Book of the Twelve," 60.

23) 이에 대한 대표적인 학자들로 Nogalski, Redditt, Schart 등이 있다.

24) J. Jeremias, "Die Anfänge des Dodekapropheton: Hosea und Amos," in Hosea und Amos: Studien zu den Anängen des Dodekapropheton, FAT 13 (Tübingen: Mohr, 1996), 34-54. 또한 다음의 글을 보라. Jörg Jeremias, "The Interrelationship between Amos and Hosea," in *Forming Prophetic Literature*, 171-186. 그는 여기서 아모스서는 호세아서의 영향을 크게 받았다고 주장한다. 물론 아모서의 구전은 호세아보다 먼저이지만 책으로 나오는 것은 호세아서가 먼저이기 때문에 책으로서 아모스서는 먼저 존재했던 호세아서의 영향을 받았다는 논리를 편다.

최종적으로 다시 의미있게 배열되었다는 주장이다. 다시 말해서 전체적으로 소선지서들은 여러 저작들의 모음집이지만 자연스럽게 통일성을 가진 내용들이었고, 그 결과 정경 안에서 하나의 책으로 쉽게 의미있는 구조로 재배열되었다는 설명이다.

필자는 이 마지막 견해 동의한다. 소선지서의 통일성은 선지자들이 익숙한 선지자적 전통 속에서 유사한 낱말과 어구들을 사용한 결과이고, 여기에 덧붙여서 최종 배열자의 역할이 있었다고 보는 게 더 신빙성이 있다. 노갈스키의 주장처럼 후대의 편집자가 인위적으로 삽입한 연결낱말(catchword)에 의해 이루어졌다는 주장은 그와 상응하는 난제를 불러일으킨다. 물론 연결낱말이 어느 정도 역할을 했다고 보지만, 앞에서 지적한 대로 그것들은 후대의 삽입이기 보다 여러 책들이 비슷한 어휘들을 공유한 결과일 수도 있고, 우연적인 산물일 수도 있기 때문이다.[25] 따라서 최종 배열자가 각권에 이미 존재했던 비슷한 어휘들, 모티프, 주제, 그리고 연대기 순서 등을 어느 정도 연결고리로 삼으면서, 나름대로 포로후기의 신학을 반영하기 위해 의도적으로 순서를 정했다고 말하는 것이 더 낫지 않을까?

어쨌든 소선지서가 최종적으로 정경 안에 들어오면서 소선지서의 배열은 귀중한 해석적 열쇠를 제공하는 것은 부인할 수 없다. 그 배열순서도 신학적 작업의 일환이기 때문이다. 이 배열은 소선지서의 말씀을 당시 상황에 맞게 적용시키고 더 나아가서 후대의 성도들에게 의미있는 말씀으로 다가 가도록 하기 위한 노력으로 이해할 수 있다.

---

25) 비슷한 견해로 다음의 글을 참조하라. Paul R. House, "Endings as New Beginning: Returning to the Lord, the Day of the Lord, and Renewal in the Book of the Twelve," in *Thematic Threads in the Book of the Twelve*, 316-317.

2. 최종 완성된 소선지서의 통일적 구조

그러면 소선지서의 배열은 어떤 구조를 갖는가? 소선지서의 통일적 구조에 관련해서 폴 하우스(Paul House)는 소선지서는 이사야, 예레미야, 그리고 에스겔과 짝과 이루는 책이라고 보았다.[26] 그리고 소선지서의 구조적 흐름은 넓은 의미에서 경고-심판-회복이라는 주제로 구성되어 있다고 주장했다.[27] 한편 크리스텐센(Duane L. Christensen)은 수사학적으로 나훔과 하박국서가 다음과 같은 동심원 구조를 이룬다고 주장한다.[28]

A. 나훔 1장: 신현의 노래(Hymn of Theophany)
  B. 나훔 2-3장: 니느웨에 대한 조롱
    C. 합 1:1-2:5: 하나님이 과연 정의로운가 라는 정의론의 문제
  B'. 합 2:6-20: "사악한 자"(바벨론)에 대한 조롱
A'. 하바국 3장: 신현의 노래(Hymn of Theophany)

더 나아가 크리스텐센은 소선지서 전체를 다음과 같은 구조로 보았다.[29]

---

26) Edgar W. Conrad도 이와 비슷한 주장을 한다. Edgar W. Conrad, "Forming the Twelve and Forming Canon," in *Thematic Threads in the Book of the Twelve*, 102.

27) Paul R. House, *The Unity of the Twelve* (Sheffield: Sheffield Academic Press, 1990) 참조.

28) Duane A. Christensen, "The Book of Nahum: A History of Interpretation," in *Forming Prophetic Literature*, 193.

29) Christensen, "The Book of Nahum," 194.

A. 호세아, 요엘, 아모스 + 오바댜

B. 요나+미가

B'. 나훔+하박국

A'. 스바냐+학개, 스가랴, 말라기

하지만 위의 구조에 대해 그는 논리적으로 왜 이러한 구조가 나왔는지는 설명하지 않는다. 필자는 어휘와 모티프, 주제를 고려할 때 하나의 책으로서 소선지서의 배열은 다음과 같은 구조를 가지고 있다고 본다.[30)]

A. 호세아--언약위반과 하나님의 사랑

B. 요엘--포로 귀환과 하나님의 성전인 시온에서 열국의 심판

C. 아모스--여호와의 날, 언약의 저주(암 5:11-12), 하나님의 공의, 남은 자 사상

D. 오바댜--에돔에 대한 심판: 하나님은 공의의 하나님

E. 요나--니느웨에 관한 말씀

F. 미가--성전에서 하나님의 통치, 메시야, 언약 성취, 죄 용서

E'. 나훔--니느웨에 관한 말씀

D'. 하박국--유다와 바벨론에 대한 심판: 하나님은 공의의 하나님.

C'. 스바냐--여호와의 날, 언약의 저주(습 1:13), 하나님의 공의(습 3:5) 남은 자 사상

B'. 학개/스가랴--포로에서 귀환한 공동체의 성전 재건, 시온에서 열국의 심판

A'. 말라기--언약 위반과 하나님의 사랑.

---

30) 소선지서의 구조는 따로 자세한 논의가 필요하다. 하지만 본 연구에서 그에 대한 논의를 구체적으로 다룬다는 것은 불가능하다. 여기서는 대략적인 구조를 제시하고, 약간의 증거들을 보충하는 선에서 설명해 나갈 것이다. 여기서 초점은 소선지서가 아무렇게나 배열된 것이 아님을 보여주는 데에 있다.

요엘서가 시온에 초점을 맞추고 있는 점은 요엘서와 짝을 이루는 학개와 스가랴서에서 성전에 대한 관심과 평행을 이룬다. 또한 요엘서와 학개-스가랴서는 하나님의 영(רוּחַ)을 특별히 언급한다.[31] 요엘 3장은 스가랴 14장에서 열국과의 싸움을 연상시키고 있고, 슥 14:8에서 예루살렘에서 생수가 나오는 것처럼 욜 3:18에서도 여호와의 전에서 샘이 흘러나온다고 말한다. 그리고 요엘서처럼 스가랴서 7장도 금식과 애통하는 문제를 언급하고 있다. 하지만 스가랴서는 금식과 애통이 선지자를 통해 전해진 하나님의 말씀에 순종하지 않는다면 결국 무의미하다는 것을 강조함으로써 요엘서의 금식과 애통의 주제를 더욱 발전시키고 있다. 욜 3:17은 예루살렘 안에 "다시는 이방 사람이 그 가운데로 통행하지 못하리로다"라고 말하고 있는데 마찬가지로 슥 14:21(9:8)도 비슷한 말을 하고 있다.

아모스와 스바냐서의 공통점은 하나님의 공의를 강조한다는 데에 있다. 그 외에도 사로잡힘을 돌이킨다(שׁוּב שְׁבוּת)라는 특정 어귀가 아모스와 스바냐서에서 반복되어 나타난다(암 9:14; 습 2:7; 3:20).[32] 또한 이 두 권의 책에서 창조질서의 파괴가 두드러지게 나타난다. 신 28:30은 언약의 저주로 "집을 건축하였으나 거기 거하지 못할 것이요 포도원을 심었으나 네가 그 과실을 쓰지 못할 것이라"고 선언한다. 이와 같은 언약의 저주가 암 5:11-12에서 나타나는데, 비슷하게 습 1:13에서도 비슷한 어구를 발견할 수 있다.

오바댜서는 여호와의 날 주제와 관련해서 그 날을 "형제의 날," "고난

31) 소선지서 안에서 하나님의 영을 언급하는 책은 요엘서와 학개-스가랴서 외에 소선지서의 중심에 있는 미가서(미 2:7; 3:8)에서 등장한다.

32) 포로에서 돌아온다 라는 표현은 아모스와 스바냐 외에도 호세아서와 요엘서에서 한번씩 등장한다(호 6:11; 욜 3:1).

의 날", "제비뽑던 날"로 묘사한다(옵 11-14). 마찬가지로 오바댜서와 짝을 이루는 하박국도 여호와의 날을 "환난 날"로 그리고 있다(합 3:16). 오바댜서와 하박국서는 여호와의 날을 예루살렘이 바벨론에 의해 함락된 사건과 긴밀하게 연결시키고 있다는 공통점이 있다. 오바댜서의 강조점은 하나님이 공의의 하나님이시라는 사실에 있다. 마찬가지로 하바국에서도 공의의 하나님의 주제가 두드러지게 나타난다. 어휘적으로도 하박국은 오바댜와 유사점을 갖는다. 합 2:8에서 여러 나라를 노략하고 강포를 행한 바벨론에 대한 묘사가 나오는데 이런 묘사는 오바댜서에서 예루살렘을 노략하고 불의를 행한 에돔과 매우 비슷하다(옵 10-11절 참조). 또한 합 2:9는 바벨론이 "높은데 깃들이려 한다"라고 진술하는 데 이 말은 옵 3절에 에돔을 향하여 "바위 틈에 거하며 높은 곳에 사는 자"로 비유한 말을 연상시킨다. 더 나아가 합 3:5에서 종말에 하나님의 임재를 불덩이로 비유하고 있는데 이것은 옵 18절과 비슷하다. 이 외에도 오바댜서와 하박국서는 모두 하나님의 공의가 시온에서 이루어질 것을 공통적으로 언급하고 있다(합 2:20; 옵 17, 21절 참조).

요나와 나훔의 경우 주제 면에서 니느웨를 대상으로 하나님의 말씀이 주어진 것 외에도 이 두 책은 끝에 의문문으로 끝난다는 공통점을 가지고 있다. 더 나아가 12소선지서들 중에서 유독 요나서와 나훔서에는 여호와의 날이 잘 드러나지 않는다.[33]

이상의 구조에서 소선지서의 배열의 핵심은 미가서라는 것을 알 수 있다. 일반적으로 동심원 구조에서 핵심은 그 구조에서 중심을 이루는 부분

---

33) David L. Petersen, "A Book of the Twelve?" in *Reading and Hearing the Book of the Twelve*, 9.

이기 때문이다.[34] 미가서의 내용을 살펴보면, 소선지서의 모든 주제들을 골고루 포함하면서 진정으로 여호와께서 원하는 것이 무엇인지를 강조한다. 미가서에서 미래의 소망은 하나님의 자비를 통한 죄 사함임을 말한다. 소선지서의 구조에서 초두와 말미에 위치한 호세아서와 말라기는 중요한 신학적 평행을 이룬다. 호세아서는 하나님의 사랑을 배우자의 관계 속에서 극적으로 설명하고 있는데 마찬가지로 말라기도 하나님의 사랑과 배우자의 배교를 언급한다.[35] 그리고 호세아서에서 제시되는 아버지와 아들의 관계(호 11:1; 14:3)는 말라기에서도 재연된다(말 1:6, "내가 아비일진대 나를 공경함이 어디 있느냐?"). 또한 호 14:4는 하나님의 치료를 통해 종말에 하나님의 백성이 온전히 설 것을 말씀하고 있는데 비슷하게 말 4:2도 종말에 있을 하나님의 치료를 언급한다. 이런 점에서 호세아서와 말라기는 치료라는 동일낱말을 언급함으로써 전체적으로 소선지서를 인클루지오(inclusio) 구조로 만든다.

본 연구는 호세아 14:4(MT, 14:5)에서 רָפָא라는 단어와, 호세아와 짝을 이루는 말라기 4:2(MT, 3:20)에서 사용되는 מַרְפֵּא라는 단어가 평행을 이루고 있음을 관찰하고, 이 단어가 소선지서의 정경적 문맥에서 어떤 신학적 의미를 함의하는지를 고찰할 것이다. 그리고 그런 신학적 의미가 소선지서의 중심을 이루는 미가서와 어떤 주제적 네트워크를 이루는지를 살필 것이다. 이와 같은 연구는 소선지서의 통일성에 더욱 힘을 실어주고, 더

34) David Noel Freedman, "Preface," in *Chiasmus in Antiquity: Structures, Analyses, Exegesis,* ed. John W. Welch (Hildesheim, Ger.: Gerstenberg Verlag, 1981), 7.

35) John D. W. Watts, "A Frame for the Book of the Twelve: Hosea 1-3 and Malachi," in *Reading and Hearing the Book of the Twelve*, 209-217. Sweeney는 말 2:10-16이 고멜의 이혼에 대한 평가로 이해할 수 있다고 주장한다. Sweeney, *The Twelve Prophets*, 2:713-714.

나아가서 최종 완성된 하나의 책으로서 소선지서의 종말론 사상에 대한 통찰력을 제공해 줄 것이다.

3. 호세아 14:4에서 רָפָא

호 14:4의 "치료하다" 라는 말의 신학적 의미를 알기 전에 14장이 호세아 전체에서 차지하는 위치를 먼저 생각할 필요가 있다. 많은 학자들은 4-14장에서 1-3장과 달리 단락의 경계를 정하기가 어렵다고 말한다.[36] 실바(Silva)는 4-14장을 4-8장과 9-14장으로 나눈다.[37] 이에 반해 렌도르프(Rolf Rendtorff)는 호세아서를 1-3장, 4-11장, 그리고 12-14장으로 나눈다. 그리고 각각의 단락은 구원의 메시지로 끝난다고 주장한다(3:5; 11:8-11; 14:2-9).[38] 호세아서의 전체 구조를 어떻게 나누든 간에 호세아 14장은 구원의 메시지로서 독립적인 단락을 형성한다는 데에는 이의가 없는 것처럼 보인다.[39] 호 14:1은 "오 이스라엘이여" 라는 감탄조 말로 시작한다. 이와

---

36) Charles H. Silva, "The Literary Structure of Hosea 4-8," *Bibliotheca Sacra 164* (2007): 291.
37) Charles H. Silva, "The Literary Structure of Hosea 9-14," *Bibliotheca Sacra 164* (2007): 435-453.
38) Rolf Rendtorff, *The Old Testament: An Introduction* (Philadelphia: Fortress, 1986), 216.
39) 필자는 호세아 4-14장의 구조는 4-7장, 8-10장, 11-14장으로 나눌 수 있다고 본다.

I. 언약 위반에 대한 책망(4-7장)
  A. 제사장에 대한 책망(4장)
    B. 백성과 지도자들에 대한 책망(5:1-14): 앗수르를 의지(5:13)
      C. 언약을 위반한 백성들(5:15-6:7)
  A' 종교적 죄악(6:8-11)
    B'. 백성과 지도자들의 죄악(7:1-16): 여호와께 돌아오지 않음(7:10): 애굽과 앗수르 의지

같은 감탄조는 호세아서에서 새로운 단락을 알리는 신호이다(호 5:1 참조).[40] 호세아 14장은 1-8절(MT, 2-9절)과 에필로그인 9절로 다시 나눌 수 있다.[41] 이에 반해 맥코미스키(Thomas McComiskey)는 14장을 전체 하나의 단락으로 이해했다.[42] 필자는 맥코미스키의 주장에 동의하며, 호 14장 전체를 다음과 구조를 볼 수 있다고 생각한다.

A. 죄로 넘어진(כָּשַׁל) 자들아 돌아오라(שׁוּב)(1-3절)
  B. 분노를 돌이키신(שׁוּב의 완료) 하나님이 패역(מְשׁוּבָה)을 치료하실 것임(미완료)(4절)
    C. 이슬 같은 하나님--이스라엘은 자라나는 식물(5-7절)
  B'. 응답하신(완료) 하나님이 돌아보실 것임(שׁוּר의 미완료)(8a절)
    C'. 푸른 잣나무 같은 하나님--이스라엘이 열매를 맺음(8b절)
A'. 의인과 악인의 대조--악인은 넘어질 것임(כָּשַׁל)(9절)

II. 언약 위반의 결과: 포로생활(8-10장)
  A. 언약 위반으로 포로로 잡혀가게 될 것(8장): 바람을 심고 광풍을 거두웠음(8:7)
    B. 앗수르에 포로로 잡혀가게 될 것임(9:1-9): 찔레와 가시, 기브아 시대
    B'. 앗수르에 포로로 잡혀가게 될 것임(9:10-10:10): 찔레와 가시, 기브아 시대
  A'. 이스라엘의 왕이 멸절될 것임(10:11-15): 의(צְדָקָה)를 심고 인애(חֶסֶד)를 거두라(10:12)
III. 이스라엘의 죄악과 미래의 소망(11-14장)
  A. 이스라엘이 돌아오지 않음(11:1-7)
    B. 하나님의 뉘우침(נחם, 11:8)으로 이스라엘이 포로에서 돌아올 것(11:8-11)
      C. 이스라엘의 죄악(11:12-12:14): 인애(חֶסֶד)와 공의(מִשְׁפָּט)를 행치 않음
        D. 미래의 이스라엘의 패망(13:1-13): 마음이 교만하여 하나님을 잊었음(13:6)
    B'. 하나님이 사망에 대해 뉘우침(נחם)을 보이지 않고 구원할 것임(13:14)
      C'. 이스라엘의 죄악(13:15-16): 하나님을 배반함
  A'. 진실로 돌아오면 여호와로 인해 열매를 맺을 것임(14장)

40) Ernst R. Wendland, *The Discourse Analysis of Hebrew Prophetic Literature:*

이상의 구조에서 호 14:4-8은 세부적으로 패널구조를 이루고 있음을 알 수 있다. 패널구조라는 수사적 장치는 평행을 이루는 앞의 평행구가 뒤에 나오는 평행구에 의해 더욱 발전(progression)되는 효과를 가진다.[43] 이런 점에서 4절에 하나님의 치료(רָפָא)의 의미는 4-8절에서 점점 발전해 가고 있다. 호세아서에서 동사 "라파"(רָפָא)는 총 5번 등장한다(호 5:13; 6:1; 7:1; 11:3; 14:4). 호세아서의 문맥에서 볼 때 호 14:4에서 치료는 일차적으로 이스라엘의 죄를 치료하는 것이고 그 치료의 목적은 궁극적으로 다시 사랑의 관계를 맺게 한다는 점에서 언약 회복에 있다.[44] 그러면 치료할 이스라엘의 죄는 무엇인가? 14:4에서 언급한 "저희의 패역"에서 해당하는 단어는 מְשׁוּבָה로서 שׁוב와 같은 어근을 가지고 있다. 메이즈(Mays)는 "하나님에게로 돌아가지 않고 반항하는 인간의 속성"이라고 보았다(호 11:7 참조).[45] 결국 인간의 죄성을 용서하고 고침으로써 하나님이 다시 언약을 회복하는 것이 치료의 의미임을 알 수 있다.

4절과 평행을 이루는 8a절은 하나님의 치료를 하나님이 백성을 돌보신다는 말로 더욱 발전시키고 있다. 여기서 우리는 문자적 기교(word play)

Determining the Larger Textual Units of Hosea and Joel, Millen Biblical Press Series 40 (Lewiston, N.Y.: Edwin Mellen, 1995), 41-43.

41) Silva, "Literary Structure of Hosea 9-14," 451-453. Douglas Stuart, *Hosea-Jonah, WBC 31 (Waco, Tex.: Word, 1987), 210* 참조

42) Thomas McComiskey, "Hosea," in *The Minor Prophets: An Exegetical and Expository Commentary*, vol. 1, ed. Thomas Edward McComiskey (Grand Rapids, Mich.: Baker, 1992), 228.

43) Bruce K. Waltke, *An Old Testament Theology: An Exegetical, Canonical, and Thematic Approach*, (Grand Rapids, Mich.: Zondervan, 2007), 119.

44) Hans Walter Wolff, *Hosea*, trans. Gary Stansell (Philadelphia: Fortress, 1974), 238.

45) James L. Mays, *Hosea*, OTL (London: SCM Press, 1969), 187.

를 엿볼 수 있다. 돌이킨다와 패역의 어근인 "슈브"(שׁוב)가 돌보다라는 "슈르"(שׁור) 단어와 음성학적으로 유사성을 갖고 있기 때문이다.[46)]

4절에 치료의 결과는 5-7절에서 식물의 성장 이미지(botanical image)를 통해 나타난다. 이어서 5-7절은 레바논이라는 단어를 3번 반복하여 자체적으로 의미의 일관성을 이루고 있다. 5절은 하나님을 이슬로 비유하고, 하나님이 식물로 묘사된 이스라엘의 성장의 원천임을 보여준다. 그래서 하나님이 주시는 비(이슬)를 통해 새로운 이스라엘이 뿌리를 내리고 가지를 내며 꽃을 피울 것을 말씀한다. 여기서 식물의 성장 이미지는 단순히 이스라엘의 번영을 그리기 위한 수사적 장치만은 아니다.[47)] 울프(Wolff)는 "레바논의 숲과 같이 뿌리가 박힐 것이다"라는 말을 이스라엘이 영원히 지속하는 나라가 될 것임을 암시하는 표현으로 보았다.[48)] 그래서 치료의 효과가 일시적인 것이 아니라 영원할 것임을 제시하는 표현이라고 주장했다. 하지만 이슬/비라는 모티프는 그 이상의 신학적 의미를 가지고 있다. 여기서 주목할 구절이 호 10:12이다. 이 구절은 마찬가지로 식물 이미지를 사용하고 있다. 이 구절은 종말에 하나님이 "의를 비처럼 너희에게 내리실 것"이라고 말씀한다. 그래서 백성들이 나중에 의의 모습으로 자라날 것을 은연중에 나타낸다. 이런 주위의 문맥을 보면, 호 14:5-7의 식물

---

46) 치숌은 이와 관련해서 이 단어는 13:7에서 원래 사자가 먹이감을 지켜보듯이 하나님께 이스라엘을 심판하시는 모습을 묘사할 때 사용된 것임을 지적한다. 이렇게 하여 숨어 계시는 사자와 같은 하나님이 회개하는 이스라엘에게 돌보시는 보호자로 변하게 될 것을 강조한다고 보았다. 로버트 치숌, 『예언서 개론』, 강성열 역 (고양: 크리스챤다이제스트, 2006), 555.

47) Silva는 호 14:5-7은 이스라엘의 번영을 바알이 아니라 여호와임을 강조하기 위해 레바논을 3번 반복하고 있다고 주장한다. Silva, "Literary Structure of Hosea 9-14," 451.

48) Wolff, *Hosea*, 236.

이미지는 단순히 이스라엘의 지속적인 번영만을 가리키는 것은 아니다. 오히려 비를 받아 식물처럼 자라나는 이스라엘의 모습이 의의 모습과 연관된다는 것을 암시하고 있다. 이런 암시는 5-7절과 평행을 이루는 8b절에서 더욱 분명해진다.

8b절은 5-7절보다 더 발전(progression)되어 하나님이 직접 푸른 잣나무가 되실 것이라고 말한다. 그리고 그 나무를 통해 종말에 이스라엘이 열매를 맺을 것이라고 말한다. 여기서 사용되는 열매라는 단어 פְּרִי는 같은 단락에 있는 14:2에서 찬양의 열매를 언급할 때 등장한다. 이런 반복을 통해 우리는 호 14:8에서 열매의 의미가 하나님과의 올바른 관계와 관련된 것임을 엿볼 수 있다. 이상의 관찰을 종합해 볼 때에 호 14:4-8절에서 식물 이미지는 하나님이 종말에 치료를 통해 새로운 이스라엘을 만들고 그들로 하여금 뿌리를 내리게 하여 하나님에 의해서, 하나님이 원하시는 열매를 맺게 한다는 데에 그 의미론적 초점(semantic focus)이 있다.

그러면 호세아 문맥에서 치료의 결과로 맺어지는 열매가 구체적으로 무엇인가? 이와 관련해서 호 2:16-23을 주목할 필요가 있다. 호 2:16-23은 호 14:4-8에서 사용되는 식물 이미지와 매우 유사한 이미지를 갖고 있다.[49] 호 2:22는 "씨를 뿌리시는 하나님"(이스르엘)을 언급하고 있는데, 이어서 호 2:23은 그 씨 뿌리시는 하나님이 미래에 씨를 뿌리실 것을 말씀한다. 즉 미래에 자신의 백성을 구원하시는 하나님의 행위를 심는다는 말로 표현하고 있는 것이다. 여기서 심는다로 번역된 히브리어 단어는 זָרַע로서, "씨를 뿌리다"라는 의미이다. 호세아서에서 씨를 뿌리고 거둔다라는 모티프는 매우 중요한 모티프 중에 하나이다.[50] 호세아와 관련이 있는 예

49) Silva, "Literary Structure of Hosea 9-14," 450.

레미야서는 출애굽의 구원행위를 씨를 뿌리는 모습과 열매의 이미지로 그리고 있다(렘 2:1-3). 마찬가지로 호 2:16-23에서 호세아는 미래의 구원을 다시 씨 뿌리는 하나님의 행위로 묘사하고 있다.

호세아 선지자는 하나님의 심판을 말할 때, 하나님이 뿌린 것을 다시 거두는 모습으로 표현한다. 예를 들어 호 4:3에서 하나님의 창조질서가 쇠잔할 것을 말한다. 여기서 쇠잔하다라는 히브리어 단어 "아사프"(אסף)는 거둔다라는 뜻을 가지고 있기 때문에 하나님의 심판이 하나님이 뿌린 것을 거두는 모습임을 암시한다.[51] 심판을 추수의 개념으로 표현한 것은 호 6:11에서도 찾아 볼 수 있다. 여기서는 추수라는 의미의 קָצִיר를 직접 사용하고 있다.[52] 실로 하나님은 씨 뿌림을 통해 얻은 백성들이 하나님의 뜻에 따라 열매 맺기를 원하셨다. 하지만 이스라엘은 그런 하나님의 원하시는 대로 행동하지 않았다. 오히려 백성들은 하나님의 자리를 차지하고 자신들이 원하는 것을 뿌리고 거두려 했다. 그 결과 호세아 선지자는 그들이 바람을 심고 광풍을 거둘 것이라고 질타한다(호 8:7). 그리고 하나님이 뿌린 것을 거두는 심판이 임할 것을 경고한다.

하지만 심판 이후에 호 2:16-23은 종말에 상황이 역전되어 하나님의 구원이 다시 씨를 뿌리는 모습으로 나타날 것을 말하고 있다. 호 1:11에서도 종말에 있을 하나님의 날을 이스르엘의 날로 말하고 있다. 그 뜻은 "하나님이 씨를 뿌리신다"라는 의미이다. 그래서 종말은 하나님이 새롭게 씨

50) Laurie J. Braaten, "God Sows: Hosea's Land Theme," in *Thematic Threads in the Book of the Twelve*, 113.

51) Ibid.

52) 이 구절에서 Douglas Stuart는 추수를 심판의 의미가 아닌 긍정적인 의미로 보고 있지만 McComiskey는 심판의 관점에서 해석한다. Stuart, *Hosea-Jonah*, 112; McComiskey, "Hosea," in *The Minor Prophets*, 97-98.

를 뿌리실 것임을 보여준다. 씨를 뿌린다는 이미지는 그에 합당한 열매를 거둔다는 이미지와 밀접한 관련이 있다. 그러면 그 열매는 무엇인가? 이와 관련해서 호 10:12는 뿌리고 거둔다라는 용어를 사용하여 백성들에게 인애를 거둘 것을 직접적으로 말하고 있다.[53] 호 10:12는 "의를 심고 인애를 거두라"고 촉구하면서 동시에 종말에 하나님이 "의를 비처럼 너희에게 내리실 것이다"라고 말한다. 의를 심으라고 말하면서 의를 내리실 것이라는 말은 서로 모순처럼 들린다. 하지만 호세아 전체 문맥에서 씨를 뿌리시는 여호와의 모습을 고려할 때에 종말에 하나님께서 직접 의의 씨를 뿌려 그들로 하여금 그에 합당한 의의 열매를 거두게 하실 것이라는 의미로 해석할 수 있다. 적어도 여기서 우리는 종말에 하나님이 원하시는 열매는 의와 인애와 연관됨을 알 수 있다.

이 점은 호 2:20-23에서 더욱 분명하게 나타난다. 호 2:19는 종말에 맺을 새언약을 결혼관계로 묘사하고 있다. 그 요점은 하나님이 의와 인애와 공의로 장가들 것이며 백성들도 그런 여호와를 알아 의와 인애와 공의를 열매로 맺을 것이라는 암시이다. 여기서 "여호와를 안다"라는 말은 여호와의 성품인 의의 인애와 공의를 닮는다는 것을 뜻하기 때문이다(렘 9:24; 22:15-16).[54] 호 2:19에서 긍휼은 호 2:23에서 또 다시 반복된다. 호 2:23은 미래에 씨 뿌리는 모습을 하나님의 긍휼과 연관짓는다. 그런데 호 2:19는 그런 긍휼함과 공의, 인애, 그리고 의를 통해서 하나님이 장가를 들어 언약을 맺을 것이라고 말한다. 호 2:19와 호 2:23는 긍휼함이라는 단어를

53) 여기서 의를 심으라고 할 때에 히브리어 문장은 "의를 뿌리라"로 되어 있다.

54) 예레미야는 호세아서에서 많은 영향을 받았다. 특별히 호 2:16-23은 어휘나 주제 면에서 렘 31:27-34와 밀접한 연관이 있다. Jeremiah Unterman, *From Repentance to Redemption: Jeremiah's Thought in Transition*, JSOTSup. 54 (Sheffiled: Sheffield Academic Press, 1987), 166.

통해 평행을 이루고 있다. 이 평행을 통해 우리는 종말에 하나님이 씨 뿌리는 행위는 공의와 인애, 그리고 의로 씨를 뿌린다는 힌트를 얻을 수 있다. 그리고 그런 씨 뿌리는 행동을 통해 백성들도 하나님을 안다고 이야기하기 때문에 미래의 백성들이 공의와 인애, 그리고 의의 열매를 맺게 될 것임을 알 수 있다.[55)]

요약한다면 호 2:16-23의 문맥에서 볼 때, 호 14:4-8의 치료 모티프는 하나님이 죄 용서함을 통해 새로운 씨(공의와 인애와 의)를 뿌려 자신의 백성을 새롭게 창조시키고, 그 씨에 합당한 공의와 인애와 의의 열매를 맺도록 하는 데에 그 목적이 있음을 알 수 있다.[56)] 호 7:1은 하나님의 치료 대상인 이스라엘의 죄악은 한 마디로 공의에서 벗어난 행동이었음을 지적한다. 이런 점에서 호 14:4에서 치료는 하나님의 백성으로 다시 의와 공의와 인애를 회복하는 차원이라고 더욱 말할 수 있다.

4. 말라기 4:2에서 מַרְפֵּא

말 4:2는 치료하다라는 동사가 아닌 명사형으로서 מַרְפֵּא가 사용된다. 재미있게도 소선지서 안에서 하나님이 주체가 되어 치료하는 행위는 호세아서와 말라기에서만 등장한다.[57)] 말 4:2의 치료의 의미를 탐구하기 전에 이 구절에 속한 단락의 경계를 살펴볼 필요가 있다. 치숌은 말라기의 구조를

---

55) 확실히 새언약을 통한 미래의 관계는 공의와 인애, 그리고 의이다. McComiskey, "Hosea," 45.

56) 이사야 5장은 하나님이 씨를 뿌려 자라게 한 포도나무에서 공의와 의의 열매를 맺기를 원하셨다는 것을 강력하게 보여준다.

57) 슥 11:16에서 치료하다라는 동사가 사용되지만 그 주체는 목자로 되어 있다.

6개의 논쟁 구조로 보았다.[58] 이에 반해 클렌데넨(E. Ray Clendenen)은 텍스트언어학의 방법론을 사용해서 말라기를 3중 구조로 보았다. 그는 말라기는 기본적으로 독자들을 향해 화자가 권고하는 형식이기 때문에 결론부에서 명령형으로 끝난다는 것을 강조한다. 그의 3중 구조는 다음과 같다.[59]

A. 첫 번째 움직임: 1:2-2:9
B. 두 번째 움직임: 2:10-3:6
C. 세 번째 움직임: 3:7-4:6

필자는 클렌데넨의 구조분석에 기초해서 말라기서의 마지막 단락은 3:7-4:6으로 볼 수 있다고 생각한다. 여기서의 구조는 다음과 같다.

A. 돌아오라(שׁוּב)라는 촉구에 대해서 포로 후기 공동체의 3가지 항변 (3:7-15)
  a. 7절: 우리가 어떻게 돌아가리이까?
  b. 8절: 우리가 어떻게 도적질하였나이까?
  c. 13절: 우리가 어떻게 주를 대항하여 말하였나이까?
B. 악인과 의인의 대조: 하나님을 경외하는 자는 돌아올 것임

---

58) 치숌, 『예언서개론』, 730.
A. 첫 번째 논쟁(1:2-5)
B. 두 번째 논쟁(1:6-2:9)
C. 세 번째 논쟁(2:10-16)
D. 네 번째 논쟁(2:17-3:5)
E. 다섯 번째 논쟁(3:6-12)
F. 여섯 번째 논쟁(3:13-4:3)

59) E. Ray Clendenen, "The Structure of Malachi: A Textlinguistic Study," *Criswell Theological Review* 2 (1987): 7.

(שׁוּב)(3:16-19)

B'. 악인과 의인의 대조: 하나님을 경외하는 자는 치료받을 것임(4:1-3)

A'. 모세의 율법을 지키라, 종말에 엘리야가 돌이키게 할 것임(שׁוּב)(4:4-6)

이상의 구조를 볼 때 말라기서의 마지막 단락(3:7-4:6)은 호 14:1-9와 매우 유사하다는 것을 발견할 수 있다. 두 단락은 공통적으로 돌아오라는 명령으로 시작한다(호 14:1; 말 3:7). 그리고 치료라는 모티프를 서로 공유하고 있다(호 14:.4; 말 4:2). 또한 종말에 의인과 악인의 대조가 두 단락에서 공통적으로 나타난다. 호 14:9는 "여호와의 길"을 언급하였는데, 비슷하게 말 4:4도 "모세의 율법"이라는 비슷한 표현을 사용하고 있다. 더욱 중요한 것은 이 두 단락은 모두 식물 이미지(botanical image)를 사용하고 있다는 점이다. 말 3:19는 종말에 악인이 그루터기(קַשׁ)가 되어 태워질 것이고 그들의 뿌리(שֹׁרֶשׁ)와 가지가 남아 있지 못해 열매를 맺을 수 없을 것이라고 제시하고 있다. 이것은 호 14:5-8에서 종말의 하나님의 백성이 열매 맺는 식물로 비유된 것과 대조를 이룬다. 이와 같은 어휘와 주제들의 공통점들을 도표로 그리면 다음과 같다.

호 14:1-9	말 3:7-4:6
1. 돌아오라(שׁוּב)(1절)	1. 돌아오라(שׁוּב)(3:7)
2. 열매(פְּרִי)(2, 8절)	2. 열매(פְּרִי)(3:11)
3. 고아(יָתוֹם)와 아버지(3절)	3. 아들(בֵּן)과 아버지(3:17)
4. 긍휼(רחם)(3절)	4. 긍휼(חמל)(3:17)
5. 치료(רפא)(4절)	5. 치료(מרפא)(4:2)
6. 뿌리(שֹׁרֶשׁ)(5절)	6. 뿌리(שֹׁרֶשׁ)(3:19)
7. 포도나무(גֶּפֶן)(7절)	7. 포도나무(גֶּפֶן)(3:11)

8. 기념(זכר)(7절)	8. 기념(זכרון)(3:16)
9. 의인(צדיק)(9절)	9. 의인(צדיק)(3:18)
10. 악인(פשׁע)(9절)	10. 악인(רשׁע)(3:18)
11. 여호와의 길(9절)	11. 모세의 율법(4:4)

이처럼 두 단락의 평행은 말 4:2에서 언급되는 치료의 의미가 호 14:1-9의 문맥에서 치료와 연결될 수 있음을 보여준다. 앞에서 우리는 호 14:4에서 치료는 죄 사함을 통해서 종말의 백성을 공의, 인애, 그리고 의의 열매를 맺는 새로운 나무로 씨를 뿌린다는 의미를 가지고 있음을 보았다. 이런 신학적 주제는 말 4:2에서 하나님을 경외하는 자들을 위한 치료에서도 다시 엿볼 수 있다. 종말에 여호와를 경외하는 자의 치료는 악인에 대한 하나님의 심판과 극명한 대조를 이룬다. 말 4:1-3에서 악인은 식물로 비유되어, 가지와 뿌리가 남지 못하는 그루터기가 될 것을 지적한다. 따라서 이런 대조는 종말에 여호와를 경외하는 의인은 반대로 뿌리를 내리고 가지를 내며, 더 나아가서 열매를 맺게 될 것임을 암시한다. 말 4:1-6에서 종말에 있을 치료는 의의 태양과 관련이 있다. 스튜어르트(Stuart)는 여호와의 날에 의와 함께 치료가 동반될 것이라고 이해했다.[60] 이와 관련해서 사 58:8은 의와 치료의 상관관계를 잘 보여준다. 즉, 치료를 통해서 백성들이 의롭게 될 것을 말하고 있는 것이다.[61] 앞의 구조에서 보듯이, 말라

---

60) Douglas Stuart, "Malachi," in The Minor Prophets: An Exegetical & Expository Commentary, vol. 3, ed. *Thomas Edward McComiskey* (Grand Rapids, Mich.: Baker, 1998), 1338.

61) Rex Mason은 말라기의 신학은 종말에 하나님의 백성을 "의의 왕국"으로 세우는 데에 있다고 주장한다. Rex Mason, "Malachi: Theology of," *NIDOTE* 3: 929.

기서의 마지막 단락은 의인과 악인의 대조를 눈에 띄게 강조하고 있다.[62] 이것은 말 4:2에서 치료가 의인의 모습과 밀접한 상관관계가 있음을 보여준다. 따라서 말라기서의 치료는 호세아 14장의 문맥에서 치료의 결과로 공의와 인애, 그리고 의의 열매를 맺는 것과 그 궤를 같이 한다고 볼 수 있다. 더욱이 말 4:2-4에서 의(צְדָקָה)와 공의(מִשְׁפָּט)라는 단어들이 직접적으로 언급된다는 사실은 이런 생각에 더욱 힘을 실어준다.

5. "치료"라는 단어를 통해 본 소선지서의 종말론

호 14:1-9와 말 3:7-4:6에서 언급되는 치료는 단순히 죄를 치료한다는 그 이상의 의미를 가지고 있다. 구체적으로 하나님의 창조사역을 통해 새로운 씨를 뿌려 종말의 백성으로 하여금 열매 맺는 나무로 만든다는 신학적 의미를 함의하고 있다. 그리고 그 나무를 통해서 하나님이 원하시는 공의와 인애, 그리고 의의 열매를 맺게 하는 데에 그 목적이 있다. 이것은 소선지서의 종말 사상이 죄 용서라는 치료를 통해 하나님의 성품을 닮은 공의와 인애, 그리고 의의 모습으로 백성을 만드는 데 있다는 것을 보여준다.

이런 종말 사상은 놀랍게도 소선지서의 배열구조에서 핵심을 이루는 미가서의 마지막 단락에서도 강조되고 있다. 미가서의 마지막 단락(7:8-20)은 호세아와 말라기의 마지막 단락처럼 명령어로 시작한다("나의 대적이여 기뻐하지 마라").[63] 이 단락에서 1인칭 단수인 "나"를 월키는 시온으로 이

62) 말라기의 신학적 주제 중에 하나는 의인과 악인을 구분하는 하나님의 심판이다. Ronald W. Pierce, "A Thematic Development of the Haggai/Zechariah/Malachi Corpus," *JETS* 27 (1984): 410.

해했다.[64] 어쨌든, 이 나는 죄를 고백하면서 나중에 자신이 하나님에 의해 의의 빛을 보게 될 것을 확신한다(7:8-9). 구체적으로 7:9는 하나님이 공의를 베풀어 의의 광명으로 인도하실 것이라고 말한다. 지금은 죄로 인해 하나님의 진노를 받지만 나중에 하나님이 변호자가 되어서 자신에게 공의를 베풀어 주실 것이라는 설명이다. 여기서 변호의 목적은 공의를 이루는 데에 있다.[65] 히브리어 원문은 "그가 나의 변론을 변호하여 나에게(나를 위하여) 공의를 행하실 것이다"로 되어 있다. 개역 한글판에서는 공의를 행한다는 것을 "신원하다"라고 번역하고 있다. 하지만 고완(Gowan)의 주장처럼 구약에서 종말에 성도의 의로움을 증명해 주는 차원(신원하는 차원)에서 공의를 행하는 사상(vindication)은 나오지 않는다.[66] 여기서 공의는 가난한 자와 과부를 변호하여 그들을 위기에서 구원해 내는 것처럼 하나님이 악한 자를 징벌하는 공의를 통해서 자신의 백성을 위기에서 건져내어 구원한다는 의미가 강하다(신 10:18 참조).[67] 따라서 종말에 공의를 베풀어 의의 빛으로 인도한다는 말은 하나님이 대적자를 물리치고, 죄를 고백하

63) 한편 월키는 7:8-20을 다음 네 개의 연(stanza)으로 나누었다. Bruce K. Waltke, "Micah," in *The Minor Prophets*, vol. 2, ed. Thomas Edward McComiskey (Grand Rapids, Mich.: Baker, 1993), 754.

A. 여호와를 향한 신뢰의 고백(8-10)
B. 종말의 시온이 구원의 장소가 될 것임(11-13)
C. 미가의 기도와 여호와의 응답(14-17)
D. 사람들의 찬양(18-20).

64) Bruce K. Waltke, *A Commentary on Micah* (Grand Rapids, Mich.: Eerdmans, 2007), 433.

65) Waltke, "Micah," 755.

66) Donald E. Gowan, *Eschatology in the Old Testament* (Edinburgh: T&T Clark, 2000), x.

67) Hans Walter Wolff, *Micah: A Commentary*, trans. Gary Stansell (Minneapolis: Augusburg Fortress, 1990), 222.

는 자신의 백성의 죄를 용서하고 구원하신다는 뜻이다. 여기서 죄 사함과 의의 빛은 앞에서 호 14:4와 말 4:2에서 언급되었던 주제와 어휘이다.

죄 용서에 대한 관심은 미 7:19에서 더욱 분명하게 나타난다. 실로 구약의 종말론에서 핵심적인 주제는 세상의 끝 이라기보다는 죄의 끝, 또는 죄의 청산이다.[68] 미 3:2는 이스라엘과 유다의 죄가 선을 미워하고 악을 사랑하는 데에 있었다고 지적한다(미 3:2). 선이란 미 6:8에 비추어 볼 때에 공의와 인애를 행하고 여호와와 동행하는 것으로 요약된다. 따라서 이러한 죄를 청산한다는 것은 거꾸로 백성들이 종말에 하나님이 원하시는 선, 즉 공의와 인애를 행한다는 것을 뜻한다.

이렇게 미가서 마지막 단락에서 죄 용서와 구원을 통해 의로운 모습(공의와 인애를 포함)으로 변해간다는 사상은 호 14:4와 말 4:2에서 치료 모티프가 함의하는 종말론 사상과 일치한다. 미가서는 종말에 의인의 등장으로 대적들이 진흙처럼 밟히게 되고 뱀처럼 티끌을 핥게 될 것이라고 말한다(미 7:10, 17). 이것은 전형적인 대적의 패배를 상징하는 모티프인데, 이런 모티프는 말 4:3에서도 등장하고 있다. “또 너희가 악인을 밟을 것이니 그들이 나의 정한 날에 너희 발바닥 밑에 재(אֵפֶר)와 같으리라.” 이런 의미에서 미가서 7장은 종말에 하나님의 구원은 말라기 4장처럼 대적자들에게 패배를 가져다주게 될 것을 공통적으로 보여주고 있다. 미 7:13은 죄인의 멸망은 사악한 “행위의 열매(פְּרִי)” 때문이라고 지적한다. 이런 점에서 미가서의 마지막 단락도 식물 이미지를 은연중에 내포한다.

결국 소선지서의 초두와 말미에 있는 호 14:4와 말 4:2에서 치료 모티프는 종말에 하나님의 죄 용서함을 통한 구원행위가 단순히 구원으로만

68) Gowan, *Eschatology in the Old Testament*, 2.

끝나는 것이 아니라 백성들로 하여금 다시 의의 열매(공의와 인애를 포함)를 맺는 모습으로 만드는 데 있음을 보여준다. 그리고 소선지서의 중심에 있는 미가서도 호세아서와 말라기의 마지막 단락의 그런 종말론적 사상을 보여주고 끝맺고 있다. 이런 점에서 죄용서와 의의 열매의 주제는 소선지서의 종말 사상의 핵심적 주제 중에 하나라고 주장할 수 있다.

6. 나가는 말

이상의 고찰을 통해서 우리는 소선지서의 12권은 연결낱말과 모티프, 그리고 주제로 엮어진 문서일 뿐만 아니라, 거시적인 시각에서 통일적인 구조를 이루는 하나의 책임을 발견할 수 있었다. 그리고 소선지서의 배열 순서가 우연히 아니라, 통일성을 이룬 잘 짜여진 구조라는 증거를 얻을 수 있었다. 구체적으로 치료 모티프를 통해서 호세아서와 말라기서가 의도적으로 평행을 이루고 있고, 이와 유사한 모티프를 가진 미가서가 12소선지서의 중심에 위치하였음을 고찰했다. 이런 고찰을 통해서 우리는 소선지서의 종말론 사상의 핵심과 관련해서 중요한 힌트를 얻을 수 있었다. 즉, 치료를 통해 백성들을 하나님의 성품을 닮은 의의 나무로 만드는 데에 있다는 것이다. 이 점은 예수님의 치유 사역과 그 목적을 미리 예언한 사 61:1-3과도 잘 부합한다.

> 주 여호와의 신이 내게 임하셨으니 이는 여호와께서 내게 기름을 부으사 가난한 자에게 아름다운 소식을 전하게 하려 하심이라 나를 보내사 마음이 상한 자를 고치며 포로 된 자에게 자유를, 갇힌 자에게 놓임을 전파하며 여호와의 은혜의 해와 우리 하나님의

신원의 날을 전파하여 모든 슬픈 자를 위로하되 무릇 시온에서 슬퍼하는 자에게 화관을 주어 그 재를 대신하며 희락의 기름으로 그 슬픔을 대신하며 찬송의 옷으로 그 근심을 대신하시고 그들로 의의 나무 곧 여호와의 심으신바 그 영광을 나타낼 자라 일컬음을 얻게 하려 하심이니라(개역 한글판).

참고문헌

김창대. "소선지서의 통일성 관점에서 호 14:4와 말 4:2의 치료(רפא)에 대한 고찰."「성경과 신학」56 (2010): 283-312.

_______. 『25일 완성 히브리어 정복』. 서울: 도서출판브니엘, 2010.

라이트, 크리스토퍼. 『현대를 위한 구약윤리』. 김재영 옮김. 서울: IVP, 2006.

장성길. 『피할 수 없는 하나님의 손길: 미가서 주해』. 서울: 도서출판솔로몬, 2009.

주크, 로이/ 유진 메렐 (편집). 『구약성경신학』. 김의원/류근상 옮김. 고양: 크리스찬출판사, 2005.

치솜, 로버트. 『구약원어성경 주석에서 강해까지』. 류근상 옮김. 고양: 크리스찬출판사, 2003.

_______. 『예언서개론』.강성열 옮김. 고양: 크리스찬다이제스트, 2006.

클라인, 메리데스. 『하나님 나라의 서막』.김구원 옮김. 서울: 개혁주의신학사, 2007.

Abrahams, Samuel P. "Toward a Balanced Perspective of Creation." *Journal of the Interdenominational Theological Center* 23 (1995): 119-129.

Alexander, T. D. *From Paradise to the Promised Land*. Grand Rapids, Mich.: Baker, 2002.

Allen, Leslie C. *The Books of Joel, Obadiah, Jonah and Micah.* The New International Commentary on the Old Testament. Grand Rapids, Mich.: Eerdmans, 1976.

Alter, Robert. *The Art of Biblical Poetry*. USA: Basic Books, 1985.

Andersen, Francis I. and David Noel Freedman. *Micah*. AB 24E. New Haven: Yale University Press, 2000.

Bandstra, Barry L. "Word Order and Emphasis in Biblical Hebrew Narrative: Syntactic Observations on Genesis 22 from a Discourse Perspective." In *Linguistics and Biblical Hebrew*, ed. Walter R. Bodine, 109-123.

Winona Lake, Ind.: Eisenbrauns, 1998.

Barker, Kenneth L. and Waylon Bailey. *Micah, Nahum, Habakkuk, and Zephaniah*. NAC 20. Nashville, Tenn.: B & H, 1998.

Barton, John. *Understanding Old Testament Ethics: Approches and Explorations.* Louisville, Ken.: WJK, 2003.

Berlin, Adele. *The Dynamic of Biblical Parallelism*. Bloomington: Indiana University Press, 1985.

Biddle, Mark E. "Obadiah-Jonah-Micah in Canonical Context: The Nature of Prophetic Literature and Hermeneutics." *Interpretation* 61 (2007): 154-166.

Bimson, John. "Old Testament History and Sociology." In *Interpreting the Old Testament: A Guide for Exegesis*, ed. Craig C. Broyles, 125-155. Grand Rapids, Mich.: Baker Academic, 2002.

Bodine, Walter R. (ed). *Discourse Analysis of Biblical Literature: What It Is and What It Offers*. Atlanta, Ga.: Scholars, 1995.

Bosma, Carl J. "Creation in Jeopardy: A Warning to Priests (Hosea 4:1-3)." *Calvin Theological Journal* 34 (1999): 64-116.

Brin, Gershon. "Micah 2, 12-13: A Textual and Ideological Study." *ZAW* 101 (1989): 118-124.

Brueggemann, Walter. "Jeremiah: Creatio in Extremis." In *God Who Creates: Essays in Honor of W. Sibley Towner*, ed. William P. Brown and S. Dean McBride Jr., 152-170. Grand Rapids, Mich.: Eerdmans, 2000.

Conrad, Edgar W. *Reading Isaiah*. Eugene, Oreg.: Wipf and Stock Publishers, 1991.

Craig C. Broyles, Craig C. (ed). *Interpreting the Old Testament*. Grand Rapids, Mich.: Baker, 2002.

Brown, William P. *Character in Crisis: A Fresh Approach to the Wisdom Literature of the Old Testament*. Grand Rapids, Mich.: Eerdmans, 1996.

Bruce, F. F. *The Book of the Acts*. NICNT. Grand Rapids, Mich.: Eerdmans, 1988.

Byargreon, Rick. "The Relationship of Micah 4:1-3 and Isaiah 2:2-4: Implications for Understanding the Prophetic Message." *Southwestern*

Journal of Theology 46 (2003): 6-26.

Caird, G. B. *The Language and the Imagery of the Bible*. Grand Rapids, Mich.: Eerdmans, 1980.

Clark, David K. and Robert V. Rakestraw (eds). *Readings in Christian Ethics 1: Theory and Method*. Grand Rapids, Mich.: 1994.

Collins, T. *The Mantle of Elijah: The Redactional Criticism of the Prophetical Books*. The Biblical Seminar 20. Sheffield: JSOT Press, 1993.

Cotterell, Peter. "Semantics, Interpretation, and Theology." In *A Guide to Old Testament Theology and Exegesis*, ed. Willem A. VanGemeren, 131-157. Grand Rapids, Mich.: Zondervan, 1999.

Cotterell, Peter and Max Turner. *Linguistics and Biblical Interpretation*. Downers Grove, Ill.: Intervarsity, 1989.

Cuffey, Kenneth H. "Remnant, Redactor, and Biblical Theologian: A Comparative Study of Coherence of Micah and the Twelve." In *Reading and Hearing the Book of the Twelve*, ed. James D. Nogalski and Marvin A. Sweeney, 185-208. Atlanta, Georgia: SBL, 2000.

Darr, Katheryn Pfisterer. "No Strength to Deliver: A Contextual Analysis of Hezekiah's Proverb in Isaiah 37.3b." In *New Visions of Isaiah*, ed. Roy F. Melugin and Marvin A. Sweeney, 219-256. Atlanta: SBL, 2006.

de Beaugrande, Robert and Wolfgang Dressler. *Introduction to Text Linguistics*. New York: Longman, 1980.

Dempsey, Carol J. "Micah 2-3: Literary Artistry, Ethical Message, and Some Consideration about the Image of Yahweh and Micah." *JSOT* 85 (1999): 117-128.

Deroche, Michael. "Contra Creation, Covenant and Conquest (Jer. Viii 13)." *VT* 30 (1980): 280-290.

Dion, Paul E. "Sennacherib's Expedition to Palestine." *Eglise et Théologie* 20 (1989): 5-25.

Dumbrell, William J. *The End of the Beginning: Revelation 21-22 and the Old Testament*. Eugene Orge.: Wipf and Stock Publishers, 2001.

_______. *The Search for Order: Biblical Eschatology in Focus*. Grand

Rapids, Mich.: Baker, 1994.

Fohrer, George. *Introduction to the Old Testament*. Translated by David E. Green. Nashville: Abingdon, 1968.

Follis, Elaine R. "The Holy City as Daughter." In *Directions in Biblical Hebrew Poetry*, ed. Elaine R. Follis, 173-184. JSOTSup. 40. Sheffield: JSOT Press, 1987.

Gaebelein, A. C. *The Acts of the Apostle*. New York: Our Hope, 1912.

Goldingay, John. *Approaches to Old Testament Interpretation*. Leicester, England: Apollos, 1990.

Gottwald, Norman K. *Tribes of Jahweh*. Maryknoll: Orbis Bks, 1979.

Gowan, Donald E. *Eschatology in the Old Testament*. Edinburgh: T&T Clark, 2000.

Hanson, Paul D. *The Dawn of Apocalyptic*. Philadelphia: Fortress, 1975.

Holladay, William L. *A Concise Hebrew and Aramaic Lexicon of the Old Testament*. Grand Rapids, Mich.: Eerdmans, 1988.

House, Paul R. *Old Testament Theology*. Downers Grove, Ill.: IVP Academic, 1998.

_______. *Unity of the Twelve*. Sheffield: Sheffield Academic Press, 1990.

Jacobs, Mignon R. *The Conceptual Coherence of the Book of Micah*. JSOTSup. 322. Sheffield: Sheffield Academic Press, 2001.

Jeremias, J?rg. "Die Anfänge des Dodekapropheton: Hosea und Amos." In *Hosea und Amos: Studien zu den Anängen des Dodekapropheton*. FAT 13. T?bingen: Mohr, 1996.

Jones, Barry A. "The Book of the Twelve as a Witness to Ancient Biblical Interpretation." In *Reading and Hearing the Book of the Twelve*, ed. James D. Nogalski and Marvin A. Sweeney, 65-74. Atlanta, Georgia: SBL, 2000.

Kaiser, Walter C. *A History of Israel: From the Bronze Age Through the Jewish Wars*. Nashville, Tennessee: Broadman & Holman, 1998.

_______. "Narrative." In *Cracking Old Testament Codes: A Guide to Interpreting the Literary Genres of the Old Testament*. ed. D. Brent Sandy & Ronald L. Giese, Jr., 69-88. Nashville, Tenn.: Broadman & Holman,

1995.

_______. *Toward Old Testament Theology*. Grand Rapids, Mich.: Zondervan, 1978.

_______. *What Does the Lord Require?: A Guide for Preaching and Teaching Biblical Ethics*. Grand Rapids, Mich.: Baker, 2009.

Kessler, Martin. *Battle of Gods: Israel Versus Marduk of Babylon: A Literary/Theological Interpretation of Jeremiah 50-51*. Assen, The Netherlands: Royal Van Gorcum, 2003.

Kim, Changdae. "Jeremiah's New Covenant within the Framework of the Creation Motif." Ph.D. Diss., Trinity International University, 2006.

Kiuchi, Nobuyoshi. *Leviticus*. Apollos Old Testament Commentary. Downers Grove, Ill.: InterVarsity Press, 2007.

Knierim, Rolf. "Cosmos and History in Israel's History." *Horizons in Biblical Theology* 3 (1981): 59-123.

_______. "The Task of Old Testament Theology." In *The Flowering of Old Testament Theology*, ed. Ben C. Ollenburger, Elmer A. Martens, and Gerhard F., 467-486. Hasel, *Sources for Biblical and Theology* 1. Winona Lake, Ind.: Eisenbrauns, 1992.

Longacre, Robert E. "Wegatal Forms in Biblical Hebrew Prose: A Discourse-modular Approach." In *Biblical Hebrew and Discourse Linguistics*, ed. Robert D. Bergen, 50-95. Winona Lake, Ind.: Eisenbrauns, 1994.

Longman, Tremper. "Literary Approaches and Interpretation." In *A Guide to Old Testament Theology and Exegesis*, ed. Willem A. VanGemeren, 100-121. Grand Rapids, Mich.: Zondervan, 1997.

Lowery, Kirk E. "The Theoretical Foundations of Hebrew Discourse Grammar." In *Discourse Analysis of Biblical Literature: What It Is and What It Offers*, ed. Walter R. Bodine, 103-130. Atlanta, Ga.: Scholars, 1995.

Mallon, Elias D. "A Sylistic Analysis of Joel 1: 10-12." *Catholic Biblical Quarterly* 45 (1983): 537-548.

Mariottini, Claude F. "Yahweh, The Breaker of Israel." *Perspectives in Religious Studies* 28 (2001): 385-393.

Mays, James L. *Hosea*. OTL. London: SCM, 1969.

McComiskey, Thomas Edward. "Exegetical Notes: Micah 7." *TrinJ* 2 (1981): 62-68.

_______(ed). *The Minor Prophets: An Exegetical and Expository Commentary*, 3 vols. Grand Rapids, Mich.: Baker, 1993-1998.

McConville, Gordon. *Exploring the Old Testament 4: The Prophets*. London: SPCK, 2002.

_______. *The Formation of the Book of the Twelve*. SBLDS 149. Atlanta, Georgia: Scholars, 1995.

Nogalski, James D. and Marvin A Sweeney (eds). *Reading and Hearing the Book of the Twelve*. Atlanta, Georgia: SBL, 2002.

Nogalski, James D. "Intertextuality in the Twelve." In *Forming Prophetic Literature*, ed. James W. Watts and Paul R. House, 102-124. JSOTSup. 235. Sheffield: Sheffield Academic Press, 1996.

_______. *Literary Precursors to the Book of the Twelve*. BZAW 217. Berlin: de Gruyter, 1993.

_______. "Recurring Themes in the Book of the Twelve: Creating Points of Contact for a Theological Reading." *Interpretation* 61 (2007): 125-136.

_______. *Redactional Processes in the Book of the Twelve*. BZAW 218. Berlin: de Gruyter, 1993.

Noth, Martin. *The Laws in the Penntateuch and Other Studies*. Translated by D. R. Ap-Thomas. Philadelphia: Fortress, 1966.

Pannell, Randall J. "The Politics of the Messiah: A New Reading of Micah 4:14-5:5." *Perspectives in Religious Studies* 15 (1988): 131-143.

Pierce, Ronald W. "A Thematic Development of the Haggai/Zechariah/Malachi Corpus." *JETS* 27 (1984): 401-411.

Premnath, D. N. "Amos and Hosea: Sociohistorical Background and Prophetic Critique." *Word & World* 28 (2008): 125-132.

Redditt, Paul L. and Aaron Schart (eds). *Thematic Threads in the Book of the Twelve*. New York: Walter de Gruyter, 2003.

Redditt, Paul L. "The Formation of the Book of the Twelve: A Review of

Research." In *Thematic Threads in the Book of the Twelve*, ed. Paul L. Redditt and Aaron Schart, 1-26. New York: de Gruyter, 2003.

Rendtorff, Rolf. *The Old Testament: An Introduction*. Philadelphia: Fortress, 1986.

Sakenfeld, K. *The Meaning of Hesed in the Hebrew Bible*. HSM 17. Missoula, Mont.: Scholars, 1978.

Schart, Aaron. "Reconstructing the Redactional History of the Twelve Propehts: Problems and Models." In *Reading and Hearing the Book of the Twelve*, ed. James D. Nogalski and Marvin A. Sweeney, 34-48. Atlanta, Georgia: SBL, 2000.

_______. "The First Section of the Book of the Twelve Prophets: Hosea-Joel-Amos," *Interpretation* 61 (2007): 138-152

Schultz, Richard. "Integrating Old Testament Theology and Exegesis: Literary, Thematic, and Canonical Issues." In *A Guide to Old Testament Theology and Exegesis*, ed. Willem A. VanGemeren, 182-202. Grand Rapids, Mich.: Zondervan, 1997.

Smith, Ralph L. *Micah-Malachi*. WBC 32. Waco, Tex.: Word Books, 1984.

Stulmann, Louis. *Order Amid Chaos: Jeremiah as Symbolic Tapestry*. Sheffield: Sheffield Academic Press, 1998.

Sweeney, Marvin A. "Sequence and Interpretation in the Book of the Twelve." In *Reading and Hearing the Book of the Twelve*, ed. James D. Nogalski and Marvin A. Sweeney, 49-64. Atlanta, Georgia: SBL, 2000.

_______. "The Place and Function of Joel in the Book of the Twelve." in *Thematic Threads in the Book of the Twelve*, ed. Paul L. Redditt and Aaron Schart, 133-154. New York: de Gruyter, 2003.

_______. *The Twelve Prophets*, 2 vols. Berit Olam. Collegeville Min.: Liturgical Press, 2000.

Terrien, Samuel. *The Elusive Presence: Toward a New Biblical Theology*. Eugene, Oregon: Wipf & Stock, 2000.

Unterman, *Jeremiah. From Repentance to Redemption: Jeremiah's Thought in Transition*, JSOTSup. 54. Sheffiled: Sheffield Academic Press,

1987.

van der Woude, A. S. "Micah in Dispute with the Pseudo-Prophets." *VT* 19 (1969): 244-260.

VanGemeren, Willem A. *Interpreting the Prophetic Word*. Grand Rapids, Mich.: Zondervan, 1990.

_______ (ed). *New International Dictionary of Old Testament Theology & Exegesis*, 5 vols. Grand Rapids, Mich.: Zondervan, 1997.

Vanhoozer, Kevin J. *Is There a Meaning in This Text?* Grand Rapids, Mich.: Zondervan, 1998.

von Rad, Gerhard. *Old Testament Theology*, vol. 2. Translated by D. M. G. Stalker. San Francisco: Harper & Row, 1965.

Waltke, Bruce K. and M. O'Connor, *An Introduction to Biblical Hebrew Syntax*. Winona Lake, Ind.: Eisenbrauns, 1990.

Waltke, Bruce K. *A Commentary on Micah*. Grand Rapids, Mich.: Eerdmans, 2007.

_______. *An Old Testament Theology: An Exegetical, Canonical, and Thematic Approach*. Grand Rapids, Mich.: Zondervan, 2007.

Watts, James W and Paul R. House (eds). *Forming Prophetic Literature: Essays on Isaiah and the Twelve in Honor of John D. W. Watts*. Journal for the Study of the Old Testament Supplement Series 235. Sheffield: Sheffield Academic Press, 1996.

Wendland, Ernst R. *The Discourse Analysis of Hebrew Prophetic Literature: Determining the Larger Textual Units of Hosea and Joel*. Mellen Biblical Press Series 40. Lewiston, N.Y.: Edwin MEllen, 1995.

Weinfeld, Moshe. "Jeremiah and the Spiritual Metamorphosis of Israel." *ZAW* 88 (1976): 17-56.

Williamson, H. G. M. *Variations on a Theme: King, Messiah and Servant in the Book of Isaiah*. Carlisle, UK.: Paternoster Press, 1998.

Wolff, Hans Walter. *Micah: A Commentary*. Translated by Gary Stansell. Minneapolis: Augusburg Fortress, 1990.

Wood, Joyce Rilett. "Speach and Action in Micah's Prophecy." *Catholic Biblical Quarterly* 62 (2000): 654-662.

Zapff, Burkard M. "The Perspective on the Nations in the Book of Micah as a 'Systematization' of the Nations' Role in Joel, Jonah and Nahum?: Reflections on a Context-Oriented Exegesis in the Book of the Twelve." In *Thematic Threads in the Book of the Twelve*, ed. Paul L. Redditt and Aaron Schart, 292-312. New York: de Gruyter, 2003.

Zvi, Ehud Ben. "Micah 1.2-16: Observations and Possible Implications." *JSOT* 77 (1998): 103-120.

Zuck, Roy B. and others (eds). *A Biblical Theology of the Old Testament*. Chicago: Moody, 1991.

Memo